新编21世纪高等职业教育精品教材

公共基础课系列

职业生涯规划与就业指导

主　编　李洪文　郝　民　王慎超
副主编　付亚婷　孔文思　蔡　杰　张　烨　尹俊霞
编　者　吕　蕊　高　雅　王珊珊　张　俊　刘倩妹
　　　　吴玉龙
主　审　师以贺

中国人民大学出版社
·北京·

图书在版编目（CIP）数据

职业生涯规划与就业指导/李洪文，郝民，王慎超主编. -- 北京：中国人民大学出版社，2025. 1.
（新编 21 世纪高等职业教育精品教材）. -- ISBN 978-7-300-33460-8

Ⅰ. G717. 38

中国国家版本馆 CIP 数据核字第 2024SX9933 号

新编 21 世纪高等职业教育精品教材 · 公共基础课系列

职业生涯规划与就业指导

主　编　李洪文　郝　民　王慎超

副主编　付亚婷　孔文思　蔡　杰　张　烨　尹俊霞

编　者　吕　蕊　高　雅　王珊珊　张　俊　刘倩姝　吴玉龙

主　审　师以贺

Zhiye Shengya Guihua yu Jiuye Zhidao

出版发行	中国人民大学出版社		
社　址	北京中关村大街 31 号	**邮政编码**	100080
电　话	010－62511242（总编室）		010－62511770（质管部）
	010－82501766（邮购部）		010－62514148（门市部）
	010－62515195（发行公司）		010－62515275（盗版举报）
网　址	http://www.crup.com.cn		
经　销	新华书店		
印　刷	北京宏伟双华印刷有限公司		
开　本	787 mm×1092 mm　1/16	**版　次**	2025 年 1 月第 1 版
印　张	14. 5	**印　次**	2025 年 1 月第 1 次印刷
字　数	290 000	**定　价**	49. 80 元

前 言

近年来，高校毕业生人数逐年上升，据教育部数据统计，2024 年，高校毕业生人数达 1 200 余万。大学生就业难问题备受国家和社会各界广泛关注。就业问题事关经济发展、民生改善和社会稳定。在新形势下，我们要以习近平新时代中国特色社会主义思想为指导，贯彻落实党中央、国务院关于促进高校毕业生就业的一系列部署，做好高校毕业生就业工作。

对大学生来说，做好自己的职业生涯规划和接受有效的就业指导是非常必要的。教育部、人力资源和社会保障部指出：高校要按照“全程化、全员化、信息化、专业化”的要求，进一步提升就业指导和服务水平，将就业指导课程切实纳入高校教学计划。为贯彻落实这一重要精神，我们编写了本书，力求对大学生就业求职、职业发展进行系统、科学的指导，积极促进高校毕业生充分就业。

本书共分八个项目，内容翔实，体例新颖，结合新形势、新任务，贴近实际，具有鲜明的时代性、针对性和可操作性。本书结合各项目讲述的内容，系统地设计与教学过程紧密结合的课堂教学活动，着重于知识间的相互联系与现实的指导意义，着眼于开阔思路，形成知识能力体系，让学生全面了解职业生涯规划与就业指导的相关知识，学会自我管理。

本书在体例上设置【项目概述】【学习目标】【案例导读】【案例分享】【课堂活动】【拓展阅读】【实践活动】等栏目，使教材形式活泼，拓宽学生知识面；通过案例分享指导学生，切合学生实际，增强教材的实用性。

在本书的编写过程中，编者引用了国家关于就业方面的政策文件，借鉴了国内外有关大学生就业指导的文献资料和研究成果，参考了相关教材和网络资料，在此，谨表示衷心的感谢！由于作者水平有限和编写时间较紧，书中难免会有一些局限性，恳请广大读者提出宝贵意见，也请专家学者给予批评指正，我们将不断努力提高、改进，在此深表感谢。

编　者

前言

目录

职业生涯规划篇

就业指导篇

职业生涯规划篇

- **项目一** 揭开生涯规划面纱
  ——走进生涯规划
- **项目二** 遇见不一样的自己
  ——职业自我
- **项目三** 职业世界面面观
  ——初探职业
- **项目四** 绘制职业生涯发展蓝图
  ——规划职业生涯
- **项目五** 做好就业准备
  ——直面就业挑战

项目一

揭开生涯规划面纱
——走进生涯规划

项目概述

职业成功是人生成功的关键，工作幸福是人生幸福的源泉。当今社会处在大变革、大发展的时代，竞争无处不在，职业活动尤其突出，如果想在激烈的竞争中脱颖而出，大学生就必须设计好自己的职业生涯。认识职业生涯，是大学生提升自我、实现理想、体现生命价值的第一步。

学习目标

1. 理解职业生涯规划的意义及类型。
2. 掌握职业生涯规划的方法与步骤。
3. 了解大学生职业生涯规划的现状，掌握其特点。
4. 理解当代大学生职业生涯规划的必要性及其意义。

微课：2024 年大学生就业现状

案例导读

四只毛毛虫的故事

从前，有四只要好的毛毛虫，它们都喜欢吃苹果。它们都长大了，各自要去森林里找苹果吃。

第一只毛毛虫跋山涉水，终于来到一棵苹果树下。它不知道这是一棵苹果树，也不知道树上长满了红红的苹果。当它看到其他毛毛虫往上爬时，稀里糊涂地就跟着往上爬。没有目标，不知终点，更不知道自己到底想要哪一个苹果，也没想过怎么样去摘取苹果。

第二只毛毛虫爬到苹果树下。它知道这是一棵苹果树，也确定它的目标就是找到一个大苹果。问题是它并不知道大苹果长在什么地方。但它猜想：大苹果应该长在大枝叶上吧！于是它就慢慢地往上爬，遇到分支的时候，就选择较粗的树枝继续爬。它按这个标准一直往上爬，终于看到一个大苹果，这只毛毛虫刚想高兴地扑上去大吃一顿，但是放眼一看，发现这个苹果是全树上最小的一个。

第三只毛毛虫也到了苹果树下。这只毛毛虫知道自己想要的是大苹果，带了一副望远镜。还没有向上爬时先用望远镜搜寻了一番，找到了一个很大的苹果。同时，它发现往上找路时，会遇到很多分支，有各种不同的爬法；但若从上往下找路时，却只有一种爬法。它很细心地从苹果的位置由上往下反推至目前所处的位置，记下这条确定的路径。可是，这只毛毛虫爬行速度相当缓慢，当它抵达时，苹果已被别的毛毛虫捷足先登了。

第四只毛毛虫，做事有自己的规划和清晰的目标。它知道自己要什么苹果，也知道苹果将怎么长大。因此当它用望远镜观察苹果时，它的目标并不是一个大苹果，而是一朵含苞待放的苹果花。它计算着自己的行程，估计当它到达的时间，这朵花正好长成一个成熟的大苹果，它就能得到自己满意的苹果。结果它如愿以偿，吃到了一个又大又甜的苹果。

其实我们的人生就似毛毛虫找大苹果。爬树的过程就是我们职业生涯的道路。毕业后，我们都得爬上人生这棵苹果树去寻找未来，完全没有规划的职业生涯是很难成功的。

现代社会，规划决定命运。有什么样的职业规划就有什么样的人生。我们的时间非常有限，越早规划你的人生，你就能越早成功。要想得到自己喜欢的苹果，想改变自己的人生，就要先从改变自己开始，做好自己的职业生涯规划，做第四只毛毛虫。

任务一　初识职业生涯规划

一、职业生涯规划的含义

（一）职业生涯

职业生涯是指个体一生中从事职业的全部历程，包括一个人所有的工作、职业、职位及其变更，以及个人态度和内心的成长与体验，整个历程可以是连续的或间断的。狭义的职业生涯只针对客观的工作经历及与工作有关的行为，开始于任职前的职业学习和培训，终止于退休；广义的职业生涯则贯穿人的一生，是个体在一生中关于职业的经历或历程。

（二）职业生涯规划

职业生涯规划，简称生涯规划，又称职业生涯设计，是指在对职业生涯的主客观条件进行测定、分析、总结的基础上，对自己的兴趣、爱好、能力、特点进行综合分析与权衡，结合时代特点，根据自己的职业倾向确定最理想的职业奋斗目标，并为实现这一目标做出行之有效的安排。

一个行之有效的职业生涯规划应该具有下列特点。

(1) 可行性。规划要从个人的实际出发，要切实可行，并非是美好梦想或不着边际的幻想。

(2) 适时性。规划是预测未来的行动，确定将来的目标。因此，各项主要活动何时实施、何时完成，都应有时间和时序上的妥善安排，作为检查行动的依据。

(3) 适应性。未来的职业生涯牵涉多种可变因素，因此规划应有弹性，以增加其适应性。

(4) 连续性。职业生涯是一个连续不断的过程，因此要注重规划的连续性。

二、职业生涯规划的理论基础

制定一个好的职业生涯规划，往往需要一定的理论指导。因为制定职业生涯规划是一个复杂的过程，其中涉及对职业生涯主客观条件的分析与判断、对自身兴趣爱好等的权衡，同时还要综合考虑所处时代的背景特点等因素。一般来看，职业生涯规划的理论基础主要有两种。

(一) 舒伯生涯彩虹图

生涯彩虹图是美国职业生涯规划大师舒伯（Donald E. Super）为了综合阐述生涯发展阶段与角色彼此间的相互影响，创造性地描绘出一个多重角色生涯发展的综合图形。根据舒伯的看法，一个人一生中扮演的许许多多角色就像彩虹同时具有许多色带。舒伯将显著角色的概念引入生涯彩虹图。他认为角色除与年龄及社会期望有关外，与个人所涉入的时间及情绪程度都有关联，因此每一阶段都有显著角色。

为了综合阐述生涯发展阶段与角色彼此间的相互影响，舒伯创造性地描绘出一个多重角色生涯发展的综合图形——“生涯彩虹图”（见图 1－1），形象地展现了生涯发展的时空关系，更好地诠释了生涯的定义。在生涯彩虹图中，纵向层面代表的是纵贯上下的生活空间，由一组职位和角色所组成。分成子女、学生、休闲者、公民、工作者、持家者六个不同的角色，它们交互影响，交织出个人独特的生涯类型。舒伯认为在个人发展历程中，随年龄的增长而扮演不同的角色，图的外圈为主要发展阶段，内圈阴暗部分的范围与长短不一，表示在该年龄阶段各种角色的分量；在同一年龄阶段可能同时扮演数种角色，因此彼此会有所重叠，但其所占比例分量则有所不同。

在生涯彩虹图中，最外的层面代表横跨一生的“生活广度”，又称为“大周期”，包括成长阶段、探索阶段、建立阶段、维持阶段和衰退阶段。里面的各层面代表纵贯上下的“生活空间”，由一组角色和职位组成，包括子女、学生、休闲者、公民、工作者、持家者等主要角色。各种角色之间是相互作用的，一个角色的成功，特别是早期角色的成功，将会为其他

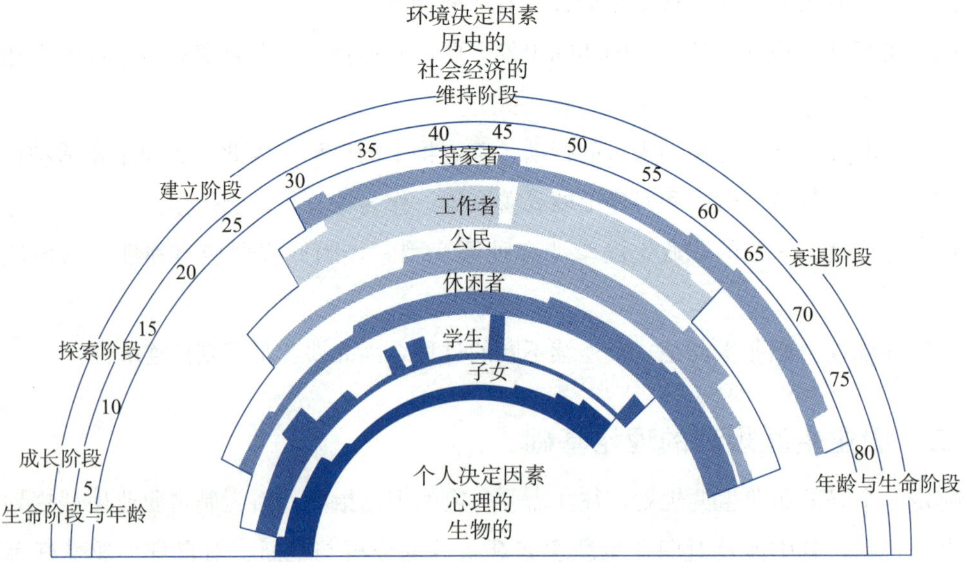

图 1-1　生涯彩虹图

角色提供良好的基础；反之，某一个角色的失败，也可能导致另一个角色的失败。舒伯进一步指出，为了某一角色的成功付出太大的代价，也有可能导致其他角色的失败。

生涯彩虹图中的阴影部分表示角色的相互替换、盛衰消长。它除了受到年龄增长和社会对个人发展、任务期待的影响外，往往跟个人在各个角色上所花的时间和感情投入的程度有关。从图 1-1 所显示的阴影比例中可以看出，成长阶段（0～14 岁）最显著的角色是子女；探索阶段（15～20 岁）是学生；建立阶段（30 岁左右）是家长和工作者；维持阶段（45 岁左右）工作者的角色突然中断，又恢复了学生角色，同时公民与休闲者的角色逐渐增加，这正如一般所说的“中年危机”的出现，同时暗示这时必须再学习、再调适，才有可能处理好职业与家庭生活中所面临的问题。

（二）马斯洛需求层次理论

拓展阅读：唐僧师徒五人如何对应马斯洛需求层次理论

美国心理学家亚伯拉罕·马斯洛（Maslow. A. H.）从人类动机的角度提出需求层次理论，该理论强调人的动机是由人的需求决定的。人在每个时期都会有一种需求占主导地位，其他需求则处于从属地位。人的需求分成生理需求、安全需求、归属与爱的需求、尊重需求和自我实现五个层次。需求是由低到高逐级形成并得到满足的。

第一层次是生理需求，指人类维持自身生存的最基本要求，包括饥、渴、衣、住、性、健康方面的需求。生理需求是推动人行动的最强大的动力；第二层次是安全需求，指人对安全、秩序、稳定及免除恐惧、威胁与痛苦的需求；第三层次是归属与爱的需求，指人要求与他人建立情感联系，以及隶属于某一群体并在群体中享有地位的需求；第四层次是尊重需求，这属于较高层次的需求，如：成就、名声、地位和晋升机会等。尊重需求既包括对成就或自我价值的个人感觉，也包括他人对自己的认可与尊重；第五层次是自我实现，这是最高层次的需求，指人希望最大限度地发挥自身潜能，不断完善自己，完成与自己的能力相称的一切事情，实现自己理想的需求。马斯洛提出，为满足自我实现需求所采取的途径是因人而异的。自我实现需求是在努力实现自己的潜力，使自己越来越成为自己所期望的人物。

案例分享

比尔·拉福的成功经验

比尔·拉福（美国拉福公司创始人）在大学并没有选择与商业有关的贸易专业，而是选择工科中最基础、最普通的专业——机械制造专业。他的父亲认为，要想做一个好的商人，单纯具有商业管理知识是绝对不够的，还必须具备一定的专业知识。而在大型商业贸易中，工业商品占多数，如果不了解产品的性能、生产制造情况，很难保证或者控制生产及销售过程。与此同时，工科学习不仅能培养知识技能，还能帮助建立一套严谨求实的思维方式及脚踏实地的工作态度，这些素质都是一个成功商人所应该具备的条件。比尔·拉福就这样在麻省理工学院度过了四年。在这四年中，他没有拘泥于本专业，还广泛接触了化工、建筑、电子等方面的基本知识，这些知识在他后来的商业活动中都发挥了不可忽视的作用。

大学毕业后，比尔·拉福考入芝加哥大学，开始攻读经济学硕士学位。因为他深知现代商业在程序、规则、内容等方面都相当复杂，有一套规律与特征。这需要专门的了解，而不能等到涉足商界后再谈。如果不了解经济规律，不学习经济学常识，就无法进行商业活动，更无从谈商业盈利。在这 3 年中，他系统地学习了经济学的基本知识，搞清了影响商业活动的众多因素，并学习了相关法律知识、管理知识和财务知识。这样，他在知识上完全具备了经商的素质。

拿到硕士学位后，比尔·拉福以为自己可以在商界大展身手。出乎意料的是，他的父亲让他到政府部门工作。对此，他父亲的解释是，经商最重要的是与人交往的能力。在政府部门工作，一方面可以锻炼这方面的能力，另一方面可以拓宽交往范围，为以后的商业运作打下基础。于是，带着这个任务，比尔·拉福在政府做了 5 年公务员。在这 5 年中，他仔细观察、细心揣摩，终于成长为一名老成的人。在环境的影响和自我锻炼下，比尔·拉福树立起强烈的自我保护意识。与此同时，他还有目的地结识各界人士，建立起广阔的关系网络。这个网络后来为他提供了丰富的信息及大量的便利条件。

结束了5年的政府工作，比尔·拉福又在父亲的引荐下到通用公司工作。在通用公司，他的目的是熟悉商务活动，学习如何进行业务来往。两年后，他认为自己已经掌握了经商的技巧及所有环节，于是，从通用公司辞职，创办拉福商贸公司。自此以后，比尔·拉福开始他渴望已久的商业生涯，正式实施自己多年前的计划。由于他具备充分的商业头脑、人际关系、生产经验，拉福公司飞速发展。在成立的20年后，也就是当拉福还是壮年时，公司的资产已由最初的20万美元发展到2亿美元，成为经济史上的传奇。

当比尔·拉福成为世界传奇时，他对记者说，他之所以有今天，应该感谢他的父亲为他制订了一个完美的职业生涯发展计划。

三、职业生涯规划的类型

按照不同的标准，职业生涯规划可以有不同的分类，通常按照规划的时间长短分为短期规划、中期规划、长期规划和人生规划四种类型。

（1）短期规划。一般为2年以内的规划，主要是确定近期目标，规划近期完成的任务。如对专业知识的学习，掌握相关的业务知识和技能等。

（2）中期规划。一般为3～5年的目标与任务，是最常用的一种职业生涯规划。如规划到不同业务部门做经理，规划从大型公司部门经理到小公司做总经理。

（3）长期规划。6～10年的规划，主要是设定较长远的规划。如规划30岁时成为一家中等规模公司的经理，规划35岁时成为分公司的副总经理，以及为实现此类目标应该采取的具体措施。

（4）人生规划。即整个职业生涯的规划，包括从求学阶段的学业规划到退休之后的生活规划，设定整个人生的发展目标，时间长达四五十年甚至更长时间。

个人的职业生涯规划从短期到中期再到长期乃至整个人生，是一个连续递进的过程。不过在实际执行过程中，如果涉及的时间段过长，不利于根据环境、形势的变化而作调整；如果时间段太短，又缺乏实际指导意义。

四、职业生涯规划的内容与基本原则

（一）职业生涯规划的内容

职业生涯的发展是一个过程，它是随个体对职业生涯认知的深入和对自我的再认识，在职业生涯规划大目标确认以后，对具体的行为进行评价和调整的过程。因此，职业生涯规划一般包括自我分析、目标设定、策略制定、反馈与修正等方面。

（二）职业生涯规划的基本原则

职业生涯规划的设定也需要遵守一定的原则，通常包括如下几个。

1. 客观性原则

这是指个体根据自己的实际情况设定职业规划。例如，一位个性活泼开朗，但有点儿粗枝大叶的大学生，选择财务管理作为自己的职业目标就不客观，因为财务管理岗位不仅需要相关专业知识，还需要从业者个性稳定、态度认真。如果这个大学生选择市场营销作为职业将更适合。

2. 全程原则

在制定职业生涯规划时必须考虑到生涯发展的整个历程，对其作通盘考虑。

3. 一致性原则

职业生涯规划的总目标与分目标要保持一致，目标与实施措施要一致。总目标是指职业生涯规划的总体目标，分目标是指实现总目标所必须经历的阶段性具体目标。比如一个人要做一个商业巨头是他的总目标，其具体的目标可以是从什么行业开始，从什么时间开始，做些什么等；实施措施可以是通过融资进入市场，还是通过实业进入市场等。

4. 清晰性原则

职业生涯规划要清晰、明确，以便能够将其转化为一个个可以实施的行动。

5. 具体原则

职业生涯规划各个阶段的路线划分与安排必须具体可行。具体指的是时间具体、方法具体和目标具体等。

6. 挑战性原则

在客观、具体的基础上，职业生涯规划应具有一定的挑战性，没有挑战性的职业生涯规划，不能满足大学生的成就感，不能调动人的积极性。

7. 激励性原则

职业生涯规划的制定，其前提是满足大学生的某种需要，这样才能有激励的作用。

8. 可变性原则

职业生涯规划必须符合个体的职业兴趣与个性，与个体的能力相匹配，同时也要与社会环境协调一致。随着社会环境、个体的认知与能力的改变，职业生涯规划的内容也要随之调整和改变。

案例分享

王同学是一名计算机专业的学生，他对编程有着浓厚的兴趣和扎实的基础，他在大学期间参加了很多项目和比赛，积累了不少经验和成果。他的职业生涯规划是从事软件开发，他认为这是一个有前景、有挑战、有创造力的行业，也是他的擅长和喜欢的领域。王同学的职业生涯规划是比较清晰和明确的，他的专业和兴趣都与他的职业目标相符合，他也有着不断学习和提升自己的意愿和能力。他在毕业后进入一家知名的软件公司，成为一名软件开发工程师，在工作中不断地实践和创新，获得了不少的成就和认可。

五、职业生涯规划的主要步骤

案例：成功的职业规划对职业发展的作用

职业生涯规划的主要步骤包括自我评估、职业机会评估、确定职业生涯目标、职业生涯路径的设定、制定实现职业生涯目标的策略等多个环节。

1. 自我评估

自我评估是制定职业生涯规划的第一步，即对自己的现状做全面的评估。自我评估的重点在于评价自己的个性、职业倾向、专业特长、人际交往能力和业务能力等。自我评估的方法通常有自我测评法和哈里窗分析法两种。

自我测评法是指通过专业的心理测验或量表，判断自己的个性和职业倾向，常见的心理测验包括霍兰德职业倾向测验以及与职业倾向有关的量表。

哈里窗分析法是通过对公开的我、隐私的我、盲目的我和未知的我做出客观的评价，来判断出自己真正的优势和动机。

表 1－1 所示是自我评估练习举例。

表 1－1　自我评估练习举例

活动	目标
第 1 步：我现在处于什么位置。 思考一下你的过去、现在和未来。画一张时间表，列出重大事件。	了解目前职业现状
第 2 步：我是谁。 在每张卡片上写下“我是谁”的答案。	对自己进行角色分析
第 3 步：我喜欢去哪儿，我喜欢做什么。 思考你目前和未来的生活。写一份自传来回答三个问题：你觉得已经获得了哪些成就，你未来想要做些什么，你希望给别人留下怎样的印象。	预测未来的目标
第 4 步：未来一年的计划。 考虑下一年的计划。如果你有无限的资源，你会做什么，理想的环境是什么样的，理想的环境是否与第三步吻合。	实现目标的可行性分析。
第 5 步：一份理想的工作。 现在，思考一下通过可利用的资源来获得一份理想的工作。考虑你的角色、资源、所需要的培训或教育。	明确所需要的资源

续表

活动	目标
第 6 步：通过自我总结来规划职业发展。 是什么让你每天心情愉悦。 你擅长做什么，人们对你有什么样的印象。 为了达到目标你还需要做什么。 在向目标进军的过程中你会遇到什么样的阻碍。 目前你做什么才能迈向你的目标。 你的长期职业生涯目标是什么。	总结现状，确定初步目标。

2. 职业机会评估

职业机会评估是评价客观环境因素，如社会环境、国家政策、行业发展以及就业市场对自己职业生涯发展的影响过程。除此之外还应该对职业所处的组织进行分析，包括组织文化、领导人的管理风格、组织实力等。

一个组织的文化通常有两种倾向，一种是竞争的；另一种是合作的。如果我们的价值观和组织的文化不同，不仅自己痛苦，而且会影响团队。另外，领导人的风格和组织实力也对组织有较大的影响。

3. 确定职业生涯目标

职业生涯目标的设定是职业生涯规划的核心。按照时间顺序，职业生涯目标可以分为短期目标、中期目标和长期目标。

4. 职业生涯路径的设定

所谓职业生涯路径是指一个人职业生涯发展的轨迹。由于个体的发展路线不同，对其要求也不尽相同。在现实生活中，即便是选择同一职业，也存在不同岗位，我们必须选择一个自己喜欢的、适合的、能行得通的、可以成功的职业生涯路径。

职业生涯路径的选择通常须考虑以下四个问题：想往哪一路线发展？适合往哪一路线发展？可以往哪一路线发展？哪条路线可以取得发展？第一问是指个体的打算，第二问回答自己能力所适合的职业生涯路线，第三问是通过对职业机会的分析后找到的可以发展的路线，第四问是回答走哪条路线能够成功。

拓展阅读

做好职业生涯规划的四个步骤

自我认知——充分、客观的自我认知是选择职业的依据。对自己进行全面认识和剖析，主要包括对个人的需求、能力、兴趣、性格、气质等的分析，了解自己具备哪些能力，明晰自己有什么优势，又有哪些不足和局限之处，还要了解自己现在是怎样的人、希望未来成为怎样的人，以确定什么样的职业比较适合自己。自我分析要客观冷静，既要看到自己的优点，又要认识到自己的缺点，重要的是要结合自己的爱好和兴趣。只有这样，才能避免规划中的盲目性，有效地促进职业发展。

职业认知和职业生涯机会的评估——主要是对期望进入的行业和职业有清晰的认识，分析期望进入行业的发展趋势和变化、期望从事职业对自己的要求、自己在这个环境中的地位，以及环境对自己的有利条件与不利条件等。只有对这些环境因素充分了解，才能做到在复杂的环境中避害趋利，从而使生涯规划具有实际意义。

设定职业目标，明确差距——通过自我认知分析知道自己的优劣势，通过职业认知和职业生涯机会的评估，明确外部环境的机会和威胁，通过这样的 SWOT 分析，结合自我的需求和兴趣，确定一个长远目标及近期目标，并分析对比目标，确定自己在知识、技能、经验方面的差距，为具体职业生涯规划的举措奠定基础。

职业生涯策略，制订行动计划——在确定了生涯目标后，行动变成关键的环节。没有达成目标的行动，就不能达成目标，也就谈不上事业的成功。这里所说的行动是指落实目标的具体措施，主要包括工作、训练、教育、轮岗等方面的措施。

5. 制定实现职业生涯目标的策略

具体的策略与行动是实现职业生涯目标的保障。这里所说的行动，是指落实目标的具体措施，主要包括工作、训练、教育、轮岗等措施。例如，作为一个企业家，为了保障企业的正常运营，必须学会制度的建立和激励的运用。这些策略和行动必须非常具体。再如建立企业制度，由谁来建，建多长时间，如何评估等都要非常具体，以便于定时检查。

六、职业生涯规划的反馈与修正

随着个体人格的发展与对职业生涯的领悟与认知，以及外部环境条件的变化，职业生涯规划也需要做相应的反馈与修正。这种反馈与修正的过程，就是职业生涯规划日趋成熟的过程。在这个过程中，最初确定的职业生涯目标往往是比较模糊或抽象的，有时甚至是错误的。经过一段时间的实践以后，个体可以有意识地对已经走过的道路进行回顾与总结，检验自己的职业定位与职业方向是否合适。

通过反馈与修正，纠正职业目标与分阶段职业目标的偏差，保证职业生涯规划的行之有效。同时，通过反馈与修正还可以极大地增强个人实现职业目标的信心。修订职业生涯规划的内容主要包括重新选择职业、重新选择生涯路线、修正生涯目标、变更实施策略计划等。在这个过程中，可以将相关的信息记录在一个表格中以便分析和总结。

表 1－2 是一份可参考的个人职业生涯规划表。

表 1－2　个人职业生涯规划表

<table>
<tr><td>姓名</td><td></td><td>性别</td><td></td></tr>
<tr><td>年龄</td><td></td><td>学历</td><td></td></tr>
<tr><td>所学专业</td><td></td><td>职业类别</td><td></td></tr>
<tr><td>目前所在部门</td><td></td><td>目前任职岗位</td><td></td></tr>
<tr><td colspan="4">人生目标
1. 岗位目标
2. 技术等级目标
3. 收入目标
4. 社会影响目标
5. 重大成果目标
6. 其他目标

人生观简要文字说明：
人生目标的战略要点：</td></tr>
<tr><td colspan="4">长期目标
1. 岗位目标
2. 技术等级目标
3. 收入目标
4. 社会影响目标
5. 重大成果目标
6. 其他目标

实现人生目标的战略要点：</td></tr>
<tr><td colspan="4">中期目标
1. 岗位目标
2. 技术等级目标
3. 收入目标

实现中期目标的战略要点：</td></tr>
<tr><td colspan="4">短期目标
1. 岗位目标
2. 技术等级目标
3. 收入目标
短期的计划细节：
（1）短期内完成的主要任务
（2）有利条件</td></tr>
</table>

续表

（3）主要障碍及对策 （4）可能出现的意外和应急措施 年度目标及年度计划的细节通常另行安排，以保持生涯计划的相对稳定性。
职业生涯规划人（签字）： 制定个人的职业生涯规划日期：　　年　　月　　日

任务二　探索当代大学生职业生涯规划

微课：2024 年十大热门职业

一、大学生职业生涯规划的现状

（一）大学生职业生涯规划的类型

某社会调查机构曾就大学生职业生涯规划及就业选择进行问卷调查，调查表明，大学生的职业生涯规划有以下几种类型。

1. 拖延型

这类大学生对自己的职业生涯迟迟不进行规划，有的拖延到毕业时才考虑自己的职业选择问题。

2. 依赖型

这类大学生规划自己的职业生涯时缺乏独立性，依赖父母、老师或亲戚朋友为自己做决定，有的甚至把应当自己决定的事交给所谓的“命运”来决定，要么听天由命，要么随波逐流。

3. 冲动型

这类大学生在规划职业生涯时缺乏理性的思考和认真的调查研究，完全跟着感觉走，凭心血来潮和情绪冲动草率决策。

4. 苦闷型

这类大学生在规划职业生涯时缺乏果敢性，在诸多职业资讯中难下决心做出取舍。有的大学生在双选会上没有单位接收时很苦闷，有多个单位让他选择时，因不知如何取舍也很苦闷。

5. 计划型

这类大学生既了解社会的客观需求和竞争情况，也了解自己的能力、兴趣和价值观，因此比较容易制定出正确的职业生涯规划。

（二）大学生职业规划中常见的问题

通过调查发现，部分大学生在职业生涯规划中存在“四不”问题。

1. 方向不明

大学生在中学的时候，目标十分明确，就是考大学，但上了大学之后，有相当一部分学生处于“理想的真空期”，找不到自己努力的方向，奋斗目标缺失。其原因有：一是不能正确认识自己，容易产生自傲、自卑、保守和攀比心理。要么过高估计自己，盲目乐观；要么过低估计自己，尤其是在激烈竞争受挫后垂头丧气，产生自卑心理。二是不能正确认识社会，不了解职场发展动态，不知道社会的需求，对自己能做什么不清楚，因此，前进的方向迷失或目标模糊。

2. 意识不强

有相当一部分大学生对职业生涯规划的重要性和必要性认识不足，认为规划职业生涯没有多大必要，规划跟不上变化，规划意识淡漠，抱着“车到山前必有路、船到桥头自然直”的想法，不愿意积极主动地思考自己职业生涯的发展。调查显示：大部分学生没进行过真正意义上的职业生涯规划，多数大学生规划职业生涯还处于“要我做，而不是我要做”的状态。

3. 准备不足

面对严峻的就业形势和激烈的职场竞争，部分大学生没有充分的心理准备、知识准备、技能准备，不能充分利用大学的学习条件开发自己的潜能，提高自己的职业素质，去适应未来工作的需要。有的大学生停留在中学的思维和学习模式，重知识、轻能力；重智商、轻情商，缺乏全面适应社会的准备。

4. 实施不力

有的同学做了职业生涯规划，确定了职业目标，制定了行动方案，但停留在纸上，未落实在行动上。尤其是在实施过程中遇到困难，就知难而退。比如，有的同学计划大二时通过英语四级或六级考试，但考试受挫，就不愿继续努力，有的干脆放弃。

拓展阅读

提高大学生生涯规划意识的应对策略

培养大学生生涯规划意识是一个过程，不能急于求成，也不能因循守旧，需要根据不同角色，分阶段完成目标。

1. 加强生涯意识教育，发挥两个课堂作用

根据不同阶段的教学任务，分别设定教学目标，将生涯教育的唤醒、探索和引导，渗透到各年级学生群体，并且最好是连续带班，教学计划和效果更好。除了抓住第一课堂，也可以开发一些形式有趣、互动性强、容易理解的活动，利用第二课堂继续培养。同时，学校要积极帮助学生客观了解行业和学科发展前景，激发学生对专业的热情。在各学院专业教师课堂渗透的基础上，学校可以邀请专家进校开展主题讨论，与学生分享当前国家发展形势下各行业面临的机遇和挑战，拓宽学生专业视野。

2. 搭建能力提升平台，发挥校内校外实践作用

大学生的就业能力不单纯指某一项技能、能力，而是学生多种能力的集合，包括学习能力、思维能力、实践能力、应聘能力和适应能力等。为提升学生未来服务社会的能力，需要抓好校园成长和校外实践两个平台。

3. 注重反馈调整，巩固宣传咨询满意度

通过反馈与调整，加强咨询效果和能力提升，从而提高学生群体对咨询意识的满意度和需求度。反馈干预是巩固并提高绩效的有力措施，因此，需要引导学生做好反馈与调整，强化学生的学习动机，促进其生涯意识的发展。指导学生定期进行自我总结，明确自己的发展目标，反思自己的阶段表现、成果及不足。可以设计一些自我评价体系或者个人成长档案，让学生分阶段填写反馈，从而对自己重新审视和定位，并且实现连续跟踪。根据学生自我评价的总结反思，做出积极的行动调整，帮助学生确立更合理的职业目标，有针对性地提高自身素质，制订更加详细的行动计划并确保能够积极付出努力。通过咨询效果的整体提升，扩大宣传途径，以多元化方式融入学生的学习与生活，从而提高学生生涯规划意识。

案例分享

王明的生涯规划

王明是一位优秀的大学生，他在大学期间积极参与各类社团和实践活动，并在课余时间投入自己感兴趣的领域中。他将时间分配得井井有条，既能够保证自己的学习成绩优异，又能够保证自己可以参与社会实践项目，拓宽自己的视野。在大三暑假，王明通过一位老师介绍进入一家知名公司实习，得到了锻炼自己的机会。在实习期间，王明充分利用自己的专业知识，提出几种改进项目的方案，并与公司的管理层进行积极沟通与交流。他的出色表现引起公司领导层的注意。在毕业之前，王明通过实习经验不断完善自己的简历和个人陈述，并积极参与各类职业招聘会。最终，王明成功地进入理想的公司就职，进而开启了一段前景光明的职业生涯。

二、大学生职业生涯规划的重点

大学生职业生涯规划与在职人员相比，有其自身的特点。其特点主要体现在规划的重点不同，但其理论依据完全相同，方法步骤也可借鉴。大学生职业生涯规划的重点有以下四个部分。

拓展阅读：两个和尚的故事

（一）职业测评

对能力素质、兴趣、性格、气质及价值观等进行测量与评估，分析你的特点，再结合工作的特点，帮助你进行职业选择，也就是通常意义上所说的“人职匹配”。“测评”一词包括两层含义，即“测”和“评”。“测”是指测量、测试，是以定量化的方式对人的能力水平及倾向、个性特点和行为特征等进行分析和表示。“评”是指评价、评定，是以定性化的方式对人的能力水平及倾向、个性特点和行为特征等进行评价和判定。因此“测评”这一概念将定量的方法与定性的方法紧密地结合在一起，形成一套客观、科学、系统的方法。

（二）评估所学专业，明确自己的职业定向

专业是学业门类，职业是工作门类，专业与职业一般并不存在一一对应关系。比如，学冶金工程专业可以到钢铁厂从事冶金技术工作，也可以到金属材料公司从事经营工作，还可以在钢铁企业从事技术管理、到学校从事专业教学、到科研单位从事冶金研究。从总体上看，专业与职业大体存在五种关系，即专业包容职业、专业与职业部分重合、职业包容专业、专业与职业相切、专业与职业分离。表 1 - 3 所示是对这五种关系的认识与建议。

表 1 - 3　专业与职业的五种关系

特征及图形	基本解释	专业技能的重要性	特点	建议
专业包容职业 	在专业领域内发展职业，一生的职业基本限制在专业领域内	本专业的技能在职业发展中的重要性占 80%	职业与专业高度一致	精学专业
专业与职业部分重合 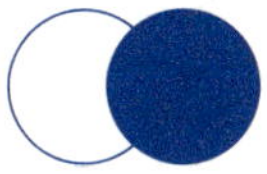	以专业为基础发展职业，一生的职业发展是在专业基础上有重点地沿着某些方向拓展	本专业的职业技能在职业发展中的重要性占 40%	职业与所修专业部分一致，在重点掌握某些专业技能的同时，注重其他专业技能的学习	学好专业，精修其他喜欢的专业
职业包容专业 	职业发展以专业为核心，有较大扩展	本专业的职业技能在职业发展中的重要性≥60%	职业与所修专业较一致，但职业发展明显超越专业领域	学好专业，选择与职业发展一致的课程

续表

特征及图形	基本解释	专业技能的重要性	特点	建议
专业与职业相切 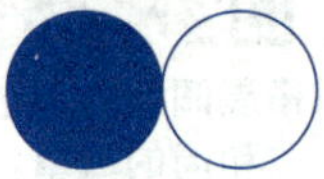	职业发展与专业基本无关或在专业边缘发展职业	本专业的职业技能在职业发展中的重要性为10%～20%	职业与所修专业基本不一致	保证专业合格，辅修其他适合的专业，如有可能可调整专业
专业与职业分离 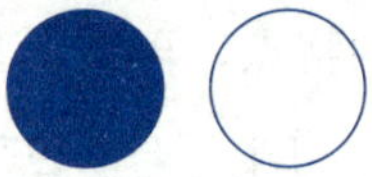	职业发展与专业完全无关	本专业的职业技能在职业发展中的重要性＜10%	职业与所修专业很不符合	尽量调整专业，若不能则辅修其他专业

（三）做好就业准备，为实现职业目标创造条件

根据人职匹配理论确立职业目标后，就要围绕适合自己的目标进行就业准备，提升自己的职业素质和职业能力，积累就业信息，编织人际网络。

（四）锁定目标单位，实现自己的就业目标

根据确定的职业目标单位，努力提升自己，达到目标单位的要求，最后实现自己的就业目标。

三、大学生规划职业生涯的必要性

（一）个性特征的多样性需要大学生精心规划职业生涯

大学生的个性特征多种多样，世界上没有完全相同的人，每个大学生都具有独特性，这种独特性主要表现在以下几个方面。

1. 职业价值观不同

具有不同职业价值观的人有不同的追求，有的追求金钱，有的追求权力和地位，有的追求稳定轻松舒适的生活，有的追求利他，有的追求利己。价值观对一个人的职业目标和择业动机有决定性的作用。如果价值观与职业相吻合，就会觉得开心快乐；如果价值观与职业背离，就会感到无奈和痛苦。不同价值观和动机决定大学生有必要规划不同的职业生涯。

2. 职业兴趣不同

大学生的兴趣是多种多样的，有的喜欢领导别人，而不乐意被人使唤；有的喜欢形象思维的工作，而不喜欢逻辑思维的工作；有的喜欢与人打交道的工作，而不喜欢与物打交道的工作；有的喜欢干挑战性强的工作，而不乐意干那些按部就班的工作。兴趣各异决定大学生有必要规划不同的职业生涯。

3. 性格不同

大学生的性格有外向型的，也有内向型的，还有介于两者之间的性格。不同性格有不

同的职业选择，外向型性格适合做与人打交道的工作，内向型性格适合做技术工作和研究工作等。不同的性格决定大学生有必要规划不同的职业生涯。

（二）职业选择的多样性需要大学生精心规划职业生涯

职场是一个多元化的世界，条件各异，要求不同。职业选择的多样性主要体现在以下几方面。

1. 职业的地域选择具有多样性

我们既可以选择在国外就业，也可以选择在国内就业，在国内既可以选择去经济发达的东部，也可以选择到西部去建功立业。

2. 单位性质的选择具有多样性

我们既可以选择国有企业就业，也可以选择外企、私企、中外合资的股份制企业就业，还可以选择自主创业，自己办公司。在不同所有制的单位就业，其要求与发展会有所不同。如果选择自己办公司，自主性最大，从策划到工作方式几乎完全由自己决定。

3. 行业性质的选择具有多样性

有的行业属于朝阳产业，有的属于夕阳产业。发展的前景不同，就业机会和待遇也会不同。我们一般都会选择发展机遇多、待遇好的行业和单位。

4. 职业自由度的选择具有多样性

各种职业的自由度是不同的，有的工作必须在规定的时间和地点坚守岗位，如医院和高速公路收费员的工作自由度就很小；有的工作没有固定的地点和时间，如记者、推销员的工作自由度较大。

测试：360度
自我评价

不同的人适合不同的工作环境，选择适合自己的工作环境，工作起来就比较舒心，工作效率会高很多。如果在不适合自己的环境工作，心情不舒畅，很压抑，工作就很难做好。所以，职业选择的多样性需要大学生精心规划职业生涯。

四、大学生规划职业生涯的意义

（一）规划职业生涯，有利于大学生更好地明确自己的人生奋斗目标

成功地设计职业生涯必须知己之长短、知环境之利弊。因此，规划职业生涯的过程就是一个不断认识自我、认识环境、扬长避短的过程。这个过程有利于设计者对自己的优势和劣势进行深入的思考和细致的分析，从而客观、准确地了解自己的实力；同时，也有利于自己对职业世界的现状与发展趋势有一个清醒的认识。职业生涯规划的目的绝不只是协助个人达到或实现个人目标，更重要的是帮助个人真正了解自己，并且进一步详细评估内外环境的优劣，在“衡外情，量己力”的情形下，设计出合理且可行的职业生涯发展规划，选择合适的职业。

大学生精心规划自己的职业生涯对于明确自己人生近期、中期和长期的奋斗目标具有

十分重要的意义。追求目标是成功的保证，正如英国塞缪尔·斯迈尔斯所说："在每一种的追求中，作为成功之保证的与其说是卓越的才能，不如说是追求目标。如果一个人下定决心去做某件事情，他就会凭借这种决心的力量，跨越前进中的层层障碍；他不会动摇成功的信念，他能够坚强地在困境中站起，肩负起自己的责任，接受生命的挑战，朝着目标走去，最终能获得美满且幸福的人生。"然而，相当多的大学新生处于目标的缺失期，不知道该确立什么目标，为此十分苦恼。中学时期缺乏职业指导，许多学生报考专业带有很大的盲目性，他们不懂得运用人职匹配理论来选择专业，往往是家长根据职场的需求状况和职业的冷热度来填报志愿。指导大学生进行职业生涯规划，有利于他们扬起理想的风帆，确立自己的学业目标、职业目标。大学生如果不规划最适合于自己成长与发展的职业生涯，无明确的奋斗目标，必然不利于学业和事业的成功。

（二）规划职业生涯，有利于大学生有的放矢地开发职业生涯，尽快实现人生目标

科学的、切实可行的职业生涯规划是职业生涯成功的前提条件。在职业生涯规划下进行职业生涯的开发，方向性强、有效性高，对职业目标的顺利实现具有积极意义。为实现个人职业生涯规划的目标，就要根据职业目标的要求进行职业生涯的开发。如果同学们的职业目标是成为教授级工程师，立志在专业技术领域内功成名就，就要努力构建T字形知识结构，"一"表示知识面的宽度，"|"表示对专业掌握的深度，两者结合，博专相济，相得益彰。该目标注重基础知识的扎实和专业知识的精深，具有巨大的科研潜力。构建T字形知识结构既要注意知识面的拓展，又要注重专业知识深度的挖掘，还要关注本专业前沿发展动态，注重专业理论的学习和动手能力、创新能力的培养。如果同学们立志成为杰出的管理者和经营者，就必须构建网络型知识结构，即侧重于专业知识的核心地位和相关知识的联系，在学好本专业的同时，选修管理或经营方面的课程或者辅修管理或经营方面的专业，同时还要参加一定的社会工作和营销工作，积累管理和营销经验。总之，精心规划职业生涯，能增强学习工作的目的性，减少盲目性，避免走弯路，从而提高实现人生目标的速度。

拓展阅读

大学生生涯规划的10个误区

1. 错把梦想当目标

在职业发展的道路上，你的心有多大，舞台就有多大。但有些大学生却把职业理想当作目标。目标应当是可以实现的，是在实现职业理想过程中的阶段划分。只有把宏大的职

业理想转化为无数的可实现目标，职业理想才会最终得以实现。

2. 错把手段当目的

把职业理想转化为职业目标后，要看看有哪些手段可以实现职业目标。在这个过程中，不要把实现目标的手段当作做事的目的。很多人在选择操作手段时忘了选择手段是为了什么，从而导致做了事却没有实现目标，或者为了做事而做事。

3. 错把途径当结果

实现职业目标有很多的途径，要结合自己的综合因素去选择一条最适合自己的途径。只有实现了职业目标才是最终结果。如有的同学的职业目标是销售总监，他的晋升途径是：销售代表—业务员—销售主管—区域销售经理—销售部经理—销售总监。这个途径的每个阶段都是为实现销售总监这个结果而服务的。有些同学在做了销售主管后，就没有向区域销售经理发展的意识和冲劲了，销售总监的目标自然就落空了。

4. 错把行业当岗位

许多大学生的求职简历上这样写着求职意向：建筑设计院、建筑施工单位、市政工程公司、与建筑相关的公司。显然，这是求职的意向行业，而不是求职的具体岗位。

5. 错把就业当择业

相当多的大学生把就业当作择业，他们以为做着工作总会学到些东西。其实不然，在职业发展这个层次上，选择方向比努力更重要。如果方向错了，就会越来越远离目标。

6. 错把择业当专业

在选择职业和就业岗位时，许多大学生把自己所学的专业当作择业的关键因素。其实，只有我们的职业目标与专业高度相关时，专业才是影响择业的关键因素，否则，就不必为专业所限。

7. 错把专业当能力

如果所学的专业并非是将来要从事的，无论你的专业知识学得多么好，都不能完全反映你的能力，因为它对缩小你的岗位差距起不到任何作用，更不要指望以专业来提升核心竞争力了。

8. 错把知识当技能

在应聘目标岗位时，许多大学生把自己所学的理论知识当作岗位要求的操作技能。任何一个工作岗位，除了要求你必须具备一定的理论知识外，还必须掌握相应的操作技能。知识更多的是表现你知道什么，你理解了什么；而技能则表示你会做什么，能做好什么。

9. 错把兴趣当工作

有些大学生把兴趣爱好作为选择职业的关键因素，或者为兴趣爱好所左右，这种误区影响着毕业生的择业观。其实，能把兴趣和爱好作为职业的人很少，也很难。兴趣爱好有时不一定适合职业。

10. 错把经历当能力

一些学生确实有过一些社会实践的经历，如做过义工、促销员、服务员等。事实上，经历并不代表能力，每个人都有经历，但并不是每个人都能在此基础上形成能力。

实践活动

大学生活与职业规划

活动目的：

大学生从踏入大学校门那时起就进入人生的一个新阶段，如何对自己的未来做一个科学的计划，又如何去实施这个计划，正是老师需要帮助新入校的大学生去完成的工作。

活动内容：

通过本项目的学习及训练，使学生掌握职业生涯规划的基本概念，明白职业生涯规划对人生发展的重要作用，为今后学习本书其他内容打下坚实基础。

阅读以下材料，回答问题。

从茫然无措到明确规划

人力资源管理专业大二学生文同学既是获得规划大赛的优胜奖，又是职业生涯规划中进步最快的一名学生。

文同学参加规划大赛提交的职业生涯规划书的突出之处是他对自己专业有一定的思考，但不足的是对自己的了解不深入，因此没有明确、清晰地提出自己未来长期和短期的规划，规划书写得较为粗糙。但考虑作为大二学生，毕竟是首次撰写规划书，能够对自己、对自己的专业进行深入的思考尚属不易，于是，他被允许入围规划大赛第二阶段——职业测评。

经过职业测评，他全面了解了自己的职业类型和性格特征，对自己有了一个全新的认识。通过对自己的认识，他不断完善自己的作品，提交了复赛规划书。此规划书在测评书的基础上对自己进行了深入的剖析，并对大学三年的学习生活进行了细致的规划，较初赛时的职业规划书有了较大的进步。不仅如此，在大赛第三阶段的拓展训练中，他充分表现出团队合作精神和沟通能力。但在结构化面试和无领导小组讨论中，由于比较紧张，表现欠佳，他失去了参加决赛的机会。

比赛之后，他表示："我发现自己不清楚自己的职业发展方向。虽然没有进入决赛，但参加这次大赛收获真不少——从盲目学习到对自己进行全面了解，确定自己的人生目标，为未来作了明确的规划。"

（1）文同学规划职业生涯的实践对你有何启示？

（2）谈谈你对职业生涯的理解？

（3）大学生为什么要制定自己的职业生涯规划？

拓展阅读：给五年后的自己的一封信

项目二

遇见不一样的自己
——职业自我

项目概述

系统化职业生涯规划是一个“从内而外”的过程，因此在职业规划时，要先认识自己。生涯规划的第一步，就是要投入精力清楚地认识自己，发现自己的所爱、所想、所适、所重、所需。明确了自己的位置，才能确定自己的行动目标。

学习目标

1. 掌握职业价值观、职业兴趣的分类。
2. 掌握性格、气质的含义与类型。
3. 掌握 MBTI 性格类型理论。
4. 了解价值观、兴趣、性格、能力与生涯发展的关系。

案例导读

网红女“焊”子获大奖——为学电焊放弃当高铁乘务员

充满臭氧气味的工作间、厚厚的工作服、火光四射的焊接现场，除了红色的电焊防护面罩右下角一个娟秀的“莲”字，这些场景似乎跟一个芳龄 20 岁的女孩没有太大的联系。然而，就是这个“莲”字面罩的主人郑莲，多次在各种焊接大赛上斩获奖项。面罩后清秀的脸庞和工作间里的钢筋水泥形成的鲜明对比，让她被网友们戏称为女“焊”子，郑莲却毫不在意，她说：“焊接就是我目前最喜欢的职业。”

穿着厚厚的白色防护服，戴着沾满污渍的红色防护手套，郑莲眉头微皱，盯着需要焊接的部位，一手拿过面罩遮住脸部，一手果决地拿起焊枪，一时间火花四射。这是郑莲日常工作中的常见场景，她说，这样的场景在过去的几年中基本占据了她学习生活的大部分时间，而那刹那的电光石火，正是她与焊接技术结缘的关键。

“我从小生活在工业园区，经常看见有人在路边做焊接，妈妈总是拉着我让我不要看，但是我总忍不住偷看，焊接时的火花像焰火一样。”就是这一次次的忍不住偷看，在郑莲心里埋下了对焊接的兴趣与好奇。初中毕业后，郑莲做了一个与大部分孩子不太一样的决定：放弃升高中考大学，直接学习一门技术。最终，她选择了常州铁道高等职业技术学校的“焊接技术与自动化”专业。

“当初入学的时候，除了焊接，我还考虑过学高铁乘务专业。”郑莲说，身边不少人都觉得高铁乘务员更适合女生，但是她和妈妈都坚定地觉得要学一门技术。郑莲的妈妈李女士表示，她和女儿的想法比较一致，加上女儿从小对焊接有兴趣，就尊重了孩子的决定。“我当然也希望女儿可以选择一份轻松的工作，但是她喜欢焊接，那就让她去学。”

如今，郑莲在中车公司实习，指导她的是工厂有名的焊接大师张忠。“我们现在实习每天从早上 8 点到下午 5 点，挺辛苦的，但是跟着大师学自己最喜欢的技术，还是很开心。”郑莲表示自己目前的职业规划就是成为一名焊接大师，“虽然差很远，但是要向着这个目标努力。”

任务一　职业价值观探索

一、价值观与职业价值观

微课：自我探索方法

（一）价值观概述

价值观是指在生活和工作中所看重的原则、标准和品质。价值观是内心最重要的东西，它对人们自身行为的定向和调节起着非常重要的作用，直接影响和决定着一个人的理想、信念、生活目标和追求方向的性质。

人们的价值观不是与生俱来的，而是后天形成的，人们所处的自然环境、社会地位和物质生活条件，决定着价值观念，特别是家庭和学校的教育，对个人价值观念的形成起着关键性的作用。周恩来总理在中学时代就树立了“为中华之崛起而读书”的价值观，放在当代仍然熠熠生辉。

职业价值观是价值观在职业选择上的体现，生涯大师舒伯认为，职业价值观是指个人追求的与工作有关的目标，即个人在从事满足自己内在需求的活动时所追求的工作特质或属性。从另一个角度来讲，职业价值观就是你最期待从工作中获得的东西。它是人们对待职业的一种信念和态度，既决定了人们的择业倾向，也决定了人们的工作态度。

（二）价值观对职业的影响

由于每个人的物质条件、家庭背景、所受教育等客观因素不同，所以对职业就会有不同的看法和选择。比如有些人喜欢与人交际、帮助他人的职业，有些人喜欢独立自主的职业，有些人喜欢充满挑战性、高风险高回报的职业，有些人则喜欢稳定舒适、收入一般的职业等。不同的人喜欢不同的职业，正是职业价值观的体现。价值观对职业的影响作用大致体现在以下两个方面：

1. 价值观对职业选择动机有导向作用

价值观支配和制约职业选择动机。在同样的客观条件下，具有不同价值观的人，其动机模式不同，产生的行为也不同。动机的目的方向受价值观的支配，只有那些经过价值判断认为是可取的，才能转换为行为的动机，并以此为目标引导人们的行为。

2. 价值观影响职业决策，反映个人需求

价值观决定了一个人对于什么是好、什么是对以及什么是令人喜爱的意见。每一个求职者由于所受教育的不同和所处的环境的差异，在职业取向上的目标和要求也是不相同的。在许多场合，我们往往要在一些得失中做出选择，而左右这些选择的，往往是职业价值观。例如，是要工作舒适轻松，还是要高标准的工资待遇；是要成就一番事业，还是要安稳太平。当两者有矛盾冲突时，最终影响我们决策的是存在于内心的职业价值观。

拓展阅读

需求、需要与价值观

需求是人们生理心理的满足，没有平衡的时候，是产生的需要倾向。价值观是我们做选择时候的标准。价值观与需求是一个交集关系，有可能需求指向价值观，也有可能价值观指向需求，但从另一个角度讲，满足需求的时候，选择不同的途径也来自价值观。所以，价值观可能是需要的一种方式，也可能是满足需要在选择过程中的一种标准。价值观可能直接指向内心的需求，也可能在选择需求的过程中会体现出来。价值观随着需求层次的变化，个人认知的变化、个人地位的变化以及经济文化、环境的变化而不断变化的。

二、职业价值观分类

根据不同的划分标准，人们对职业价值观的种类划分也不同。美国心理学家洛克在其所著《人类价值观的本质》一书中，提出 13 种价值观：成就感、审美追求、挑战、健康、收入与财富、独立性、爱、家庭与人际关系、道德感、欢乐、权利、安全感、自我成长和协助他人。我国学者阚雅玲将职业价值观分为以下 12 类。

测试：职业价值观测试

（一）收入与财富

工作能够明显有效地改变自己的财务状况，将薪酬作为选择工作的重要依据。工作的目的或动力主要来源于对收入和财富的追求，并以此改善生活质量，显示自己的身份和地位。

（二）兴趣特长

以自己的兴趣和特长作为选择职业最重要的因素，能够扬长避短、趋利避害、择我所爱、爱我所选，可以从工作中得到乐趣、得到成就感。在很多时候，会拒绝做自己不喜欢、不擅长的工作。

（三）权力地位

有较高的权力欲望，希望能够影响或控制他人，使他人照着自己的意思去行动；认为有较高的权力地位会受到他人尊重，从中可以得到较强的成就感和满足感。

（四）自由独立

在工作中能有弹性，不想受太多的约束，可以充分掌握自己的时间和行动，自由度高，不想与太多人发生工作关系，既不想治人，也不想受制于人。

（五）自我成长

工作能够给予受培训和锻炼的机会，使自己的经验与阅历能够在一定的时间内得以丰富和提高。

（六）自我实现

工作能够提供平台和机会，使自己的专业和能力得以全面运用和施展，实现自身价值。

（七）人际关系

将工作单位的人际关系看得非常重要，渴望能够在一个和谐、友好甚至被关爱的环境中工作。

（八）身心健康

工作能够免于危险、过度劳累，免于焦虑、紧张和恐惧，使自己的身心健康不受影响。

（九）环境舒适

工作环境舒适宜人。

（十）工作稳定

工作相对稳定，不必担心出现裁员和辞退现象，免于奔波费心找工作。

（十一）社会需要

能够根据组织和社会的需要响应某一号召，为集体和社会做出贡献。

（十二）追求新意

希望工作的内容经常变换，使工作和生活显得丰富多彩，不单调枯燥。

从职业价值观的角度来说，个人职业发展成功还是失败的最终标准取决于你是否得到了你想要的生活，你的职业价值观是否和你的生活方式相一致。如果符合，你就会感觉很快乐；如果不符合，即使你拿着高薪，还是感到不满足。

拓展阅读

职业锚理论

职业锚理论是1978年由美国著名职业指导专家埃德加·施恩（Edgar. H. Schein）提出的，又称为职业系留点。锚，是使船只停泊定位用的铁制器具。职业锚是指当一个人不得不做出选择的时候，他无论如何都不会放弃职业中的那种至关重要的东西或价值观。实际就是人们选择和发展自己的职业时所围绕的中心。职业锚也是自我意向的一个习得部分。个人进入早期工作情境后，由习得的实际工作经验所决定，与在经验中自省的动机、价值观、才干相符合，达到自我满足和补偿的一种稳定的职业定位。职业锚强调个人能力、动机和价值观三方面的相互作用与整合。职业锚是个人同工作环境互动作用的产物，在实际工作中是不断调整的。

施恩提出职业锚理论后，经过大量学者全面系统的研究，在20世纪90年代逐渐将职业锚确定为八种类型：

第一种：技术/职能型。技术/职能型的人追求在技术/职能领域的成长和技能的不断提高，以及应用这种技术/职能的机会。他们对自己的认可来自专业水平，他们喜欢面对专业领域的挑战。他们通常不喜欢从事一般的管理工作，因为这意味着他们不得不放弃在技术/职能领域的成就。

第二种：管理型。管理型的人追求并致力于工作晋升，倾心于全面管理，独立负责一个部分或全部，可以跨部门整合其他人的努力成果。他们想去承担整体的责任，并将公司的成功与否看成自己的工作。具体的技术/职能工作仅仅被看作通向更高、更全面管理层的必经之路。

第三种：自主/独立型。自主/独立型的人希望随心所欲安排自己的工作方式、工作习惯和生活方式。追求能施展个人能力的工作环境，最大限度地摆脱组织的限制和制约。他们宁愿放弃提升或工作发展机会，也不愿意放弃自由与独立。

第四种：安全/稳定型。安全/稳定型的人追求工作中的安全与稳定感，他们因为能够预测到稳定的将来而感到放松。他们关心财务安全，例如退休金和退休计划。稳定感包括诚实、忠诚以及完成老板交代的工作，尽管有时他们可以达到一个高的职位，但他们并不关心具体的职位和具体的工作内容。

第五种：创业型。创业型的人希望用自己能力去创建属于自己的公司或创建完全属于自己的产品（或服务），而且愿意去冒风险，并克服面临的障碍。他们想向世界证明公司是靠自己的努力创建的。他们可能正在别人的公司工作，但同时也在学习并寻找机会。一旦时机成熟了，他们便会走出去创立自己的事业。

第六种：服务型。服务型的人一直追求他们认可的核心价值，例如帮助他人，改善人们的安全，通过新的产品消除疾病等。他们一直追寻这种机会，即使变换公司，他们也不会接受不允许他们实现这种价值的变动或工作提升。

第七种：挑战型。挑战型的人喜欢解决看上去无法解决的问题，战胜强硬的对手，克服无法克服的困难障碍等。对他们而言，参加工作或职业的原因是工作允许他们去战胜各种不可能。他们需要新奇、变化和困难，如果事情非常容易成功，他们会立马厌烦这份工作。

第八种：生活型。生活型的人希望将生活的各个主要方面整合为一个整体，喜欢平衡个人、家庭和职业的需要，因此，生活型的人需要一个能够提供“足够弹性”的工作环境来实现这一目标。他们将成功定义得比职业成功更广泛。相对于具体的工作环境、工作内容，生活型的人更关注自己如何生活、在哪里居住、如何处理家庭事务等。

职业锚实际上是内心中个人能力、动机、需要、价值观和态度等相互作用和逐步整合的结果。在实际工作中，通过不断审视自我，逐步明确个人的需要与价值观，明确自己擅长所在及今后发展的重点，最终在潜意识里找到自己长期稳定的职业定位即职业锚。

三、职业价值观与生涯发展的关系

职业与价值观关系密切，二者若能很好地匹配，就能帮助工作者降低工作压力，提升士气，提高工作效率，赢得他人的合作，提升理解力，获得成就感，变得成熟。

职业价值观决定了人们的职业期望，影响着人们的职业目标选择。例如，在求职择业过程中，有人追求丰厚的收入、有人热衷于较高的社会地位、有人喜欢公平公正的工作环境等。这些职业价值观折射出世界观和理想，进而影响着人们对就业方向和具体职业岗位的选择。

职业价值观是个人和工作匹配的基础之一。价值观与职业的契合度越高，职业的满意度就越高。这种满意度也在一定程度上决定着人们就业后的工作态度和工作质量。

实践活动

职业价值观与生涯发展探索

第一步：每个人希望从职业或工作中获得的、追求的、重视的东西都不同。请在下面的 15 项工作价值观中选出 5 项你认为最重要的，并按照递减顺序填写在方框中。

◆ 声望：受到大家的尊重与礼遇。

◆ 独立：能够自己做决定。

◆ 助人：能够协助或教导别人。

◆ 变化：工作的内容不单调，有变化、有挑战、需创新。

◆ 领导：工作时能够领导、指挥、监督他人，分配工作。

◆ 兴趣：符合自己的喜好。

◆ 待遇：薪水高、利润多。

◆ 休闲：自己拥有较长的休闲时间或者可以自由安排时间。

◆ 福利：工作的地方能够提供良好的福利。

◆ 前景：这个职业将来会有很好的发展。

◆ 安定：收入稳定，不受环境等影响。

◆ 升迁：有明确的升迁制度和机会。

◆ 意义：有意义，对人、社会或世界的贡献比较大。

◆ 环境：工作环境舒适。

◆ 人际：同事修养好，人际关系和谐。

第二步：请同学两两组合，谈谈自己最想从职业或工作中获得什么？或者说对职业或工作最重视的因素有哪些？

____

____

____

第三步：如果不得不放弃其中的一项，你会放弃哪一项______________

请你再放弃一项，思考后做出选择______________________________

请再放弃一项______________________________

迫不得已，你还得放弃一项____

现在，你剩下的最后一项是____

第四步：请思考并和同学交流。你为什么留下那一项？这个活动对自己的价值观有什么样的了解？价值观会对职业选择和人生产生什么样的影响？其他人的价值观对你的生活造成什么样的影响？

任务二　兴趣与职业生涯发展

“学之者不如好之者，好之者不如乐之者。”人的兴趣在职业活动中起着重要作用。如果一个人的兴趣与自己从事的职业相匹配，那么对于个人发展与事业都是有益的。事业有成就的人，必然喜爱自己的工作。只有对自己从事的职业感到满足的人，才能创造出非凡的价值。

一、兴趣与职业兴趣

兴趣是人们力求认识、掌握某种事物，并经常参与该种活动的心理倾向，其表现为一个人对某件事或某项活动的选择性态度和积极的情绪反应。兴趣使人的探究和认识活动染上强烈的、肯定的情绪色彩，一个人对某种事物感兴趣，就会产生对这种事物的倾向，并积极参与相关活动，表现出乐此不疲的极大热情。

职业兴趣是一个人探究某种职业或从事某种职业活动所表现出来的特殊个性倾向，它使个人对某种职业给予优先的注意，并具有向往的情感。职业兴趣不同于日常生活中的兴趣爱好，兴趣爱好的对象指向某种事物，职业兴趣的对象则指向某一职业。

职业兴趣不是与生俱来的，会受到环境、教育的影响，而且会受一定的社会历史条件制约。大学生可以通过专业学习、社会实践等方式培养自己的职业兴趣。

拓展阅读

需要、兴趣、爱好的区别

需要是有机体感到某种缺乏而力求获得满足的心理倾向，它是有机体自身和外部生活条件的要求在头脑中的反映。简单来说，需要是指当我们的身心某种平衡被打破之后，力求去满足的心理倾向，当所有宏观微观的事物都处于平衡状态的时候是没有需要的。

兴趣是人们基于内心的需要，表现出来的以特定的事物或活动为对象，所产生的积极的、带有倾向性的和选择性的态度和情绪。兴趣是以需要为基础的。

爱好是兴趣的发展和行动——兴趣是内心的原动力，爱好是兴趣的外在表现。

二、兴趣对职业发展的影响

（一）兴趣是职业生涯选择的重要依据

兴趣是强大的精神力量，可以使人集中精力去获得所喜欢的知识，启迪智慧并创造性地开展工作。当一个人对某种职业发生兴趣时，就能发挥整个身心的积极性；能积极地感知和关注该职业知识、动态，并且积极思考，大胆探索；能情绪高涨、想象丰富，并能增强克服困难的意志。

（二）兴趣可以提高工作效率，充分发挥才能

个人对工作有兴趣时，枯燥的工作会变得丰富多彩、趣味无穷。因为兴趣可以调动人的全部精力，促进能力的发挥，兴趣和能力的合理结合会大大提高工作效率。曾有研究显示：如果从事自己感兴趣的职业，能发挥个人全部才能的80％～90％，且长时间保持高效率而不感到疲劳；从事没兴趣的工作，只能发挥全部才能的20％～30％。

（三）兴趣是保证职业稳定、职场成功的重要因素

对工作感兴趣，就愿意钻研，就会出成就，这正是兴趣的作用所在。兴趣可以为职业生涯选择提供有效的信息，用于预测你的工作满意度和工作稳定性，从事自己感兴趣的职业不但让你感到满意，而且能够让你的工作单位感到满意，并由此导致工作的长期性和稳定性。多方面的兴趣也可以使人善于应付多变的环境。如需变换工作，只要自己感兴趣，就能够很快地学好、做好这门工作，求职成功。因此，兴趣是职场成功的一个重要因素，它能将你的潜能最大限度地调动起来，使你长期专注于某一方向，做出艰苦的努力，取得令人瞩目的成绩。

案例分享

兴趣指引他成为大家

我国著名戏剧家曹禺在升入中学前就热衷于看“文明戏”和京剧，也爱看地方戏和电影。他升入天津南开中学后，成为南开新话剧团的演员。通过演戏实践，曹禺对戏剧产生了浓厚的兴趣，虽然他父亲希望他学医，但他的兴趣却在戏剧上。中学毕业后，曹禺进入清华大学学习西方语言和文学，他的兴趣进一步发展，开始从事长篇小说和剧本创作。在大学的最后一年，曹禺创作出人生中第一个剧本《雷雨》，他的代表作品还有《日出》《原野》《北京人》等。

职业兴趣的建立与培养，是一个人从事某种职业并且取得一定成就的基础或前提。在这种兴趣促使下，人的各方面能力能够得到增强与发展，也能支持他（她）在困难环境下积极努力地开展工作。

三、职业兴趣的类型

人的职业兴趣可以从不同角度进行分类，如根据职业兴趣的目标指向，可分为直接兴趣和间接兴趣；根据职业兴趣的内容可分为物质兴趣和精神兴趣。霍兰德职业兴趣类型理论是目前职业生涯规划指导领域影响最广泛、使用最普遍的分类模式。

职业兴趣类型理论是美国著名职业指导专家霍兰德于 1959 年提出的。他认为大多数人的职业兴趣可以归纳为六种类型：实用型（Realistic Type，简称 R）、研究型（Investigative Type，简称 I）、艺术型（Artistic Type，简称 A）、社会型（Social Type，简称 S）、企业型（Enterprising Type，简称 E）和事务型（Conventional Type，简称 C）。同一职业团体内的人有相似的人格特质，他们对情景和问题会有类似的反应，从而产生特定的职业氛围即职业环境。由此，工作类型也可以分为六种类型，其名称与兴趣类型的分类一致，职业兴趣类型和职业环境之间的适配能增加个人的工作满意度、职业稳定性和职业成就感。例如“艺术型”的人需要艺术型的环境或职业，因为只有这种环境或职业才能给予其所需的机会与奖励，即才能达到人职最佳匹配与和谐。

霍兰德职业兴趣类型知识见表 2-1。

表 2-1　霍兰德职业兴趣类型

类型	喜欢的活动	重视	职业环境要求	典型职业
实用型（R）	用手、工具、机器制造或修理东西。愿意从事实物性的工作、体力活动，喜欢户外活动或操作机器，而不喜欢在办公室工作	具体实际的事物，诚实，有常识	使用手工或机械对物体、工具、机器等进行操作，与“事物”工作的能力比与“人”打交道的能力更为重要	园艺师、木匠、汽车修理工、工程师、军官、兽医、足球教练员、烹饪
研究型（I）	喜欢探索和理解事物，学习研究那些需要分析、思考的抽象问题，喜欢阅读和讨论有关科学性的论题，喜欢独立工作，对未知问题充满兴趣	知识，学习，成就，独立	分析研究问题、运用复杂和抽象的思考，创造性地解决问题的能力，谨慎缜密，能运用智慧独立地工作，有一定的写作能力	实验室工作人员、生物学家、化学家、心理学家、工程设计师、大学教授、医生

续表

类型	喜欢的活动	重视	职业环境要求	典型职业
艺术型（A）	喜欢自我表达，喜欢文学、音乐、艺术和表演等具有创造性、变化性的工作，重视作品的原创性和创意	有创意的想法，自我表达，自由	创造力，对情感的表现能力，以非传统的方式来表现自己；相当自由、开放	作家、音乐家、摄影师、漫画家、导演、室内装潢设计师
社会型（S）	喜欢与人合作，热情关心他人的幸福，愿意帮助别人成长或解决困难、为他人提供服务	服务社会与他人，公正，理解，平等，理想	人际交往能力，教导、医治、帮助他人等方面的技能，对他人表现出精神上的关爱，愿意担负社会责任	教师、社会工作者、牧师、心理咨询师、护士、律师
企业型（E）	喜欢领导和支配别人，通过领导、劝说他人或推销自己的观念、产品而达到个人或组织的目标，希望成就一番事业	经济和社会地位上的成功，忠诚，冒险精神，责任	说服他人或支配他人的能力，敢于承担风险，目标导向	营销商、市场部经理、电视制片人、保险代理
事务型（C）	喜欢固定的、有秩序的工作或活动，希望确切地知道工作的要求和标准，愿意在一个大的机构中处于从属地位，对文字、数据和事务进行细致有序的系统处理以达到特定的标准	准确、条理、节俭、盈利	文书技巧，组织能力，听取并遵从指示的能力，能够按时完成工作并达到严格的标准，有组织有计划	文字编辑、会计师、银行家、办事员、税务员和计算机操作员

课堂活动

霍兰德兴趣理论测试

（填写注意事项：根据问题，选择适合自己的答案，在相应的空格打“√”）

序号	题目	是	否
1	强壮而敏捷的身体对我很重要。		
2	我必须全面了解事情的真相。		
3	我的心情受音乐、色彩和美丽事物的影响极大。		
4	和他人的关系丰富了我的生命并使它有意义。		

续表

序号	题目	是	否
5	我自信会成功。		
6	我做事必须有清楚的指引。		
7	我擅长自己制作、修理东西。		
8	我可以花很长的时间去想通事情的道理。		
9	我重视美丽的环境。		
10	我愿意花时间帮别人解决个人危机。		
11	我喜欢竞争。		
12	我在开始一个计划前会花很多时间去计划。		
13	我喜欢使用双手做事。		
14	探索新构思使我满意。		
15	我是寻求新方法来发挥我的创造力。		
16	我认为能把自己的焦虑和别人分担是很重要的。		
17	成为群体中的关键任务执行者，对我很重要。		
18	我对于自己能重视工作中的所有细节感到骄傲。		
19	我不在乎工作把手弄脏。		
20	我认为教育是个发展及磨炼脑力的终身学习过程。		
21	我喜欢非正式的穿着，尝试新颜色和款式。		
22	我常能体会到某人想要和他人沟通的需要。		
23	我喜欢帮助别人不断改进。		
24	我在决策时，通常不愿冒险。		
25	我喜欢购买小零件，做成成品。		
26	有时我长时间阅读，玩拼图游戏，冥想生命本质。		
27	我有很强的想象力。		
28	我喜欢帮助别人发挥天赋和才能。		
29	我喜欢监督事情直至完工。		
30	如果我面对一个新情景，会在事前做充分的准备。		
31	我喜欢独立完成一项任务。		
32	我渴望阅读或思考任何可以引发我好奇心的东西。		
33	我喜欢尝试创新的概念。		
34	如果我和别人发生摩擦，我会不断尝试化干戈为玉帛。		
35	要成功就必须定高目标。		
36	我喜欢为重大决策负责。		
37	我喜欢直言不讳，不喜欢转弯抹角。		

续表

序号	题目	是	否
38	我在解决问题前，必须把问题进行彻底分析。		
39	我喜欢重新布置我的环境，使它们与众不同。		
40	我经常借着和别人交谈来解决自己的问题。		
41	我常想起草一个计划，而由别人完成细节。		
42	准时对我来说非常重要。		
43	从事户外活动令我神清气爽。		
44	我不断地问为什么。		
45	我喜欢工作能够抒发我的情绪和感觉。		
46	我喜欢帮助别人找到应对问题的办法。		
47	能够参与重大决策是件令人兴奋的事情。		
48	我经常保持清洁，喜欢有条不紊。		
49	我喜欢周边环境简单而实际。		
50	我会不断地思索一个问题，直到找出答案为止。		
51	大自然的美深深地触动我的灵魂。		
52	亲密的人际关系对我很重要。		
53	升迁和进步对我极重要。		
54	当我把每日工作计划好时，我会较有安全感。		
55	我不害怕过重的工作负荷，且知道工作的重点。		
56	我喜欢能使我思考、给我新观念的书。		
57	我希望能看到艺术表演、戏剧及好的电影。		
58	我对别人的情绪低潮相当的敏感。		
59	能影响别人使我感到兴奋。		
60	当我答应一件事时，会竭尽全力做好。		
61	我希望粗重的体力工作不会伤害任何人。		
62	我希望能学习所有使我感兴趣的科目。		
63	我希望能做些与众不同的事。		
64	我对别人的困难乐于伸出援手。		
65	我愿意冒一点险以求进步。		
66	当我遵循成规时，我感到安全。		
67	我选车时，最先注意的是好的引擎。		
68	我喜欢能刺激我思考的话。		
69	当我从事创造性的事时，我会忘掉一切旧经验。		
70	我对社会上有许多人需要帮助感到关注。		

续表

序号	题目	是	否
71	说服别人依计划行事是件有趣的事情。		
72	我擅长检查细节。		
73	我通常知道如何应付紧急事件。		
74	阅读新发现的书是件令人兴奋的事情。		
75	我喜欢美丽、不平凡的东西。		
76	我喜欢关心孤独、不友善的人。		
77	我喜欢讨价还价。		
78	我花钱时小心翼翼。		
79	我用运动来保持强壮的身体。		
80	我经常对大自然的奥秘感到好奇。		
81	尝试不平凡的新事物是件相当有趣的事情。		
82	当别人向我诉说他的困难时，我是个好听众。		
83	做事失败了，我会再接再厉。		
84	我需要确切地知道别人对我的要求是什么。		
85	我喜欢把东西拆开，看看能否修理它们。		
86	我喜欢了解所有的情况，再有逻辑地做出决定。		
87	没有美丽事物的生活，对我而言是不可思议的。		
88	人们经常告诉我他们的问题。		
89	我常能借着互联网、新媒体和别人取得联系。		
90	小心谨慎地完成一件事是有成就感的事情。		
	完成上面所有题目，将有助于提供更为准确的测试结论。		

1. 您的性别是：

男

女

2. 您的最高学历（包括在读）是：

初中及以下

高中/中专/技校

大学专科

大学本科

硕士及以上

3. 您期待从事的行业是：

IT/通信/电子/互联网

金融业

房地产/建筑业

贸易/批发/零售/租赁业

文体教育/工艺美术

生产/加工/制造

交通/运输/物流/仓储

文化/传媒/娱乐/体育

能源/矿产/环保

政府/非营利机构

农/林/牧/渔/其他

根据得分，可以测试个人的兴趣类型，感兴趣的同学可以试一试。当然，这只是一种参考。

测验结果也有比较极端的，即各项兴趣的得分都非常低。这种现象表明对各类活动、事务或工作都不大感兴趣，不会把它们当作自己生活或工作的主要内容和支柱，更不会去执着地追求，可谓是兴趣冷漠型。

任务三　性格与职业生涯探索

人们常说“性格决定命运”。许多企业在进行人才招聘时，往往将性格测试放在首位，当性格与职业相匹配时，才对其能力进行测试考查。他们认为性格比能力重要，如果一个人能力不足，可通过培训提高，但一个人的性格与职业不匹配，要改变起来，就困难多了。其实性格并无好坏之分，但性格类型与职业类型的匹配度，却对事业的成败有着重要影响。

一、性格的含义

一般来说，性格指个人在先天生理素质的基础上，在社会实践活动和不同环境熏陶下逐渐形成的、对现实较为稳固的心理特征。

在进行职业生涯规划时，正确地测定自己的个性是其中非常重要的环节，职业生涯规划是与职业性格、气质、能力、兴趣、潜力、价值观等因素相关联的，性格若能与职业相匹配，工作中就能得心应手、轻松愉快、富有成就，反之则会不适应、困难重重，给个人和组织发展造成不利影响。

借助科学手段了解自己的性格类型，有利于进行准确的职业定位，更有利于职业生涯的发展。许多职业对性格品质有着特定的要求，要选择某一职业就必须具备这一职业所要求的性格特征。但是，性格在很大程度上源于后天的培养，并不是无法改变的，每个人在社会中都会因为种种外界原因而改变原先的性格，也许这种改变会让你意外地发现自己的潜力。另外，人的个性并不能决定他的社会价值与成就水平。当你发现自己的个性与职业的匹配度不高时，可以通过个人努力来弥补自身不足。

二、气质的含义及类型

现代心理学认为，气质是指一个人心理活动典型的、稳定的动力性特征。气质这种心理活动的特征，主要表现在人们与外界事物接触中反映出来的感受性、耐受性、反应的敏捷性、情绪的兴奋性以及心理活动的内向性和外向性等特点。气质在人性结构中处于基础地位，它使人的各种心理活动和行为表现染上个人独特的色彩，与性格相比，气质具有更多的先天成分，并在出生以后就表现出来。如有的婴儿一出生就表现得很好动，喜欢吵闹，对外界的事物反应迅速；有的婴儿则表现得比较平稳、安静，对外界事物反应缓慢。

气质类型是指表现为心理特征的神经系统基本特征的典型结合。构成气质类型的各种心理特征，多数是某一种神经特性的表现，但有的也可能是两种神经特性的结合。例如：感受性是神经系统强度特性在心理上的表现，反应的速度是灵活性特征在心理上的体现。而情绪兴奋性既体现兴奋或抑制过程的强度，也体现两者的平衡性。由于人们的心理反应可以从多方面表现出神经系统的基本特性，所以，在这些心理特性中就可以既从实验结果，又从生活指标中判定不同人的气质类型。

气质是一个古老的概念。早在古希腊时期，希波克利特就认为人体内有 4 种液体：黏液汁、黄胆汁、黑胆汁、血液，根据液体在人体内占优势的程度不同，他把人的气质分为 4 种类型：多血质、胆汁质、黏液质和抑郁质。虽然现代生理学研究表明，气质的生理基础是人的高级神经活动，气质的类型与人的体液无关，但希波克利特把人的气质分为 4 种基本类型比较符合实际，所以被许多学者所采纳并沿袭至今。

（一）多血质（又称活泼型）

这种气质类型的特点是活泼好动、善于交际、乐群性高、容易适应环境，思维敏捷、反应迅速，注意力易转移，容易接受新事物但印象不很深刻，情绪发生快但体验不深刻，具有外倾性。优点是乐观、开朗、灵活、热情、善交际；缺点是不稳定、易动摇，缺乏持久性。

（二）胆汁质（又称不可遏止型）

这类气质类型的特点是直率热情、精力旺盛，能经得起强刺激，脾气急躁、易冲动，思维、语言动作反应迅速，心境变化激烈但体验不强，具有外倾性。优点是有毅力、坚强、勇敢；缺点是暴躁、易着急。

（三）黏液质（又称安静型）

这类气质类型的特点是安静、稳重、交际适度，善于忍耐，能克制自己，情绪不易外露，思维动作反应慢且不灵活，注意力稳定不易转移，偏内倾性。优点是稳定、安静、可靠；缺点是固执、刚愎自用。

（四）抑郁质（又称脆弱型）

这种气质类型的特点是羞涩、好静、孤立，情绪发生慢，不易外露，体验深刻，即使是微不足道的小事也容易引起情绪波动，反应迟缓、敏感，注意自己的内心世界，办事认真，具有内倾性。优点是敏感、细心；缺点是自卑、脆弱。

在现实生活中，具有上述 4 种气质类型的典型代表只是少数，大多数人是接近某种气质，同时又具有其他气质的某些特点。因此，判断一个人的气质，主要是观察和测定某个人具有哪些气质特点，而不能简单地用模式去套。

气质是天生的，性格是后天形成的。每种性格类型本身并没有优劣之分。了解自己的性格类型，可以让我们更好地扬长避短；了解他人的性格类型，能够促使彼此更好地达成一致意见。

拓展阅读

性格、人格、气质、个性的区别

性格是人们对现实的稳定的态度和习惯化行为方式的总和，表现为个体独特的心理特征。人们经过无数论证，发现先天因素与后天因素共同决定人的性格，除了遗传，0～6 岁关键期的成长环境对性格的形成和影响尤其重要。

人格是个人性格、气质、能力等特征的综合，是在某种社会文化背景下，大家普遍推崇的综合素养。人格是相对稳定的态度，人们为了更好地适应环境而表现出来的行为方式，受遗传、性格、后天环境各种复杂因素影响。

气质是个人生来就具有的心理活动的典型而稳定的动力特征，是人格的先天基础。

个性是一个人在思想、性格、品质、意志、情感、态度等方面不同于其他人的特质，这个特质表现于外就是他的言语方式、行为方式和情感方式等。

三、MBTI 性格类型理论

MBTI（Myers Briggs Type Indicator，麦尔斯·布里格斯类型指标）是一种迫选型、自我报告式的性格评估测试，用以衡量和描述人们在获取信息、做出决策、对待生活等方面的心理活动规律和性格类型。

MBTI 性格类型理论的基础是著名心理学家卡尔·荣格先生关于心理类型的划分，后由美国心理学家凯恩琳·布里格斯与伊莎贝尔·布里格斯·迈尔斯研究并加以发展。布里格斯和她的心理学家女儿迈尔斯根据荣格的心理类型理论和她们对于人类性格差异的长期观察和研究，形成了 MBTI 性格类型理论。经过长达 50 多年的研究和发展，MBTI 已经成为当今最为著名和权威的性格测试指标体系。

MBTI 从四个维度考察个人的偏好倾向，以区分人与人之间的差异，这四个维度为：

（1）精力支配：Extraversion（E）（外倾）—Introversion（I）（内倾）

（2）接收信息：Sensing（S）（感觉）—Intuition（N）（直觉）

（3）判断事物：Thinking（T）（思考）—Feeling（F）（情感）

（4）行动方式：Judging（J）（判断）—Perceiving（P）（知觉）

其中两两组合，可以组合成 16 种性格类型并有着匹配的职业，如表 2－2 所示。

表 2－2　MBTI 性格类型与匹配的职业

ISTJ 内倾、感觉、思考、判断 稽查员	ISFJ 内倾、感觉、情感、判断 保护者	INFJ 内倾、直觉、情感、判断 咨询师	INFP 内倾、直觉、情感、知觉 治疗师、导师
ESTJ 外倾、感觉、思考、判断 督导	ESFJ 外倾、感觉、情感、判断 供给者、销售员	ENFJ 外倾、直觉、情感、判断 教师	ENFP 外倾、直觉、情感、知觉 倡导者、激发者
ISTP 内倾、感觉、思考、知觉 操作者、演奏者	ISFP 内倾、感觉、情感、知觉 作曲家、艺术家	INTJ 内倾、直觉、思考、判断 智多星、科学家	INTP 内倾、直觉、思考、知觉 建筑师、设计师
ESTP 外倾、感觉、思考、知觉 发起者、创设者	ESFP 外倾、感觉、情感、知觉 表演者、演示者	ENTJ 外倾、直觉、思考、判断 统帅、调度者	ENTP 外倾、直觉、思考、知觉 企业家、发明家

MBTI 性格类型系统中有四种性格倾向组合，这四种组合如图 2－1 所示。

SJ Legalist/Guardian 感觉+判断=传统主义者	NF Idealist/Empathist 直觉十情感=理想主义者
SP Realist/Artisan 感觉十知觉=经验主义者	NT Rationalist/Analyst 直觉十思考=概念主义者

图 2-1　MBTI 性格类型四种性格倾向组合

（一）直觉十思考＝概念主义者（NT 型）

代表人物：比尔·盖茨。

概念主义者自信、有智慧、富有想象力。他们的原则是所有的事情都要做到最好。他们天生好奇，喜欢不断地吸取知识，能够看到同一问题的多个不同方面，习惯于全面地思考问题和一分为二地看待问题，从而对真实或假设的问题构思出解决方案。

概念主义者是四种类型中最独立的一种人。他们工作原则性强，标准高，对自己和对别人的要求都很严格。他们不会被别人的冷遇和批评干扰，喜欢以自己的方式做事。

概念主义者喜欢能提供自由、变化和需要有较高的智力才能完成的工作。他们喜欢看到自己的想法得到实施，喜欢与有能力的上司、下属、同事共事。许多概念主义者推崇权力，易于被有权力的人和权力地位所吸引。

比尔·盖茨是一个典型的概念主义者。当比尔·盖茨只有十三岁的时候，就对学校的那台新电脑产生浓厚的兴趣。他逃掉数学课，溜到机房，沉浸在电脑编程的世界里。就是在这一年，他第一次编写出一个能让人和电脑一同游戏的小软件。机器对他来说仿佛是有魔力的。上机的时间对每个学生来说是有限的，他就和几个同学在电脑里植入 Bug，让上机次数变成无限。当学校管理人员发现他的才华之后，他开始为学校编写程序，给学生安排班级。后来他以极其优异的成绩从中学毕业，进入哈佛大学。他编写的算法解决了一个一直难以解决的编程问题，运算速度纪录保持三十多年。在哈佛大学读书的那段时期，他一直没有非常明确的专业计划，而是把大部分时间都投入研究电脑里。后来，他在大三的时候，看到软件行业的广阔前景，便说服父母支持自己辍学创业。并在一年之后发布震惊当时 IT 业的《致爱好者的公开信》，提出软件的知识产权保护。从此，比尔·盖茨在复杂的软件世界如鱼得水，天马行空，一个伟大的公司慢慢崛起，那就是我们熟知的微软。

（二）感觉十感知＝经验主义者（SP 型）

代表人物：海明威。

经验主义者关注五官带给他们的信息，而且相信那些可以测量和证明的东西；同时喜欢面对各种各样的可能性，喜欢自由随意的生活方式，是反应灵敏和主动的人。

经验主义者是四种类型中最富冒险精神的。他们最可贵的地方在于机智多谋，令人兴奋，而且很有趣。他们为行动、冲动和享受现在而活着，一想到某件事情就有立即去做的冲动，而且喜欢一气呵成，一口气把事情做完，但又不喜欢太长时间做同一件事情。

经验主义者喜欢可以提供自由、变化和行动的工作，喜欢那些能够有及时效果的工作，他们以能够巧妙而成功地完成工作为乐。由于他们喜欢充满乐趣地生活，无论做什么都必须让他们感到充满乐趣，这样才能令他们感到满意。

海明威是一个经验主义的艺术创造者。“迷惘的一代”的代表作家海明威曾经说：“不要害怕……尝试每一件事情……有时候我想，我们只是用了一半的生命活在这个世界上。”在海明威的生命中，他一直努力尝试做好每一件事情。他曾在佛罗里达州和古巴享受静美的田园生活，也曾奔波于“一战”“二战”前线。他把自己的游艇改装成巡逻艇侦察德国潜艇的情报；他当过救护车的司机，把巧克力和香烟送上战场前线；他曾因为双腿严重受伤在医院躺了 6 个月；他练过拳击；在帕姆普鲁纳与公牛赛跑；在西林盖提平原上捕过狮子和野牛；在美国爱达荷州捕捞过鳟鱼和马林鱼；滑过雪，玩过帆船；从伦敦的车祸、西珊瑚岛的暴风雨和非洲的空难中死里逃生。他不仅是个小说家，写出了影响几代人的故事，获得诺贝尔文学奖，给世人留下《永别了，武器》《老人与海》《丧钟为谁而鸣》等不朽之作，开了一代文风，而且是一个勇敢的战地记者，将数百篇新闻报道送到后方。他笔下的人物常有的形象是“硬汉”，在面对外界的巨大压力和厄运的打击时，仍然坚强不屈，勇往直前，甚至视死如归。他们最后可能还是失败了，但是却保持了人的尊严和勇气，有着胜利者的风度。他的作品中洋溢着对生活的热爱和对年轻人迷惘和痛苦的安抚。他说过这样一句话：“一个人并不是生来要给打败的，你尽可以把他消灭掉，但你打败不了他。”

（三）直觉＋情感＝理想主义者（NF 型）

代表人物：乔布斯。

理想主义者感兴趣的是事物的意义、关系和可能性，并基于其个人的价值观念决定。他们做人的原则是：真实地面对自己。

理想主义者是四种类型中精神上最具哲理性的人，乐于接受新的思想，善于容纳他人。他们非常崇尚人与人之间和各种关系中的真实和正直，容易将别人理想化。

对理想主义者而言，一份好工作应该是对他们个人很有意义的工作，而不是简单的常规工作或只是一种谋生手段。他们喜欢民主、能够激励各种层次的人高度参与的组织，会被那些促进人性价值的组织或那些允许他们帮助别人完成工作的职业所吸引。

乔布斯是一个典型的理想主义者。乔布斯是一个让大家又爱又恨的天才。他在公司里经常莫名其妙地愤怒，甚至董事会成员中有一位不插手任何其他事务，专门负责帮助处理乔布斯的人际关系。他的员工很委屈，只要产品不能达到他完美的期望，就会被劈头盖脸地大骂一通。员工只要和他碰巧坐在同一部电梯就会提心吊胆。他永远不愿意改变自己的形象，无论是去公司上班还是和总统吃饭，他都一身黑毛衣和牛仔裤，显得特别格格不入。硅谷是创业者云集的地方，可他和大部分创业者都玩不到一块儿，比较孤僻。甚至还有传闻说他从来不给自己的车上牌照，还总是占用残疾人车位，被拖车无数次。

但是，每一次苹果的产品发布会都由他亲自演示，每一个苹果的新闻都能激起轩然大波。如果其他公司和品牌的市场宣传算是优秀的话，苹果的市场宣传和公关造势则算是卓越的。每一次苹果的新产品上市，都有人提前一晚上通宵在苹果店门前排队等候。他对产品的完美和简洁的追求永无止境。他甚至会走进一个部门，一声不吭地拿起笔在白板上画出一个方框，说："这个产品就是要这么简洁方便，把需要处理的东西拽进框内，一切就搞定了，不要其他多余的复杂程序。"毋庸置疑，没有乔布斯，就没有苹果的今天。

（四）感觉＋判断＝传统主义者（SJ 型）

代表人物：苏联柳比歇夫教授。

传统主义者相信事实、已证实的数据、过去的经验和五官所带给他们的信息，喜欢有结构、有条理的世界，喜欢做决定，是一种既现实又有明确目标的人。

传统主义者是四种类型中最传统的一类。他们重视法律、秩序、安全、得体、规则和本分。他们尊重权威、等级制度和权力，而且一般具有保守的价值观。他们很有责任感，而且经常努力去做正确的事情，这使他们可以信赖和依靠。

传统主义者需要有归属感，需要服务于别人，需要做正确的事情。他们注重安稳、秩序、合作、前后一致和可靠，而且严肃认真，工作努力。他们在工作中对自己要求十分严格，而且希望别人也是如此。

苏联亚历山大·亚历山大德罗维奇·柳比歇夫教授是一个典型的传统主义者。他生前发表了 70 来部学术著作。他的知识面很广，比如谈起英国的君主制度，他能够说出任何一个英国国王临朝执政的细节；说到宗教，不管是古兰经，还是罗马教廷的源流、马丁·路德的学说……他都如数家珍。他博学，但他又是每一个狭隘领域的专家。单就地蚤分类这一项，成绩就颇为壮观：到 1955 年，柳比歇夫已搜集了 35 箱地蚤标本，共 13 000 只。其中 5 000 只公地蚤做了器官切片。这些地蚤都要进行鉴定、测量，做切片、制作标本。他收集的材料比动物研究所多 5 倍。

是什么造就了这样不可思议的成就？

翻开柳比歇夫的日记，一切变得明晰。他从 1916 年开始记日记，一天也没有间断过。其实那不算是日记，而是一个个时间明细账：

乌里扬诺夫斯克。一九六四年四月七日。

分类昆虫学（画两张无名袋蛾的图）：三小时十五分钟

鉴定袋蛾：二十分钟

附加工作：给斯拉瓦写信：两小时四十五分钟

社会工作：植物保护小组开会：两小时二十五分钟

休息：给伊戈尔写信：十分钟

《乌里扬诺夫斯克真理报》：十分钟

列夫·托尔斯泰的《塞瓦斯托波尔纪事》：一小时二十五分钟

…………

从 1916 年到 1972 年他去世的那一天，几十年如一日，以五分钟为单位，一丝不苟地记下他所有的时间支出。他能精确地计算出任何一项研究和工作花费了他多少时间。在《论生物学中运用数学的前景》一文的手稿的最后一页，他写着：

准备（提纲、翻阅其他手稿和参考文献）：十四小时三十分钟；

写：二十九小时十五分钟；

共费：四十三小时四十五分钟，共八天；

一九二一年十月十二日至十九日。

讨论：创业、就业如何抉择？

性格的形成不仅受先天影响，而且在很大程度上也受到后天环境的影响，所以性格具有很强的可塑性。如果性格类型与职业的要求不能实现最佳匹配时，我们可以不断地在工作中强化不习惯的行为方式，按照职业的要求不断改变自己原有的性格特点，这样在潜移默化的过程中，会形成一些新的特点，这些变化会让人们更适合这一工作，发现自己意想不到的潜力。马斯洛曾说："心若改变，你的态度跟着改变；态度改变，你的习惯跟着改变；习惯改变，你的性格跟着改变；性格改变，你的人生跟着改变。"

五、性格与生涯发展的关系

图 2-2 显示的是性格与生涯发展的关系。

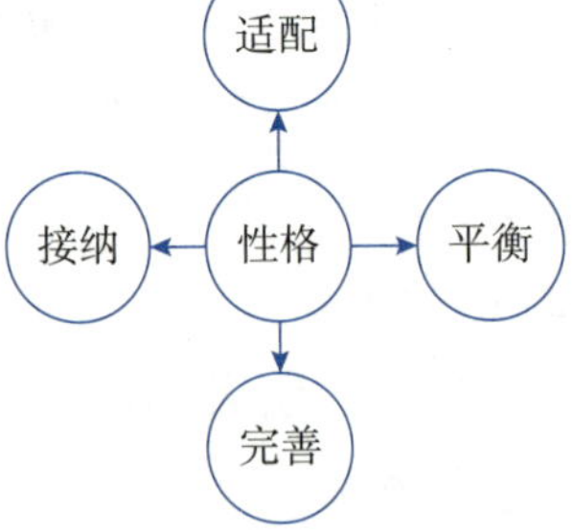

图 2-2　性格与生涯发展的关系

（一）适配——帮助寻找合适的职位

（1）性格与工作匹配：效率高，持久。

（2）性格与他人匹配：关系稳定。

（3）在稳定关系中不断保持效率，在这个行业中就会有长足的发展。年龄越小，探索性格越有意义。因为还有机会去适配，所以知己知彼的时间越早越好。

（二）平衡——到别的角色去满足自己的本性

（1）从其他角色补充能量。

（2）丰富业余生活。

（3）获得理解与支持。

（三）接纳——尊重自己和他人，理解自己和他人

（1）每种性格类型本身没有优劣之分，在应对现实过程中，各有利弊。不要以己之短比他人之长，也不要以己之长比他人之短。

（2）只有相对的适配性，没有绝对的适配性。比如，领导力，要有很多因素满足，如机会＋信任＋能力＋权力。性格也和兴趣一样，不能直接等于能力，也不能直接等于职位。

（3）接纳自己，理解他人。

（四）完善——不断提高自己的适应能力

（1）接纳并享受性格带来的优势，改变或回避性格带来的局限。

（2）如果有选择机会：扬长避短——适配的是最好的。

（3）如果结合现实，暂时没有更好的选择机会：扬长补短——用能力来弥补。

对于职业，有机会匹配就匹配；没机会匹配的，要么不平衡，要么适应，要么改变认知。

课堂活动

乔布斯说："成就一番伟业的唯一途径就是热爱自己的事业。如果你还没能找到让自己热爱的事业，继续寻找，不要放弃。跟随自己的心，总有一天你会找到的。"但卡尔·纽波特教授可不这么认为。他建议：

（1）不要追寻激情。事实上，没有预设的激情，只有在你拥有了优秀而有价值的才华之后，激情才会尾随而来。

（2）脱颖而出。职业成功没有捷径，只有勤奋，让自己某个方面迅速成长为专家，让人们无法忽视你的才华和技能。

（3）入木三分。努力工作，尤其是深度工作。不要分散注意力，专注在需要认知能力、能够创造价值的任务上。

总的来说，纽波特教授认为你如何做事情比起你做哪件事情更为重要。在兴趣和专长之间，他更倾向于专长。专长才能带给人们更快乐的职业体验。在有价值的事情上，通过努力工作，成为一名专家。这个路径可以帮助人们从工作中找到快乐。

你赞成谁的观点，请陈述理由。

任务四　能力与职业生涯探索

“你的能力如何”是每位应聘者都需心中有数的问题，也是一个人能否进入职业的先决条件，即个人素质的核心。当人的能力能适应所从事的职业，人们往往“成竹在胸”，否则，即便达成目标的意愿再强，也只能“心有余而力不足”地“望洋兴叹”。发现、培养和展现自己的能力是谋得理想职位所不可或缺的。

一、能力概述

（一）能力的概念

能力是顺利实现某种活动的心理条件，是和活动紧密相连的，离开了具体活动，能力就无法形成和表现。能力的产生和发展与社会生活分不开，它是综合的心理条件，必须在社会活动中形成并且表现。

（二）能力的四大分类

1. 二因素论

能力分为一般能力和特殊能力。

（1）一般能力：一般活动中都有体现：逻辑思维、社交、言语能力等。正常人都应该具备和拥有的。

（2）特殊能力：某种专业活动中才体现出来的。

2. 社会学习理论

该理论把能力分为模仿能力和创造能力。

（1）模仿能力：通过社会观察和习得的。

（2）创造能力：自发产生。

3. 发展心理学智力模型分类

发展心理学把能力分为流体智力和晶体智力（见图 2－3）。

（1）流体智力（能力）：先天禀赋。一个人潜能开发的程度。

（2）晶体智力（能力）：后天习得不断积累的过程。

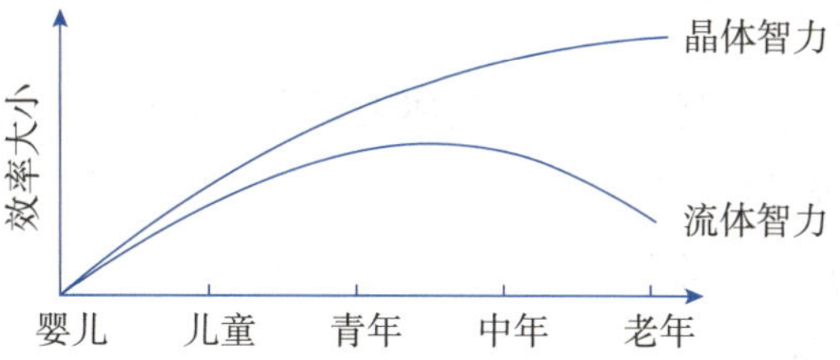

图 2-3　流体智力与晶体智力的发展趋势图

4. 三因素法

该方法把能力分为认知能力、操作能力和社交能力。

认知能力：加工、存储和提取信息的能力，又称智力。

操作能力：肢体运用，跑步，机械操作等，例如手眼、身体协调。

社交能力：社会交往。

（三）技能

技能是指人们通过学习和练习而获得的能力，通常表现为某种动作方式和动作系统。动作方式和动作系统有时表现为操作活动，有时表现为心智活动。

（四）能力与技能的区别和联系

1. 区别

（1）能力是个体固定下来的概括化的东西，是一种稳定的个性心理特征。

（2）技能是顺利完成某种活动的行为方式。

（3）能力不是这些行为方式的本身，而是调节这些行为方式的心理活动的概括化。

（4）能力的发展和技能的掌握是不同步的。

（5）能力的发展比技能的获得要慢，能力并不是永远随着技能增多而成正比例发展的。

2. 联系

（1）能力为掌握技能提供内在条件和可能性。

（2）技能是能力发展的基础和表现。

二、职业技能三分法

美国辛迪·梵和理查德·鲍尔斯把职业技能分成专业知识技能、可迁移技能和自我管理技能。这三种技能是专门针对职业的要求提出的。

测试：职业能力倾向测试

（一）专业知识技能

知识是人类历史经验的总结。专业知识技能就是你所掌握的理论知识，用名词表示，需要通过背诵、记忆获得，不仅要全面，还要系统。

（二）可迁移技能

可迁移技能是个体所能胜任的活动，具体表现为一个人所能从事的工作内容，通过观察、实践、思考、熟练等过程掌握，用动词表示；因其往往具有通用性，所以被称为可迁移技能，是用人单位最看重的部分。

（三）自我管理技能

这是一个人在工作中所表现出来的特征和品质，通常是通过认同、模仿、内化等途径获得，用形容词和副词表示。有时候又被称为职业素养（Career Quotient），是影响职业生涯成功与否的关键，其关键词见图 2－4。

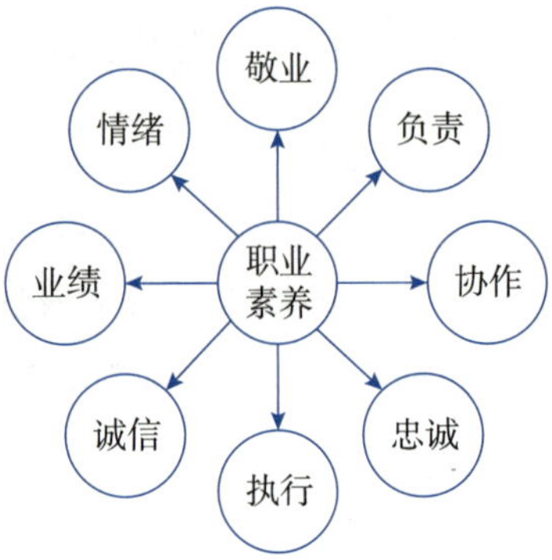

图 2－4　职业素养的关键词

三、职业技能测试

（一）技能测试之一：模拟面试

假如我是一个超级人力资源经理，可以给你任何你想要的职位，你和其他几万名求职者来到我的面前，在给你理想工作机会之前，我必须问你三个问题，也请你如实回答我这三个问题。

第一个问题，请你用 3～5 个名词概括你所学习过的专业知识，它们属于哪些学科。（生物医学工程、中医基础理论、医学心理学、职业心理学、系统解剖学……）

第二个问题，假如我可以满足你期待的薪资要求和福利条件，请用 3～5 个动词描述你所能做的事。（研发，咨询，培训，治疗，讲课……）

第三个问题，假如和你应聘同一个职位的人，他也有着和你一样的专业知识和技术，你身上有哪些优秀的特点和品质让我有充分的理由选择你而不选择他。请用 3～5 个形容词或者副词描述这些特质。（乐于助人，耐心，仔细……）

针对以上三个问题，有一个漏斗法则：

（1）假如你要找到一个相对专业的工作，第一个问题的答案基本划定了行业和领域。第二个问题的答案基本划定了工作内容和岗位。第三个问题的答案基本告诉你在这个过程中成功的可能性或者岗位的高低和发展的程度。

(2) 假如找一份对专业性要求并不高的工作（这里的专业性并不一定是专业，不看大学学的专业，而是工作中的专业化程度），那么我们看第二个问题的答案。就是工作的内容、领域不限，比如销售行政管理、市场营销，对专业要求不高。第三个问题的答案告诉我们在这个岗位上发展的程度。

根据这个漏斗法则，我们清晰地看到专业学习和未来工作之间的关系。例如能更好地理解为什么学专业知识对当下的工作岗位可能并不一定有用，因为是做销售，不用专业知识，但是到一定程度和高度，一定是需要专业知识框架的。

这个漏斗法则可用图 2-5 表示。

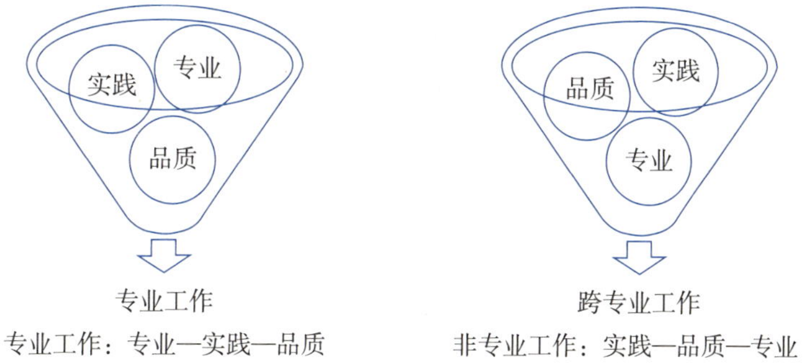

图 2-5 漏斗法则

(二) 技能测试之二：寻找核心竞争力

我的核心竞争力是什么？

第一个问题：你知道什么？（你懂什么？）或者，相对其他人而言，你可以称为专业的领域有哪些？（用一种笔的颜色写上去）

第二个问题：（如果我雇用你）你会做什么？（用另外一种颜色笔填写）

第三个问题：（对于你知道且会做的事情）你做得怎么样？（用第三种颜色笔填写）

核心竞争力，就是三者交汇的地方，见图 2-6。

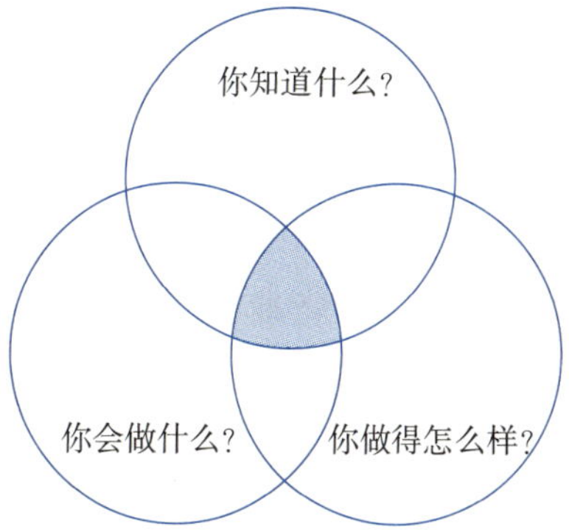

图 2-6 寻找核心竞争力

(三) 技能测试之三：个人证明

对于求职者而言，要提供这样的东西：

(1) 请出示您的学历、学业、培训等相关证明——专业知识能力。

(2) 请附上您的成绩单——专业知识能力。

(3) 请提供相关的职称、技能鉴定、组织证明等资料——可迁移技能。

(4) 你的老师、同学、朋友、家人如何评价你——自我管理能力。

四、职业技能与生涯发展的关系

对于职业技能与生涯发展的关系，可用图 2-7 加以表示。

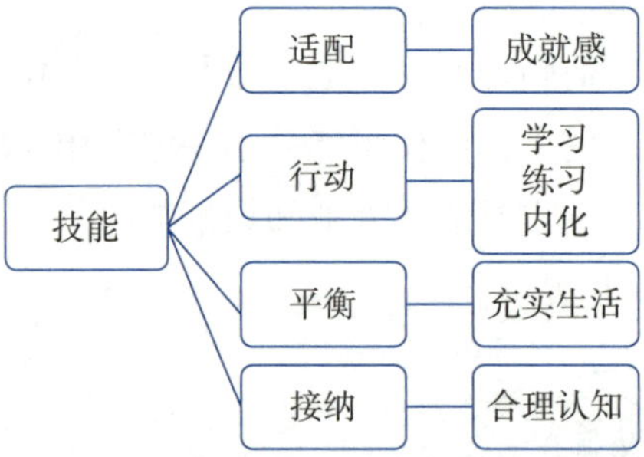

图 2-7　职业技能与生涯发展的关系

(一) 适配

知己知彼，早做准备。不仅要知道自己拥有哪些能力，还要知道环境（公司的基本岗位有哪些，岗位要求的基本能力是什么），这样才能寻找到适配的岗位。

(二) 行动

如果不匹配，怎么办？回到技能的概念——去行动，去学习。

学习分三个层次：专业化（学习理论知识，专业知识技能）；职业化（练习，可迁移技能）；职业素养提升（内化，领悟，自我管理技能）。

(三) 平衡

工作只是生活的一部分，不是你人生的全部，重要的是成就感的满足。

注意：不要只盯着今天的工作，什么都想要，这是不可能的。快乐和成就不一定只是在工作中获得，跨越阶段看目标，要看自己最终想去哪里。所以能够平衡自己的工作与生活，也是一种智慧。

(四) 接纳

我只做我自己，因为别人已经有人做了。学习真的不是件容易的事情，只要你有手艺，踏实肯干，都能活得很好。接纳当下状态，接纳真实的自己的样子。

项目三

职业世界面面观
——初探职业

项目概述

每个人都生活在一定的环境中，其成长与发展都与环境息息相关。物竞天择，适者生存。在制定个人职业生涯规划时，每个人都要分析环境的特点、环境的发展变化、自己与环境的关系、自己在特定环境中的地位、环境对自己提出的要求或挑战以及环境对自己的有利方面与不利方面等。人们只有充分了解这些环境因素，才能做出与环境相适应的职业生涯规划，才能做到在复杂的环境中趋利避害，使自己的职业生涯规划得以实现。

学习目标

1. 了解职业的产生、发展和分类。
2. 了解职业环境分析的内容。
3. 熟悉影响职业生涯的社会环境因素。
4. 掌握职业环境探索的内容。

案例导读

齐浩是某大学法律专业学生。随着毕业的日子临近，齐浩即将踏入社会。一想到要承担起家庭、社会的责任，他就感到压力巨大，加之社会上大学生就业难的现状，使他深感彷徨无助，这种危机感让他常常夜不能眠。

这学期，齐浩选修了职业生涯规划课。老师在课堂上分析了当前的就业形势，鼓励大家积极地走出去认识社会、了解就业形势，他决定出去历练一下。就这样，齐浩参加了国际展览中心的招聘会。他把自己仔细打理了一番，满怀信心地向招聘会现场走去。此时，招聘会上的各个招聘点已经人头攒动。看着一个个单位的招聘条件，齐浩先前的信心一点点地被吞噬了，到最后竟然不敢在任何一个招聘点前停下。那一条一条要求使他成了一只泄了气的皮球："至少 2～3 年的工作经历""有经验者优先""需求市场开发师、市场拓展师"……

齐浩虽然遭遇了试找工作的尴尬，但无形中他也进行了一次职业探索，了解了用人单位对人才能力和素质的具体要求等。这次职业探索让他知道了自己的问题所在，也知道了自己努力的方向。

任务一　职业认知与发展

人一生中最重要的阶段是在工作中度过的，工作不仅为人们提供了赖以生存的物质基础，也为人们提供了参与社会活动、承担社会义务、获得社会福利的条件。职业是工作的基础和载体。深入了解职业，可以帮助人们树立正确的职业观，使职业发展道路更顺畅。

职业是一种社会历史现象，是人类发展到一定阶段的产物。现代意义上的职业，是社会分工的产物，是一种专业化的社会劳动岗位。从国家的角度来看，每一种职业都是一种社会分工；从社会的角度来看，职业是劳动者获得的社会角色，如医生、教师、律师、公务员等；从个人的角度来看，职业则是劳动者"扮演"的社会角色，并为社会承担一定的义务和责任，同时获得相应的报酬。

职业的外延包括三层意思：一是有工作，即有事可做，有事可为；二是有收入，即获得工资或其他形式的经济报酬；三是有时间限度，一般规定为不超过全天时间的 1/3。

一、职业概述

生产力发展带来职业细分。随着社会发展和科学技术的进步，职业不断发生变化，新的职业不断出现，旧的职业逐渐消失。

微课：职业的产生与发展

（一）职业的产生与发展

1. 职业的产生

职业是人类社会生产力发展到一定阶段的产物，是随着社会分工的产生而出现的。在原始社会，人们只能采摘果实、外出打猎、从事原始农业。确切地说，当时还没有真正意义上的职业，因为没有固定从事某项专门工作的人群。

随着人类征服自然能力的提高和社会生产力的逐步发展，人类社会产生了三次大分工。第一次社会大分工是在原始社会后期，畜牧业从原始农业中分离出来，一部分人长期从事打猎的实践活动，开始脱离农业种植劳动，专门从事畜牧业劳动；第二次社会大分工是手工业从农业中分离出来，当时少数人从事手工业劳动，逐渐脱离了农牧业；第三次社会大分工是商人和商人阶层的产生。由于三次社会大分工，便出现了人类社会最初的职业，即农夫、牧人、工匠、商人等。

2. 职业的发展

社会分工的发展决定和制约着职业的发展。科学技术的进步、生产工具的改进、生产的社会化使分工日益完善，专业化程度越来越高，职业门类也越来越多。

社会分工的发展还决定和制约着职业的变化。职业的变化同科学技术与生产力的发展也有一定的关系。科技进步的重要标志是不断有新技术、新工艺和新产品出现，这必然导致职业的新旧更替，并产生新的职业种类。比如，电子科技的发展导致了印刷行业的巨大变革，随着激光照排技术的产生和广泛应用，印刷业逐渐告别铅与火的时代，这必然使铅字铸造业逐步消亡，取而代之的是文字录入、激光照排职业的产生。

随着科学技术的发展，职业对从业者的要求也越来越高。人们要获得职业，需要一定的条件和过程，并不是任何一种职业都适合每一个人。每种职业都要求从业者具备适当的条件，例如，一定的身体条件、知识和技能、思想品德和心理素质等。同样，每个人的身体、文化、技能、思想、心理素质以及家庭经济情况都不同，对各种不同职业也会有各自的需求与选择，于是就产生了职业对人的选择和人对职业的选择。

（二）职业发展趋势与预测

1. 当代职业发展呈现的新趋势

（1）职业的种类大量增加。职业产生初期，种类少，发展缓慢。因为传统生产技术相对稳定，一项重要的技术发明在生产上的应用往往会持续相当长一个时期，所以使社会职业也具有相对稳定性。但随着社会的发展以及科技发展速度的加快，职业种类增加的速度也逐渐加快。当代新兴行业不断涌现，新的职业大量出现。因此，新旧职业更替速度加快。

2022 年 7 月，人力资源和社会保障部向社会公示了《中华人民共和国职业分类大典（2022 年版）》。新版大典包括 8 个大类、79 个中类、449 个小类、1 636个细类（职业）。与上一版相比，2022 年版增加了法律事务及辅助人员等 4 个中类，数字技术工程技术人员等 15 个小类，碳汇计量评估师等 155 个职业（含 2015 年版大典颁布后发布的新职业）。

（2）第三产业职业数量增加。随着科学技术水平的提高，产业结构的调整，第三产业在国民经济发展中所起的作用越来越大，如金融、商务、传播、物流、卫生、教育、旅游等。第三产业的就业人数不断增加，这是现代社会发展的大趋势。

（3）职业活动的内容不断弃旧从新。同样的职业，时代不同，技术方法、工作手段有着天壤之别。例如，工程设计绘图，过去用图纸、丁字尺等，现在用 CAD 技术；机械加工，以前用普通车床，现在用数控车床。一些职业，因新的工作设备和条件变化，对职业内容有了新的要求。如行政工作人员，在以前只要求具备较好的组织协调能力、分析问题解决问题能力、文字能力、口头表达能力等，但现在除要求从业者具备上述能力以外，还要求从业者具备社会交往及计算机辅助管理、办公自动化操作能力等。职业的演变提高了对从业者素质、技能的要求。

（4）职业将向高科技化、智能化、专业化方向发展。目前，得到世界各国公认并列入21世纪重点开发的领域有：信息技术、航天技术、生物技术、新能源技术、新材料技术和海洋技术等。近年来，我国兴建了一批高新技术产业开发区，出现了一批高新技术公司，建立了一批高新技术企业。在加快高新技术发展政策实施的过程中，与此有关的职业将得到较快发展。随着科学技术的发展，职业的专业化和复合化程度越来越高。

（5）职业的流动性增强。随着社会职业种类的不断增加，职业选择的机会增多，打破了职业的相对稳定性。现代社会职业兴衰演化迅速，职业的更新速度不断加快，导致一个人一生中面临的职业变化也会越来越频繁。

（6）永久性职业减少。只有少数人能拥有“永久性”的工作，而从事计时、计件或临时性职业的人会越来越多。

（7）绿色职业、数字职业受到高度重视。我国的职业体系在借鉴发达国家经验的基础上，结合我国实际，对具有“环保、低碳、循环”特征的职业活动进行研究分析，将部分社会认知度较高、具有显著绿色特征的职业标示为绿色职业，旨在注重人类生产生活与生态环境的可持续发展，推动绿色职业发展，促进绿色就业。

《中华人民共和国职业分类大典（2022年版）》更是首次标注了数字职业（标注为S）。数字职业是从数字产业化和产业数字化两个视角，围绕数字语言表达、数字信息传输、数字内容生产三个维度及相关指标综合论证得出。标注数字职业是我国职业分类的重大创新，对推动数字经济、数字技术发展及提升全民数字素养，具有重要意义。《中华人民共和国职业分类大典（2022年版）》中共标注数字职业97个，标注绿色职业133个（标注为L），既是绿色职业又是数字职业的有23个（标注为L/S）。总之，《中华人民共和国职业分类大典（2022年版）》反映了数字经济发展的需要，顺应了碳达峰碳中和的趋势，契合了创新、协调、绿色、开放、共享的新发展理念。

探索活动

你童年时最喜欢模仿什么角色？

现在你最崇拜哪些职业榜样？

你想过怎样的退休生活？

2. 21世纪部分热门职业与紧缺人才

（1）计算机软件职业。

（2）电子通信职业。

（3）现代制造业。

（4）医疗保健职业。

（5）环境保护类职业。

（6）法律类职业。

（7）信息咨询与服务业。

（8）经纪、代理类职业。

（9）商业策划、市场营销类职业。

（10）文化休闲与旅游业。

（11）现代制造业的经营管理和工程技术人才。

（12）生物工程技术人才。

（13）现代农业科技人才。

（14）咨询、策划人才。

（15）国际贸易和外语人才。

（16）数字职业。

（三）职业声望

职业声望是指人们对职业的社会贡献及社会地位（如权力、工资、晋升机会、发展前景等）的一种主观评价。不同国家和不同民族由于经济发展水平及传统文化的差异，对职业声望的评价也有所不同。

职业声望最早是由社会学家马克斯·韦伯提出的，他认为社会分层应该从财富、权力和声望三个方面进行考察。所谓职业声望，是指“人们对某种职业社会地位高低的看法”，是“社会舆论对一种职业的评价”。广义的职业评价，包括该职业的收入水平、晋升机会、对社会的贡献（意义）等因素。

1. 职业声望的测量

职业声望测量一般采用以下方式：列出一些职业，让被调查者按主观感觉的声望高低程度进行等级排序，研究人员再根据被试排序的结果赋予相应的分值，然后计算出每个职业的声望得分，再根据得分高低排列各类职业的声望等级，并由此观察职业声望分层的基本规则。

2. 职业声望的影响因素

影响职业声望的因素主要有以下几点：

（1）职业环境。职业环境包括职业的自然环境和社会环境，如工作的技术条件、空间环境、劳动强度、工资收入、福利待遇、晋升机会等，它是任职者所能获得的工作条件与社会经济权利的总和。

（2）职业功能。职业功能是该职业对国家的政治、经济、科学、文化水平的意义以及在社会生活中对人们的共同福利所担负的责任。

（3）任职者素质。任职者素质包括受教育程度、能力、道德品质等；职业环境越好，职业功能越大，对任职者素质的要求越高，职业声望就越高。

（4）职业的社会报酬。职业的社会报酬是指职业提供给任职者的工资收入、福利待遇、晋升机会、发展前景等。一般来说，工作收入高、福利待遇好、晋升机会多、发展前景广的职业，其职业声望也较高。

职业声望在一定时期具有相对稳定性，但在不同社会经济发展阶段、不同经济文化背景的群体和不同年龄性别的群体对同一职业的评价也会存在明显差别。

3. 职业声望的稳定性

职业声望的高低和认可程度并不是固定不变的，在不同的社会发展时期，以及不同的文化环境和职场群体中，职业声望往往是不同的，主要表现在以下三点：

（1）在不同的社会发展阶段，人们对同一种职业的评价往往并不相同。

（2）具有不同经济文化背景的群体，对同一种职业的评价不同。

（3）不同年龄和性别的群体，对同一种职业的评价存在差异。

4. 职业声望与职业地位的关系

职业声望是人们对职业社会地位的主观评价。职业地位是由不同职业所拥有的社会地位资源所决定的，但是它往往通过职业声望的形式表现出来。没有职业地位，职业声望就无从谈起；没有职业声望，职业地位的高低也无法确定和显现。人们正是通过职业声望调查来确定职业地位的高低。

二、职业分类

（一）职业分类的概念及作用

职业分类是采用一定的标准和方法，依据一定的分类原则，对从业人员所从事的各种专门化的社会职业进行全面、系统的划分与归类。我国职业分类是以工作性质的同一性为基本原则，对社会职业进行的系统划分与归类。所谓工作性质，是指一种职业区别于另一种职业的根本属性，一般通过职业活动的对象、从业方式等的不同予以体现。需要说明的是，对工作性质的同一性所做的技术性解释，要视具体的职业类别而定。

职业分类是一个国家形成产业结构概念和进行产业结构、产业组织及产业政策研究的基础，对于社会各个行业的发展有着十分重要的意义，任何一个国家的职业分类都影响并制约着其国民经济各部门管理活动的成效。首先，职业分类是劳动力社会化管理的基础。

其次，职业分类是教育培训与就业工作的基础。最后，职业分类为国民经济信息统计和人口普查提供服务。

（二）职业分类的基本依据和方法

任何一个国家的职业分类都是建立在一个分类结构体系之上的，针对体系中的每个层次，依据不同的原则和方法，才能实现总体结构的职业划分与归类。

根据国际职业分类的通行做法，职业分类一般划分为大类、中类、小类、细类四个层次。大类层次的职业分类是依据工作性质的同一性，并考虑相应的能力水平进行的；中类层次的职业分类是在大类范围内，根据工作的任务与分工的同一性进行的；小类层次的职业分类是在中类的范围内，按照工作的环境、功能及相互关系的同一性进行的；细类层次的职业分类即为职业的划分和归类，它是在小类的基础上，按照工作分析法，根据工艺技术、对象、操作流程和方法的同一性进行的。

职业分类的基本方法是工作分析法。职业分类工作分析法是将任何一种职业活动依据其工作的基本属性进行分析，按照工作特征的相同与相异程度进行职业的划分与归类。

国家职业标准是在职业分类的基础上，根据职业（工种）的活动内容，对从业人员工作能力水平的规范性要求。它是从业人员从事职业活动、接受职业教育培训和职业技能鉴定以及用人单位录用人员的基本依据。

职业分类与职业选择、就业咨询、就业指导之间有着密切的联系。高校毕业生与用人单位在就业市场进行“双向选择”，实际上就是求职者选择职业和职业选择求职者的过程。因此，对于高校毕业生来说，不了解职业的种类及分类的依据，不了解职业对于劳动者素质的不同要求，就很难做出正确的择业决策。

（三）我国的职业分类

在职业分类中，产业、行业与职业三者之间存在着归属关系。不同产业相应地包含着各种行业，不同的行业也相应地包含着各种职业。

产业是国民经济中最基本的分类。按照国际上通行的原则，一个国家的国民经济都可以划分为三大产业：第一产业包括农业、林业、畜牧业、渔业和采集业；第二产业包括机械制造业、加工业和建筑业；第三产业指广泛的服务业（除第一、第二产业以外的其他各业），包括流通部门，如交通运输业、邮电通信业、批发零售贸易业等；为生产服务的部门，如综合技术服务和信息咨询服务等单位；为居民生活服务的部门，如旅馆、理发店、餐饮业、生活用品修理部等单位；为提高居民文化和身体素质服务的部门，如学校、医院、体育馆、电影院等单位；为社会管理服务的部门，如国家各级行政机关、社团组织等。行业是指从事相同性质的经济活动的所有单位的集合。行业是根据经济活动的同质性原则划分的，即每一个行业类别都按照同一种经济活动的性质划分。

我国于1984年颁布《国民经济行业分类和代码》，把我国国民经济分为13个门类。1994年和2002年，《国民经济行业分类和代码》进行了两次修订，2017年颁布了新的《国民经济行业分类》国家标准。由国家统计局牵头修订的新标准，按照国际通行的经济活动同质性原则划分行业，立足于我国国情，考虑与国际标准的兼容，充实了第三产业。根据我国的具体国情，新标准将国民经济行业划分为门类、大类、中类和小类四级，共有20个行业门类，97个大类，473个中类，1 380个小类。

下面仅列出20个行业门类。

农、林、牧、渔业：包括农业、林业、畜牧业、渔业以及农、林、牧、渔业及辅助性活动五大类。

采矿业：包括煤炭开采和洗选业、石油和天然气开采业、黑色金属矿采选业、有色金属矿采选业、非金属矿采选业、开采专业及辅助性活动、其他采矿业七大类。

制造业：包括农副食品加工业，食品制造业，酒、饮料和精制茶制造业，烟草制品业，纺织业，纺织服装、服饰业，皮革、毛皮、羽毛及其制品和制鞋业，木材加工和木、竹、藤、棕、草制品业，家具制造业，造纸和纸制品业，印刷和记录媒介复制业，文教、工美、体育和娱乐用品制造业，石油、煤炭及其他燃料加工业，化学原料和化学制品制造业，医药制造业，化学纤维制造业，橡胶和塑料制品业，非金属矿物制品业，黑色金属冶炼和压延加工业，有色金属冶炼和压延加工业，金属制品业，通用设备制造业，专用设备制造业，汽车制造业，铁路、船舶、航空航天和其他运输设备制造业，电气机械和器材制造业，计算机、通信和其他电子设备制造业，仪器仪表制造业，其他制造业，废弃资源综合利用业，金属制品、机械和设备修理业31大类。

电力、热力、燃气及水生产和供应业：包括电力、热力生产和供应业，燃气生产和供应业，水的生产和供应业三大类。

建筑业：包括房屋建筑业，土木工程建筑业，建筑安装业，建筑装饰、装修和其他建筑业四大类。

批发和零售业：包括批发业和零售业两大类。

交通运输、仓储和邮政业：包括铁路运输业、道路运输业、水上运输业、航空运输业、管道运输业、多式联运和运输代理业、装卸搬运和仓储业、邮政业八大类。

住宿和餐饮业：包括住宿业和餐饮业两大类。

信息传输、软件和信息技术服务业：包括电信、广播电视和卫星传输服务，互联网和相关服务，软件和信息技术服务业四大类。

金融业：包括货币金融服务、资本市场服务、保险业和其他金融业四大类。

房地产业：包括房地产业大类。

租赁和商务服务业：包括租赁业和商务服务业两大类。

科学研究和技术服务业：包括研究和试验发展、专业技术服务业、科技推广和应用服务业三大类。

水利、环境和公共设施管理业：包括水利管理业、生态保护和环境治理业、公共设施管理业、土地管理业。

居民服务、修理和其他服务业：包括居民服务业，机动车、电子产品和日用产品修理业，其他服务业三大类。

教育：包括教育大类。

卫生和社会工作：包括卫生和社会工作两大类。

文化、体育和娱乐业：包括新闻和出版业，广播、电视、电影和影视录音制作业，文化艺术业，体育，娱乐业五大类。

公共管理、社会保障和社会组织：包括中国共产党机关，国家机构，人民政协、民主党派，社会保障，群众团体、社会团体和其他成员组织，基层群众自治组织六大类。

国际组织：包括国际组织大类。

拓展阅读

2022 年 6 月，人力资源和社会保障部向社会公示了以下 18 个新职业：

(1) 机器人工程技术人员：从事机器人结构、控制、感知技术和集成机器人系统及产品研究、设计的工程技术人员。

(2) 增材制造工程技术人员：从事增材制造技术、装备、产品研发、设计并指导应用的工程技术人员。

(3) 数据安全工程技术人员：从事数据安全需求分析挖掘、技术方案设计、项目实施、运营管理等工作的工程技术人员。

(4) 退役军人事务员：在退役军人服务中心（站）从事退役军人政策咨询、信访接待、权益保障、安置服务、就业创业扶持等事务办理的人员。

(5) 数字化解决方案设计师：从事产业数字化需求分析与挖掘、数字化解决方案制订、项目实施与运营技术支撑等工作的人员。

(6) 数据库运行管理员：对系统所使用的数据库进行维护及管理等工作的人员。

(7) 信息系统适配验证师：从事信息系统基础环境、终端、安全体系、业务系统的适配、测试、调优、数据迁移、维护等工作的人员。

(8) 孪生应用技术员：使用仿真技术工具和数字孪生平台，构建、运行维护数字孪生体，监控、预测并优化实体系统运行状态的人员。

(9) 商务数据分析师：从事商务行为相关数据采集、清洗、挖掘、分析，发现问题、研判规律，形成数据分析报告并指导他人运用的人员。

(10) 碳汇计量评估师：运用碳计量方法学，从事森林、草原等生态系统碳汇计量、审核、评估的人员。

(11) 建筑节能减排咨询师：应用节能减排技术，从事建筑及其环境、附属设备测评、调适、改造、运维等工作的咨询服务人员。

(12) 综合能源服务员：从事客户用能情况诊断，综合能源方案策划，并组织实施和运维管理的人员。

(13) 家庭教育指导师：从事家庭教育知识传授、家庭教育指导咨询、家庭教育活动组织等的人员。

(14) 研学旅行指导师：策划、制定、实施研学旅行方案，组织、指导开展研学体验活动的人员。

(15) 民宿管家：提供客户住宿、餐饮以及当地自然环境、文化与生活方式体验等定制化服务的人员。

(16) 农业数字化技术员：从事农业生产、农村生活数字化技术应用、推广和服务活动的人员。

(17) 煤提质工：以煤为原料，操作干燥窑、热解窑、提质煤冷却器、急冷塔等设备，提高煤品质的生产人员。

(18) 城市轨道交通检修工：使用制动测试台、车轮轮缘尺、红外热像仪、扭矩扳手、液压起道器等检测设备和维护工器具，检修及维护保养城市轨道交通设备和设施的人员。

(四) 国外的职业分类

社会分工是职业分类的依据。在分工体系的每一个环节上，劳动对象、劳动工具及劳动的支出形式都各有其特殊性，这种特殊性决定了各种职业之间的区别。

世界各国因国情不同，划分职业的标准也有所区别。国外将职业进行如下分类。

1. 按脑力劳动和体力劳动的性质、层次进行分类

这种分类方法把工作人员划分为白领工作人员和蓝领工作人员两大类。白领工作人员包括：专业性和技术性的工作，农场以外的经理和行政管理人员、销售人员、办公室人员。蓝领工作人员包括：手工艺及类似的工人、非运输性的技工、运输装置工人、农场以外的工人、服务性行业工人。这种分类方法明显地表现出职业的等级性。

2. 按心理的个别差异进行分类

美国霍普金斯大学心理学教授、职业指导专家约翰・L. 霍兰德（John L. Holland）

根据“人格-职业”类型匹配理论，将职业划分为以下六种基本类型：

（1）现实型。主要是指熟练的手工和技术工作，通常指运用手工工具或机器进行的工作，在西方常被称为“蓝领”职业。从业者包括木匠、鞋匠、锁匠、产业工人、运输工人（司机）等。

（2）研究型。主要指科学研究和试验工作。从事这些工作的人包括研究自然界和人类社会是怎样构成和发展变化的工作人员。

（3）艺术型。指艺术创作类工作。从事这些工作的人用语言、音响、动作、色彩等创作，包括作家、音乐家、舞蹈演员、摄影师、书画家、雕塑家等。

（4）社会型。指为人办事的工作，即教育人、医治人、帮助人、服务人的工作。从事这些工作的人包括教师、医生、护士、服务员、家庭保姆等。

（5）企业型。指那些劝说、指派他人去做某事的工作。从事这些工作的人包括国家机关及工作机构的负责人、经理、厂长、律师、工业顾问、推销员等。

（6）常规型。通常指办公室工作，即与组织机构、文件档案和活动安排打交道的工作。从事这些工作的人包括办公室办事员、图书管理员、统计员、银行出纳员、商店收款员、邮电工作人员等。

探索活动

运用所学习的知识，找出与自己所学专业对口的职业或者相关职业。

对口职业 1：________________________________

对口职业 2：________________________________

对口职业 3：________________________________

相关职业 1：________________________________

相关职业 2：________________________________

相关职业 3：________________________________

三、职业认知

职业认知也称职业探索，是对自己喜欢或要从事的职业进行理论分析和实际调研的过程，目的是对目标职业有充分的了解，并在明确与职业的差距中制定求职策略，从而有效地规划大学学习生活。

认识职业世界，是个体正确和合理地进行职业选择的前提和基础。

（一）职业认知的核心

对具体职业的探索是整个职业探索的核心部分。在进行职业探索时要尽可能全面地掌握关于职业的信息，主要包括以下方面。

1. 职业描述

职业描述就是定义职业的内涵，具体包括职业名称、各方对其的定义。在罗列现有的对这个职业的看法后，大学生自己也要给这个职业下一个定义，为自己对职业的探索打好基础。职业描述是对职业最精炼的概括和总结，是透彻理解职业和调研职业的基础。如果不是最新的职业，一般来说对职业的定义都可以通过一些途径查询到。比如《职业分类大典》中就有对职业的定义。

2. 职业的核心工作内容

每个职业都有核心的工作职责，职责背后对应的就是工作内容，通俗地说，就是这个职业一般都干什么活、什么工作是这个职业必须要做的。了解职业的核心工作内容，有助于了解完成工作所必需的胜任能力，从而找到自己和胜任能力之间的差距，有目的地培养相关能力以完成工作。在多大程度上了解核心工作内容，是衡量一个人对工作的熟悉和喜欢程度的重要标准。成熟的职业都有权威人事部门给其总结确定的核心工作内容，一些企业的招聘广告中也有对工作内容的描述。

3. 职业的发展前景及其对社会和生活的作用

职业的发展前景，是国家、社会等对该职业的需求程度，具体包括三个方面：职业在国家发展中的作用、职业对社会和大众的影响、职业对生活领域的影响。就是说，人们不仅要知道这个职业对国家、对社会、对行业的作用，也要知道这个职业对大众、对生活的影响，人们对其的依存度怎样。职业的发展前景，尤其是国家的导向是促进职业发展的最大动力，知道自己日后从事职业的发展轨迹就能更好地判断自己是否能切入及切入点如何选择。

4. 薪资待遇及潜在收入空间

职业是社会分工的产物，职业根据参与社会分工的质和量来确定报酬。能赚多少钱是大家都关心的话题，很多人也会把赚钱多少作为择业的关键因素，所以在考量职业时要重点调研职业的薪资状况。不同的行业、企业、岗位起薪都会有差异，了解这种差异的一种有效果渠道是阅读行业薪资调查报告，如前程无忧的调查。其他诸如网友晒工资、各种论坛上的网络调查等也是了解相关职业薪资状况的有效途径。

5. 岗位设置及不同行业、企业间的差别

一般来说，一个职业是有一系列岗位划分的，如人事工作的岗位就分招聘、考核等很多具体岗位，而不同行业、不同性质、不同规模的企业对岗位的划分和理解也是有很大不同的，很可能同样的岗位名称，但干的活却完全不一样。了解职业的岗位设置，能加深对职业外延的理解。不同行业对职业（岗位）的理解和要求也是有差异的，一般来说，可以通过相关权威网站、职业分类大典、业内资深人士来了解某个职业的具体岗位设置情况。

6. 入门岗位及其职业发展通路

入门岗位是指针对应届毕业生的工作。应届毕业生即使很看好某个职业，他最初也是要从基层工作做起的，而入门岗位就是提供给毕业生的敲门砖，所以，应届毕业生一定要知道自己能通过哪些岗位进入这个职业。

7. 职业标杆人物

学习职业标杆人物，就是要了解在这个领域谁能做得最好、是怎么做到的、都取得了什么成绩、遇到了什么困难、具备什么素质等。每个职业都有一流的人物，研究职业标杆人物，可以让自己了解他的奋斗轨迹，在“追星”中加深对职业的了解，也能让自己找到在这个职业领域奋斗的途径。通常网络搜索一个职业就能发现相应的职业标杆人物，也可以通过询问业内资深人士来了解。

8. 职业的典型一天

职业的典型一天，更多的是在访谈中完成的，你要知道这个工作的一天都是怎么过来的，从早上到回家的时间都是怎么安排的。了解职业的典型一天是判断自己是否适合这个职业的重要指标，如果这个职业这样的一天你都不想度过，那么它可能并不适合你，就不用再为之而努力了，所以这个过程是很关键的。尤其是看你能否接受这个工作对你个人生活的影响。虽然职业的核心工作内容也能让你大致了解职业的典型一天如何度过，但很难让你了解工作对个人生活的影响。因此，对职业典型一天的访谈，信息量更大，也更为贴近真实工作。

9. 从业素质要求及入门具体能力

从业素质要求是指从事这个职业的一般的、基本的要求，主要是个人通用素质能力，就是能把这个工作做好要具备的能力。通过对职业的外在素质要求的了解，对比自己是否能够胜任，还有哪些要加强和补充的能力，从而可以将之规划到大学生活里。其实每个岗位都会有任职资格介绍，只要把它整理出来，加上职业访谈中的内容，就能从岗位描述和职业访谈中归纳出 10 项最常用的能力，然后与自己的能力一一对照，进而了解个人在职业上的长处和不足，从而有针对性地提升自己。

10. 组织和职位对个人的潜在要求

岗位描述中的技能和通用素质是组织和职位对个人提出的明确要求，达到这个要求才有被录用的可能，但职业和不同的组织对个人会有一些潜在的要求，这些要求不一定会在岗位描述中提及。比如有些气质和性格特点的人在某些组织和职业上就会如鱼得水，而另外一些人技能合格，却不一定能做得很成功。这个部分就是组织和职业对个人潜在的要求，它包括了组织文化、潜规则对个人的要求，个人的才干、气质等。了解了这一点，我们才能做出更适合的职业选择。

比起了解具体的职业信息，对大学生而言更难的部分可能是明确自己要探索的职业到底是什么。在浩如烟海的职业中找到自己的目标职业并进行探索并非易事，这时就需要借助一些科学的方法。

（二）形成自己的预期职业库

大学生除了通过职业分类寻找要探索的职业外，还可以通过对自我各方面的探索初步形成职业范围。自我探索中的兴趣、性格探索，每一部分都有相应适合的职业出现，此外，每个人还有自己心目中的理想职业，可以把这些职业也列出来。这样就获得了一个职业清单，看看这些职业有什么共同点，就可能启发自己想到更多值得探索的职业。结合自己的能力和价值观，再次从职业清单中进行筛选，最终就能得到自己的预期职业库。

研究表明：在做决策时，太多的信息容易让人迷失，反而令人拿不定主意；而过少的信息又起不到让当事人了解客观事实的作用。所以在形成预期职业库的时候，职业库的大小要根据自己的情况进行适当的平衡，通常调查5～10个职业是比较适宜的。在职业探索过程中，要抛开自己固有的想法，保持开放的心态，进而得到客观、有用的信息。

案例分享

方某的预期职业库

方某，某理工大学贸易学院二年级学生。方某觉得自己期望从事的工作是管理方面的，但是他对职业方面的情况并不了解，因此也不能确定自己真正想要从事的职业到底是什么。方某进行了全面的职业测评，得到了一些建议。兴趣探索结果显示方某适合教师、培训、社工等工作，性格探索的结果是他适合人力资源管理、咨询顾问、教师等工作，能力探索的结果是他的能力适合在教育、销售、客户服务的领域发展，而价值观探索的结果是他期待做服务、自由职业、护理等工作。从方某自我探索得到的各种职业选择建议中可以看到，教师职业、教育工作出现的频次最高，社工、客户服务、服务、护理等排在其次，而这类工作虽然名称不同但都明显体现了助人的特点。所以适合方某的职业首先具有与人打交道、帮助他人的特点，其次还有沟通性、商业性等特点。由此他可以列出或搜索一些符合这些特点的职业，把这些职业也放进自己的预期职业库中进行进一步的详细调查，比如培训师、咨询顾问、客服等。

（三）获取职业信息的途径

1. 互联网

当今社会越来越多的信息都是通过网络获取的。网络上有很多与职业相关的网站，如前程无忧、智联招聘、中华英才网等。有些网站专门针对不同专业提供了不同的职业信息。通过搜索引擎查找目标公司网站（全球及中国）、行业协会网站、猎头公司网站、网上讨论区及相关新闻，就可获得比较充分的行业、公司及职位信息。

2. 书面材料

书面材料包括：(1)《中华人民共和国职业分类大典》，这是对职业进行科学分类的权威性文献。(2) 有关专业（行业）期刊、报纸、对外发布的行业分析报告等。(3) 其他书面材料，包括各种活动、展会资料，也包括参加行业展会、研讨会、专题讲座、咨询沙龙、商会活动等收集的信息材料。

3. 关系网络

同学、老师、校友、亲戚、邻居等可以提供你感兴趣的行业、职位信息，以及招聘市场现状及趋势的信息。

4. 见习与顶岗实习

通过实地参观、见习、业余兼职、专业实习等实践途径，获取直接工作经验，进而了解某职业的实际情况。

5. 生涯人物访谈

生涯人物访谈是通过与一定数量的职场人士（通常是自己感兴趣的职业从业者）会谈而获取一个行业、职业和单位“内部”信息的一种职业探索活动。通过访谈，了解该职业岗位的实际情况，获取相关职业领域的信息，进而判断自己是否真的对该职业感兴趣，这实际上是一次间接、快速的职业体验。

生涯人物访谈活动对于没有工作经验和社会阅历的大学生来说，是了解职业的一个比较好的方法。下面介绍基本的访谈流程：

(1) 了解自我。通过自我探索，在了解自己的职业兴趣、性格、能力、价值观的基础上，结合自己的兴趣、技能、工作价值观、教育背景和已掌握的职业知识列出自己未来可能从事的几个职业。

(2) 寻找生涯人物。通过亲戚朋友介绍或网络搜索，在自己未来可能从事的每个职业领域寻找不少于 3 位在职资深工作者或至少具备三年以上工作经验者作为访谈对象。

(3) 设计访谈问题。访谈问题通常包括：你是如何找到这份工作的？你的职位、工作任务或内容是什么？做好这份工作需要哪些教育、培训背景或经验？学校开设的哪些课程对在这个行业就业有帮助？还需要哪些个人资格、技巧和能力？工作地点在哪里？工作环境怎样？从事这份工作将面临什么问题？喜欢这份工作的什么方面、不喜欢这份工作的什么方面？拥有什么样个人品质、性格和能力的人更能做好这份工作？在你所在的工作领域，刚毕业的大学生和工作一年后员工的薪资水平如何？目前存在的困难及前景如何？对打算进入这个领域的人有什么建议？你所在行业内，单位一般会为新进员工提供哪些培训？

(4) 预约生涯人物。预约方式有电话、QQ、电子邮件等，其中以电话为首选。预约时首先介绍自己，然后说明找到他的途径、采访目的、感兴趣的工作类型以及进行采访所需要的时间，确认采访的时间和地点。联系前的准备要充分，电话联系时还应备好纸和笔，礼貌地告诉对方你对该职业比较感兴趣，希望能更进一步了解该职业的相关资讯及他从事该职业的心得和经验，请他安排半个小时至一个小时的时间，让你到他的工作场所拜访他。如对方工作繁忙，也可通过微信、电子邮件、QQ等其他方式进行交流。

（5）采访生涯人物。访谈方式可以是面谈、电话访谈、QQ访谈，当然最好是面谈。面谈前，采访者一般可以用已经从其他渠道了解的生涯人物的好消息轻松打开话题。之后就可以按设计好的问题开始访谈了。生涯人物谈兴正浓时，采访者要乐于倾听，给生涯人物留出提供其他信息的机会。关注访谈中的细节问题，突出重点，访谈过程中应善于倾听、提问，并做好记录。在访谈结束时，请生涯人物再给自己推荐其他相关的生涯人物，这样就可以以滚雪球的方式拓展自己的职业认知领域。

（6）用信息加工的方法进行分析。在一个职业领域采访三个以上的生涯人物后，用职业信息加工的方法来辩证地分析访谈的内容。对照之前自己对该职业的认知进行比较，找出主观认识与现实之间的偏差，确定自己是否适合这一行业、职业和工作环境，是否具备所需能力、知识与品质，形成书面总结报告，进而详细制订大学期间的自我培养计划。如果访谈结果与自己之前的认知严重脱节，就有必要进入另一个职业领域开展新一轮生涯人物访谈。

四、科学认知，理性规划

高等院校是大学生即将开始职业生涯的起跑线，大学时期是为成功的职业生涯奠定基础的关键阶段。因此，理性认识大学生活，了解专业发展，客观评价自我，建立起对职业的系统认识，是我们每一个大学生在进行职业生涯规划之前所必须做好的准备工作。

职业生涯是人生中最重要的历程，是追求自我实现的重要人生阶段，对人生价值起着决定性作用。一个人要想实现自己的价值观，得到社会的认可，一定要尽自己所能为社会做出贡献，这是成功的必要条件，可以说，人生的成功有赖于职业生涯的成功。

大学教育属于专业教育，其任务是向大学生传授从事专业工作所需要的专业知识并进行一定的专业训练，培养方向是高级专业人才。随着现代科学技术的发展，社会对专业人员的需求量增大，对专业人员的素质要求也越来越高。大学教育是培养高级专业人才的主要途径，在培养专业人才方面，高等学校具有优越的条件：拥有一支专业齐全、素质优良的师资队伍；拥有后勤、管理、政工队伍的协调配合；拥有系统、严密的教学体系和教学管理体系；拥有必要的物质基础；拥有优良的办学传统和良好的学风、校风和教风，大学生自身所处的年龄段，也决定了这时是接受专业教育和培养的最佳时期。

（一）大学生的社会角色

大学教育是青年社会化的一条重要途径。所谓青年社会化，是指青年在社会成熟过程中，社会运用一定的文化、价值观、行为规范、生产生活技能、法律、道德、习俗等教化陶冶青年，使之被社会接纳，成为社会一员的过程。社会化有广义和狭义之分。广义的社会化是指人的一生都要受社会观念、社会文化和社会规范的教化，都存在不断学习、不断调适的任务，都有跟上时代和社会发展步伐不断超越自我的努力和现实表现。狭义的社会化是指未成年的个人学习社会知识、各种规范和技能，学习参与社会生活并成为合格社会成员的过程，青年社会化属于狭义的社会化。大学生所处的时期，是社会化最重要的时期，是初次社会化趋于完成的时期。因此，我们首先要认识大学生的社会角色。

1. 具有坚定信念的社会主义事业的接班人

我国正处在现代化建设的重要时期，也是建立社会主义市场经济体制的关键时期。如何把发展市场经济与思想道德建设统一起来，真正地促进社会全面进步则是一项长期而艰巨的任务。

当代大学生是开创21世纪中国特色社会主义大业的主力军，担负着坚持发展社会主义的历史重任。社会主义信念是当代大学生的力量源泉和精神支柱，当代大学生必须坚定社会主义信念。

2. 社会主义事业的建设者

当代大学生作为社会主义事业的建设者和接班人，担负着振兴中华的崇高历史使命。将大学生培养成有理想、有道德、有文化、有纪律的积极献身于中国特色社会主义事业的建设者和接班人，是社会主义事业的奠基工程，也是广大人民群众的期望与心愿。虽然我国的建设事业面临重重困难，但这恰恰给予了当代大学生更多施展才华的机会。当代大学生应该适应时代的要求，继承和发扬我国知识分子艰苦奋斗、顽强拼搏、勇攀高峰的优良传统，使自己真正成为社会主义事业的建设者和接班人。

3. 推动中国融入世界的主力军

当代国际形势下，各国都在信息产业革命的推动下展开了更为激烈的竞争。发达国家利用高科技优势进一步拉大了同发展中国家的差距。当代大学生应该增强紧迫感、危机感，有志气、有决心，用自己的双手把中国建设成为富强民主文明和谐美丽的社会主义现代化强国。中国融入经济全球化的世界，也为大学生的成长发展和发挥自己的聪明才智提供了优越的条件和良好的机遇，每一个有志气、有才华的大学生，都应珍惜时代提供的机会，勤奋学习，奋发向上，力争在中国走向世界、走向未来的伟大事业中有所作为，在担负起推动中国融入世界的历史使命时不负众望。

（二）当前大学生的职业问题

1. 职业价值观模糊不清

这主要表现在：做重大决策的时候往往有些意气用事；自己期望的和社会现实存在较

大的差距；很多人总在问自己要什么，而没有问自己能够付出什么；经常受社会舆论的影响，难以把握自己的方向。

2. 自我定位方法简单

大部分大学生自我定位方法简单。这主要表现在有些大学生根据自己的外在因素定位，如自己毕业的学校、所学的专业等，忽略了自己的内在素质和发展潜力；容易通过攀比来定位，如和同学比，和同事比，以此来确定自己的位置，这样容易迷失自我，会因别人的评价去选择一份工作或辞去一份工作。

3. 工作积累不够扎实

这表现在：过于重视知识、经验和技能，而忽视了职业责任、内在品质、良好的人际关系、基础能力（如思维能力、解决问题能力等）等方面的提升；在实际工作中只注重做事，不注重做人，不懂得如何看待自己的“积累”，常以为表面的经验、职位是下一步发展的基础，而没有把实实在在的能力和人品作为坚实的台阶。

4. 心理素质较弱，尤其是心理承受力和耐力较差

这表现在：心态比较浮躁，希望尽快看到结果，对于细节的处理缺乏耐性；对工作环境的适应比较艰难，缺乏相应的心理准备和自我调节能力；承受工作压力的能力较弱。

5. 处理问题的方法存在不足

有些大学生重视结果，而不在意方法，在处理矛盾、冲突、人际关系等问题上显得有心无力，缺乏合适的方法和技巧。

以上这些职业问题和我们大学期间的学习、生活有直接的联系。对大学生来说，所面对的各种知识浩如烟海、各门类学科交叉渗透，想要百科皆通，掌握方方面面的知识是不可能的；大学生活丰富多彩，各种活动都去参加也是不现实的。这就要求大学生在校期间要合理地安排学习和生活，为自己的职业生涯积攒后劲，只有这样，才能成为受社会各界欢迎的大学生。

（三）做受社会欢迎的大学生

1. 注重基础理论的学习

理论是指导实践的指针，是完成实践活动的基础。理论的获得，无疑是勤奋学习的结果。理论知识作为知识结构的根基，是每个大学生的就业之本。我国的高等教育对大学生培养的根本一点是要扩大学生的知识层面，培养宽口径、厚基础的应用型人才。只有把基础知识面拓宽，大学生毕业后的发展才会有后劲。

大学生注重基础理论的学习还有助于培养科学的思维方法和良好的心理素质，而这又是工作中必备的优秀品质。大学生切不可为了培养其他方面的能力而忽视了对基础理论的学习。大学生在学习基础理论的时候，还要注重拓宽自己的知识面，这是提高实际工作能

力的基础。拓宽知识面不是什么都要学，而是要科学地、有选择地学。要根据自己的实际情况，考虑自己的精力和承受能力，量力而行，这样才能达到学习目的。正确的方法是首先要学好必修课，理解和熟悉本专业国内外最新的科学技术成就和科技前沿动态，其次是了解一些同本专业发展相关的基础知识，以适应社会的需要。

2. 勇于实践，积极创新

（1）注重实习过程。大学生在校学习期间，按教学计划安排，都有一定时间的实习。大学生一定要充分利用好这些机会，向现场有经验的技术人员学习，向生产一线的工人师傅学习，吸取他们多年积累的经验，充实自己。在实习过程中，大学生可以学习到很多书本上学习不到的知识，既能培养自己综合运用知识的能力和实际动手能力，又能使自己的创造性思维能力得以提高。同时，通过实习，大学生还可以增强对未来从事职业岗位的工作环境、工作性质、工作要求以及专业的应用范围的感性认识，从而发现自己的长处和不足，明确自己为适应未来工作而学习和努力的方向。

（2）参加各项实践活动。大学生在书本上学到的知识必须和具体的实践结合起来，才能够培养自己分析问题的能力。能力的提高也是通过在实践过程中不断发现问题、处理问题来实现的。因此大学生要有计划、有针对性地进行社会调查，广泛接触社会，从而增进对社会的了解，正确评价自我，摆正自己在社会活动中的位置，从而提高自己的社会活动能力和交往能力，提高自己分析问题和解决问题的能力。

（3）积极参加课外科技活动或模拟科技活动。现在越来越多的高校开始重视学生的课外科技活动。比如“挑战杯”全国大学生课外学术科技作品竞赛、全国大学生数学建模竞赛、各种计算机网络大赛等，不少品学兼优的大学生在参加活动的过程中学到了知识，提高了能力。实践证明，在校期间参加过这些活动的大学生就业后上手快、科研能力强，很快就会成为业务骨干。所以说，在校参加科技活动是锻炼实践能力的重要途径。

（四）理性规划大学生活

对于刚刚跨入大学校门的学生来说，几乎所有人对未来都有过憧憬，你可能努力过，积极参加社团活动，认真听课，认真地准备考试，然而，大学生活的最后一年，很多人会发现，现实中的选择和想象中的大相径庭，而自己大学时所做的那些事，有很多是无意义的，无法对未来产生有益的影响，而另外一些有意义的事根本没想到去做。所以回首过去，许多人会感到遗憾，这样的情况，一方面缘于未来的不确定性，另一方面则是因为缺乏对大学生活的规划。对大学生活进行科学的规划，是职业生涯准备中的重要内容。

1. 构建合理的知识结构

全面掌握学科基本理论知识，熟练掌握学科基本方法、基本技巧，把握学科和时间的纵横联系，优化知识结构，构建良好的专业学科知识体系，提高专业理论素养。大学生对所学专业知识要精深、广博，除了要掌握宽厚的基础知识和精深的专业知识外，还要拓宽知识面，掌握或了解与本专业相关、相近的若干专业知识和技能。

2. 培养职业需要的实践能力

大学生在学习知识的同时，要积极投身于社会实践和技术创新，从中找差距，发现自己的不足；在实践中发现自己的优势；在实践中发掘潜能，尝试创新，寻找在社会发展中最合适的位置，努力拓展事业发展空间，成就人生理想。因此，作为大学生，尤其是高职院校学生，要注重实训和实践，积极主动地参加各种实训活动，将理论知识与实际运用相结合，在实践中不断提高技能。

3. 了解职业意义，渗透职业意识

从某种意义上说，大学只是职业探索中的一个重要发展阶段。大学生要积极根据人生追求、社会需要、职业要求、职业兴趣和能力特长选择合适的专业，学习专业知识，培养专业素质与技能，探索职业意义，从而规划自己未来的职业发展。

任务二　职业环境分析与探索

一、职业环境分析的内容

进行职业环境分析，主要是为了了解各种环境因素对职业生涯发展的影响。环境因素是客观的，是不以人的意志为转移的，但是环境因素却是可以被选择、被利用的。通过职业环境分析弄清环境对职业发展的要求、影响及作用，对各种影响因素加以衡量、评估，才能在复杂的环境中趋利避害，使职业生涯规划更有实际意义。职业环境分析主要包括社会环境分析、区域环境分析、学校及家庭环境分析。

（一）社会环境分析

所谓社会环境分析，就是对我们所处的社会政治环境、社会经济形势、社会文化环境、行业发展动向等宏观因素的分析。人是社会的产物，人的生存和发展离不开社会，社会环境对我们的职业生涯具有重大影响。通过对社会环境的分析，我们可以对当前所处社会的政治、经济、文化等方面有一定的了解和认知，以便更好地寻求各种发展机会。

1. 社会政治环境

社会政治环境是指制约和影响企业的各种政治要素及其运行时所形成的环境系统。社会政治因素对企业的影响是非常巨大的，而企业的发展变化则对个人的职业生涯有着举足轻重的作用。因此，我们要了解国际、国内的政治环境，以及国家政治形势及其变化等。

2. 社会经济形势

社会经济形势对职业选择和职业发展有着重大影响。社会经济繁荣，新兴行业不断出现，这就要求社会为各个新兴行业提供所需的人才，人们也因此获得更多的就业与晋升机会。经济发展停滞甚至衰退就会导致失业率增长，个人的职业选择和职业发展也会变得更加困难。当前，我国经济增长的内在动力较强，经济保持中高速增长，增长水平在世界主要国家中名列前茅。

3. 社会文化环境

社会文化环境指在一种社会形态下形成的价值观念、生活方式、宗教信仰、人口状况、教育程度、道德规范、审美观念，以及世代相传的风俗习惯等方面的总称。这些因素是人类在长期的生活和成长过程中逐渐形成的，人们总是自觉或不自觉地接受这些准则并将其作为行动的指南。社会文化环境对我们的职业生涯规划有多方面的影响。例如，在大学生择业过程中出现的“孔雀东南飞”、公务员热、考研热、工匠热、技能大师热等现象，都是社会文化环境对职业规划产生影响的生动实例。在进行职业规划时，我们只有顺应当前的就业形势和就业政策，从个人实际、社会需求和长远发展入手，树立正确的就业观，才能在竞争激烈的就业市场中找到发挥自己能力的场所。

4. 行业发展动向

社会是发展变化的，行业变迁是社会分工变化的必然结果，社会在不同时期对不同行业有不同的需求。我们在进行行业动向分析时，一定要结合社会大环境的发展趋势。科学技术的飞速发展，会使某些行业如同夕阳，逐渐衰落、消亡，更会使许多极具发展前途的朝阳行业不断出现、发展起来。同时还要注意国家政策的影响，要了解国家对某一行业是支持、鼓励和引导，还是限制、控制和制约。要尽量选择那些有前景、发展空间较大的行业。

例如，我国近年来狠抓环境保护，推行可持续发展战略，保护生物多样性，在农业生产中控制化学制品的使用，开发“绿色食品”等，使环境保护产业如初升的朝阳，充满生机，环保设备生产、环保技术咨询等行业迅速发展，提供了大量就业岗位。而这时如果不了解情况，为了一时利益，盲目进入那些污染严重的行业谋职，对于自己的职业生涯发展可能会造成一些不良影响。

拓展阅读

我国高级技工的岗位空缺与求职人数的比率已达 2∶1

近年来，随着技能人才培养、职业技术培训制度的逐步完善，我国更加积极地参与世界技能大赛，中国技工正在以新的面貌走向世界。许多对技工操作有浓厚兴趣的学生纷纷选择投入技工学习中，技工院校培训更加注重校企结合。尽管如此，在实际生产中，用人单位仍然面临高级技术人才稀缺等问题，急需完善技工评价体系，构建以职业能力为导向的新型技能人才发展环境。

切削雕磨、打孔钻锉……在全国205个集训基地里，一群年轻人正投身于热火朝天的训练中。他们来自五湖四海，有的是上届世界技能大赛的“老将”，有的刚从全国选拔赛中突出重围；他们是一支庞大的队伍，有500多人；他们将在接下来不到半年的时间里历经多轮考核，最终每个项目角逐出1名选手。他们是技能青年，将代表中国出征俄罗斯喀山第四十五届世界技能大赛，代表着中国技能人才的最高水平。

这群年轻人为什么选择当技工？

当个好技工，有趣味、有价值，也受尊重

“人生有许多条路通向成功，不单单是考大学这一条路。选择一门技术，也能够通过努力实现自己的人生梦想。”第四十四届世界技能大赛时装技术项目金牌获得者胡萍说，到北京市工贸技师学院学习服装专业是自己的选择，源于自发的兴趣。可做出这一决定并不轻松，“一开始，亲戚和朋友都很不认可我的决定。多亏了世界技能大赛，肯定了我的价值，也让亲戚朋友改变了对我的看法。”

作为第四十四届世界技能大赛珠宝加工项目铜牌获得者，胡凡与胡萍一样，也是主动选择当技工。2014年高考后，他放弃了二本院校，来到深圳技师学院学习珠宝设计与制作。“选择很重要，要冷静下来，思考自己适合什么、喜欢什么。在技工院校学手艺，走技能成才道路，也是一条康庄大道。”胡凡说。

虽说社会上重学历、轻技术的观念尚未完全扭转，但越来越多的年轻学子基于兴趣选择成为一名技工。他们自信活泼、充满活力，希望在各个领域创造出属于自己的价值。

走进技工院校的大门，映入眼帘的，不仅仅是人们印象中车钳铣刨磨等传统技工操作，广告设计、室内设计、工业设计、3D打印应用、应用生物、图文传播技术、风景园林、电子信息技术等新专业也多有设置。随着科技的进步、产业的转型升级，一些“老大黑粗”工种逐步消失，智能设备的安装、保养和调试等新专业取而代之。

“让社会更加了解技工、理解技工，是我们申办世赛、积极参赛的根本目的，希望可以吸引更多人参与技工事业。”人力资源和社会保障部职业能力建设司有关负责人说，以2018年全国选拔赛为例，共1 359名选手参赛，约15万名观众到场观赛，近百家企业、院校到赛场布展，上百万观众通过网络直播观看比赛，通过参赛、观赛促进社会风尚转变，使社会更加尊重技能人才。

毕业即就业，“吃香”程度持续走高

在2018年的全国选拔赛中，广东队大获丰收，共有101名选手入围42个项目国家集训队，获得20个项目全国冠军。这些选手绝大部分是广东省各大技工院校的在校生。

广东全省共有技工院校156所，在校生57.1万人。学生们不仅上得了赛场，更下得了厂房。“我们2017届毕业生的就业率高达99.53%，毕业即就业，近年来企业求人倍率

（岗位空缺与求职人数的比率）已达 5∶1，‘吃香’程度继续走高。”原广州市工贸技师学院汤院长说。

“专业设置必须对接产业发展，让学生出校门就能直接适应企业，缩短了工学之间的磨合期。”原中山市技师学院郭院长说。

院校牵手企业，招生如同招工。2017 年 6 月，广东省机械技师学院和西门子共同成立了全球首家中德西门子技术国际学院，学生毕业后将取得西门子德国柏林技术学院高级工或工程师证书和技师学院毕业证书。“我们创新推行‘校企双制’办学，推动学院与一大批大中型骨干企业开展校企合作，联合招生招工、送岗送学、双制培养。”原广东省机械技师学院冯院长说，从入口到出口，企业全程参与人才培养的每个阶段，充分发挥学校育人机制和企业用人机制的耦合作用。

人数总量多，人才结构待优化

虽说我国技能人才队伍建设成效显著，但是，技能人才招人难，尤其是高级技能人才缺乏的问题仍是企业迈向高质量发展的首要困扰。

有数据显示，我国技能劳动者仅占就业人员的 20%，高技能人才数量还不足 6%，总量严重不足。从市场供需来看，近年来，技能劳动者的求人倍率一直在 1.5 以上，高级技工的求人倍率甚至达到 2 以上的水平。技工紧缺现象逐步从东部沿海扩散至中西部地区，从季节性演变为经常性，供需矛盾突出。

“我们更想在实际生产里发挥更大价值。”胡萍说，作为备战世界技能大赛的运动员，希望有一天自己的技能能经得起市场的考验。

资料来源：李心萍. 我国高级技工的岗位空缺与求职人数的比率已达 2∶1. 人民日报，2019-03-05，有改动.

从上述案例可以看出，当前我国技能人才短缺，国家十分重视技能人才的培养。社会环境对我们的职业发展有着重要影响，因此，大学生要注意了解社会政治环境、经济形势、文化环境、行业发展中的变化与趋势，以便更好地规划自己的职业生涯。

（二）区域环境分析

个人职业生涯的发展离不开国家社会经济发展的大背景，也离不开个人所在地区经济发展的小背景。我国幅员辽阔，各地区都有自己独特的自然、经济和社会条件。按照以往的情况，经济发达地区特别是东南沿海地区人才需求旺盛，就业机会多，发展空间大；而经济相对落后地区就业机会相对较少，发展空间也相对较小。但是近年来，随着国家区域协调发展战略的实施，中西部地区经济增长速度加快，对人才的需求也愈加迫切，在人才引进方面有着更多的优惠政策，所以在进行职业生涯规划时，可以把眼光投向中西部地区。

关注区域经济的发展，可以捕捉到有利于职业生涯发展的机会，也可以验证个人发展目标是否符合经济社会的发展需要。无论当地的经济和社会条件如何，只要了解当地的区域经济特色，并加以利用，就一定能为自己找到合适的就业或创业之路。

案例分享

"人们常说人要有一技之长，如果当初我没有上职校，肯定不会有今天的成就。"现任青海××有限公司××项目办主任韩伟学骄傲地说。

韩伟学回顾自己的工作经历时不禁感慨万千。1998年初中毕业的韩伟学考入了青海交通职业技术学院，进入职校后，韩伟学选择了公路与桥梁专业，正是这三年的学习为他多彩的人生打好了底色。

"我之所以想报公路与桥梁专业，是因为我深深地知道要想富先修路。我是来自循化撒拉族自治县查汗都斯乡的撒拉族农民孩子，那时候去县城上学，要骑一个小时自行车才能到，那时候我就想如果路好了，我们就不会这么辛苦了。"韩伟学说。

从青海交通职业技术学院毕业后，他选择到公路建设的最前沿、最基层工作。韩伟学说，修路这项工作并不轻松，工作现场大多在高寒缺氧地区。"我毕业的时候正好赶上西部大开发，青海这片土地生我养我也培养了我，我想留在这里为家乡人民做更多的事，我想把我学到的回报给这片土地，所接受的职业教育给了我满满的信心。"

从工程施工到工程监理，再到项目管理，韩伟学一路走下去。"我们班当时46个同学，如今百分之八十的同学到现在跟我一样从事着本专业，我们就想为道路建设多做一点贡献，参与到青海的经济发展当中来，为家乡的老百姓修更多更好的道路。这也影响到下一代，我很多朋友的孩子都想上职校，希望学到一技之长。"

资料来源：中国高职高专教育网. https：//www.tech.net.cn/web/articleview.aspx? id=20170614092725373&cata_id=lxqq. 有改动.

（三）学校及家庭环境分析

1. 学校环境

在影响职业生涯规划的环境因素中，学校教育起到了相对主导的作用。学校教育是带有明确目标的系统性教育，是专门培养人的机构，其一切活动几乎都是围绕有目的地培养人而展开的。我们在对学校环境进行分析时，可以从以下几个方面进行：

（1）所学专业。大学期间所学专业将大致决定大学生今后所从事职业的方向。

（2）师资力量。教师是教学过程的组织者、引导者、协调者、评估者，教师在知识的启发与传授过程中占据了主导地位，教师自身的思想状态、心理倾向、教学能力、教学方法与人格魅力等在面对面的教学过程中会不断影响学生，促进学生世界观、人生观、价值观的发展与完善。

(3) 校园文化。不同的学校有着不同的校园文化，培养出的学生也有不同的特点。健康的校园文化可以陶冶学生的情操，启迪学生的心智，促进学生的全面发展，潜移默化地影响学生的价值理念。

(4) 校友文化。校友在工作岗位上所取得的成就能够为母校赢得巨大的社会声誉，校友的先进事迹能够激发在校学生奋发的意志，遍布各地、各行业的校友也能够为母校提供就业信息。从社会效应上来说，校友的就业方向、就业环境、就业理念对毕业生的就业选择都会产生较大的影响。

2. 家庭环境

家庭是人生活的重要场所，人的社会化首先从家庭开始，一个人的性格、价值观、行为模式等均带有家庭的烙印。因此，大学生在进行职业生涯规划时，家庭的经济状况、家人期望、家族文化等因素也是要重点考虑的。

家庭环境分析即对家庭软、硬环境的分析。其中，家庭软环境是指家庭给人的内在情绪和感受，它对人起着潜移默化的作用，是家庭生活中人与人之间相互联系时所形成的一种气氛；家庭硬环境是指特定的物质条件，它是人得以发展的基础条件。每个人从出生伊始就受到家庭环境的影响，这种影响往往是多方面的、深远的，往往能够影响人的一生。进行家庭环境分析可以从以下几个方面入手：

(1) 家庭资源。家庭资源的合理配置可以为子女提供良好的物质环境，使他们在压力适中、条件相对较好的家庭环境中，培养独立性和自我管理能力，增进其学习的愿望和主动性。

(2) 父母的文化水平。父母的文化水平会直接影响其教养孩子的方式，从而造成孩子不同的品格特点。常见的父母教养方式及孩子相应的品格特点如表 3-1 所示。

表 3-1　常见的父母教养方式及孩子相应的品格特点

教养类型	教养方式	孩子的品格特点
民主型	接纳-控制：关心、理解、信任、自主、尊重 对孩子高度关怀，中等程度的行为控制；既不娇惯，也不过于严厉；对孩子的行为有明确的规定和要求，并能严格执行；对孩子的期望与要求和孩子的能力相一致；亲子关系平等，如朋友一般	有社会责任感、有成就倾向、自我约束能力强、亲切温和、情绪稳定、深思熟虑、独立、自信、善于协作
专制型	冷淡-控制：命令、苛求、禁止、威胁、惩罚 父母往往表现出缺乏热情的情绪反应，很少考虑孩子自身的愿望和要求；对孩子的一举一动都横加限制，如有违反，会采取强硬措施，甚至动用暴力；亲子关系疏远，以父母为中心	缺乏安全感与归属感、缺少主动性、恐惧、自卑、懦弱、服从、焦虑、倔强、逆反、冷漠、残忍、消极、被动

续表

教养类型	教养方式	孩子的品格特点
娇宠型	接纳-不控制：接受、顺从、溺爱、纵容、迁就 对孩子百般疼爱，过分娇宠，处处迁就，事事代劳，对孩子的任何要求都不假思索地答应，对孩子偏袒护短，过度保护，缺乏引导与教育；贴身侍从式的亲子关系，以孩子为中心	缺乏责任感、缺乏创造性、依赖性强、被动、顺从、懒惰、自私、任性、幼稚、野蛮、无礼、唯我独尊、冲动
冷漠型	冷淡-不控制：不闻不问、放任 对孩子既缺乏爱的情感和积极反应，又缺少对行为的要求和控制，亲子间交往甚少，父母对孩子缺乏基本的关注与了解，对孩子的一切行为举止采取不加干涉的态度，给孩子一种被忽视的感觉；亲子关系淡漠，各自以自我为中心	缺乏归属感、缺少爱心、缺少责任感、冲动、不顺从、自傲、目中无人、自以为是

（3）家人的职业状况。家人的职业状况也会对孩子的学习及将来的职业规划产生影响。例如，若父母是自己创业，子女在长期的熏陶中也会积累创业的意识和技能。

课堂活动

很多大学毕业生找工作时都会备感焦虑，预想一下，你是否也会有此感受？

二、职业环境探索

通过前面内容的学习，我们已经有了一个模糊的职业概念，为什么说是模糊的呢？因为还不清楚具体有哪些行业，不了解自己喜欢什么岗位，不知道职业与岗位怎么分布，更不熟悉工作环境。这就需要进行行业探索、宏观就业环境探索、组织环境探索，确定自己喜欢的行业，了解自己想去的组织，明确自己擅长的职业与岗位，熟悉自己即将走进的工作环境，这是寻求一份理想工作的系统环境分析过程。

微课：职业环境探索

（一）行业探索

在就业压力较大的今天，选择正确的行业，是决定个人发展前景和薪资水平最终的原因。现在行业越来越多，各行业分工越来越清晰，新的行业不断涌现，夕阳行业、面临淘汰的行业也不断出现。

1. 行业的定义与范围

行业是指经济活动部门的种类，而非个人从事的工作，其包括从事生产各种有形物品与提供各种服务的经济活动。

行业的划分是社会分工的体现。如何界定一个行业以及行业的范围，这就应对目标行业进行详细的多方面调研，包括：行业的管理者，如国家部委、相应协会；行业的领导者，如行业内标杆企业负责人的言论；行业的研究者，如专注此行业的管理培训专家、学院教授；行业的从业者，如从事此行业工作较久的职场人士。综合这些方面的理解，就可以全面地了解行业的定义范围。

2. 行业的意义与前景

作为社会分工的产物，每个行业对社会都有独特的贡献，否则行业也就不存在。了解行业存在的意义，就是正确理解行业在社会中的位置及未来所扮演的角色。由此，就可以结合科技发展和大众需求，思考行业未来的发展前景和可能性变化，供个人在选择行业时参考。

3. 行业内的标杆企业

行业范围内不同的领域会有处于不同发展阶段的企业，每个具体范围内也会产生一定的龙头企业。这些企业进入行业早，整合资源能力强，有独特的核心竞争力，有大量的科技人员，有领先的技术优势。因此，研究这样的标杆企业，可以深刻地把握行业的过去和未来，在选择企业时也会有的放矢。

4. 行业的人力资源需求状况

行业的发展现状和未来趋势决定了整个行业的人力资源需求状况变动，科技和大众需求的变化会产生行业内新的发展点，同时也会淘汰旧的工艺和职位。通过行业人才招聘网站或人才招聘门户网站等，可以掌握业内的人力资源需求变动，一个比较热门的行业，其招聘信息必然在各类媒体都可以看到。

5. 行业准入资格

进入一个行业，必然要有一定的准备和积累，这表现为入行要求。从业证书是证明一个人是否具备从业资格的一种手段，如注册会计师证、教师资格证、人力资源管理师证。需要注意的是，如果你不愿或不能从事此行业，那就没有必要考取行业所要求的资格证书。

6. 行业标杆人物

一般来说，行业标杆人物基本都来自标杆企业。了解这些标杆人物的奋斗经历、所在企业等，是了解行业的一种有效方式，同时也提供了职场奋斗的参照榜样。需要注意的是，也要研究业内“出名”的失败者，他们可能因为某一步走错了导致满盘皆输，对两者都进行研究就不会一叶遮目。

（二）宏观就业环境探索

宏观就业环境意味着国家或地区的社会就业结构状况和人才需求变动趋势。对趋势的了解对于人们明确求职方向和求职目标具有重要的参考价值。宏观就业环境信息主要有以下五类。

1. 国家或地区经济与社会发展信息

这类信息一般不直接反映国家某地区的就业需求状况，但经济与社会发展都必然涉及人口就业问题，影响到就业结构的变化，从而反映出劳动力的流向、需求的变动趋势。如天津市的危旧平房改造工程带动了天津市房地产、家庭装修、家具等一系列行业的发展，为求职者提供了巨大的求职空间。

2. 国家或地区社会经济的方针、政策、规定

国家或地区社会经济的方针、政策、规定有些可直接、间接影响到劳动就业，从而对社会人员需求变动产生某些影响。比如，全面贯彻执行《中华人民共和国企业法》，实行企业经营承包政策，企业经济效益同工资总额挂钩政策，扩大、增加基础建设规模政策，鼓励城市科技人员支援乡镇企业的政策，吸引人才的各种优惠政策等。

3. 企业或地区社会性经济人力资源制度改革信息

人力资源管理和其他各项管理的改革，都可能导致企业用人数量上的变化和职工队伍的内外流动，从而对人员需求状况产生影响。

4. 国家或地区各项社会经济改革信息

针对现实社会经济发展中的问题和弊端所进行的各种改革，都会因涉及个人的利益，从而对人们的择业行为产生某种导向作用，进而引导从业人员择业需求方向的变化。比如，进行机构改革，实行政企分开时，各类公司大量涌现，以致形成了择业中的“公司热”。而进行流通领域的改革，又使得相当多的人把择业方向瞄准第三产业等。

5. 就业地区经济发展水平

在宏观就业环境中，有一项因素与大学生求职关系非常密切，这就是就业地域探索。

就业地域是大学生在求职时不可避免会考虑的因素。一个国家、一个地区在一定时期内的经济状况和政治状况，直接影响求职者的就业状况。从整个国家范围来说，经济的发展和科技的进步，以及生产率的提高，职业演化速度的加快，就业岗位的增加，往往都是在发达地区进行的；而对于经济发展较为缓慢和落后的地区，其就业信息、岗位相对较少，造成职业提升也相对缓慢。

大学生在择业时普遍存在青睐北京、上海、广州、深圳（简称“北上广深”）的现象。有研究发现，影响就业区域流向的因素主要包括经济因素、社会因素和个人因素三个方面，其中经济因素包括经济发展水平、工作待遇等，社会因素包括制度环境、就业政策和高等教育的城市指向性特点等，而个人因素包括发展机会、就业价值取向和家庭环境等。这些因素可进一步归结为内在动力、外在推力和基础环境，而在这些指标上，大城市无疑占据了优势。也有学者发现，跨省流动的大学生主要是由中西部地区流向东部沿海地区，而经济因素是跨省流动的主要原因，人口特征变量、人力资本变量、社会经济背景变量也是影响大学生选择就业区域的显著影响因素。

然而近年来，由于北上广深等一线城市就业机会减少，就业压力增大，且大学生越来越关注生活质量，因此，大学生在就业选择时，二、三线城市也逐渐受到青睐。北京大学

就业指导中心的数据显示，近年来北京大学毕业生留京就业的比例逐年减少，而到中西部就业的学生却每年都有增长。这些都说明，在地域的选择上，大学生不宜盲目选择大城市，而应该充分了解不同地域的特点，做出适合个人的选择。

目前，全国不同区域均具有其发展特点，也有发展的机会和空间。当不同地域的职业机会出现时，大学生应保持开放心态，进行充分探索，尽可能扩大自己的职业机会，以实现个人更好的职业发展。

（三）组织环境探索

微课：就业环境逐步改善

组织是职业生涯直接依存和发展的土壤。一方面，每个组织都有自己的内在特点、发展目标和运作模式，了解其基本情况是职业选择的基础，也是未来职业生涯能良好发展的保障。另一方面，组织处在社会的大环境中，也会不断变革以适应环境的变化，这也会影响员工的职业生涯。

1. 组织的实力

组织的实力意味着职业平台的优劣，而平台对于个人发展有着巨大的影响力。组织在社会中的地位和声望如何？目前的产品、服务和活动范畴是什么？组织的发展领域在哪些方面？组织的发展前景如何？组织的战略目标是什么？技术力量和设施是否先进？在本行业中是否具备很强的竞争力？谁是竞争对手？是发展扩张，还是倒退紧缩？组织目前的财政状况如何？要仔细观察该组织是真正在做大做强，还是空有其壳，有没有长久的生命力等。

2. 组织的文化

组织的文化是全体员工在长期的生产经营活动中形成并共同遵守的最高目标、价值标准、基本信念和行为规范。它决定了一个组织如何看待其员工，员工的职业生涯是被组织文化所左右的。个人的价值观如果不能与组织的文化和价值观相匹配，就会给个人带来巨大的困扰。如一个渴望自主、追求挑战的员工在以服从为主要导向的企业中很难有好的发展，而优秀的企业会创造积极的企业文化，让员工感到快乐和受尊重，使员工更能创造性地工作。

3. 组织的制度

制度是组织发展的保障，组织中的制度包括管理制度、用人制度、培训制度等。应尽可能了解这些信息，了解企业在组织结构上的特征与发展变化趋势，分析这种安排对自己的未来可能带来怎样的影响。特别要注意企业用人制度如何，能够提供哪些教育培训机会，提供的条件是什么；组织通常基于能力还是工作年限来提升一个人，自己在其中的空间有多大；企业的标准工作时间怎样，是固定的还是可以变通的。了解这些信息是了解一个组织的基础。

总之，通过对组织环境的探索，能够理出一条清晰的线索，确定自己的职业生涯在这个组织中有没有足够的发展空间，衡量自己的目标能够在该组织得以实现的可能性。

（四）企业环境探索

企业环境探索的内容包括以下几个方面。

1. 企业的基本信息

企业的成立时间，主营业务，企业的创始人，现任高层领导，企业的所在城市及具体位置，企业在行业内的地位，企业获得的奖励荣誉，这些内容可以从企业的对外介绍中得知。

2. 企业的主营业务

一个企业的存在源于为社会提供了什么服务，满足了哪方面的需求，具体表现为企业的核心业务就是一种产品或服务。一些规模大的企业会有多条产品线，但一定会有主营的项目，可以通过企业的名字和大众所想到的产品来定位主营业务。例如，提到联想公司，人们首先想到的一定是计算机，至于手机业务等就不是联想公司的主营业务。

3. 企业的发展愿景

企业除了在主营业务上有一个定位之外，还会对自身的生命发展周期和发展规模有一个展望，长远来看就是企业的愿景，如阿里巴巴的百年老店计划；短期就是企业的经营战略，如库迪咖啡 2024 年要在哪个城市开几家店。

4. 企业的职能设置

企业所处的生命周期阶段和发展规模、主营业务的定位和行业的独特要求、领导人的意图等，都会影响企业设置或取消一些职能部门，但在一个阶段里企业的职能部门是相对稳定的。因此，要对企业的部门进行梳理，一是了解企业的组织结构；二是了解自己未来的可能入门岗位，同时也为入门后的内部转岗提供信息。

5. 企业的文化风格

任何企业随着企业的发展以及领导人的成长，都会形成一定的文化氛围，向上就表现为企业文化，向下就表现为做事规则。企业所在的行业和城市等因素也会影响企业文化的形成。了解企业文化风格是判定自己是否适合这个企业、在这个企业能干多久的重要因素。理想状态是，企业的风格和自己的性格相符，企业的愿景和自己的目标相符，这样个人与组织才能共同成长。

6. 企业的人力需求

企业根据发展规划和当前状况，会形成一定的人力资源需求计划，具体表现就是根据现状招聘一批员工以保持当前的正常运营，根据未来需求招募一批员工进行储备，以应对未来的发展。当对企业进行人力资源调研时，会发现企业的薪酬体系，可以结合待遇、发展空间来选择具体的岗位。

7. 企业的职员调研

针对目标企业的人员进行调研是了解企业的重要手段。企业的基层员工是大学生可以访谈和交流的，在互联网或活动上可以认识目标企业的员工，在和员工的交谈中可以进一步获得企业的信息。

拓展阅读

就业形势逐步改善

2023 年，在经济运行不确定因素增多的情况下，党中央、国务院将就业摆在经济社会发展的优先位置，把稳就业提高到战略高度通盘考虑，取得了就业稳定增长、失业率平稳回落、就业形势总体改善的成果，为 2024 年稳就业积累了积极因素。

稳住就业基本盘

就业是最大的民生工程、民心工程。2023 年，各方加力推进稳就业，取得积极进展。

先看增量，2023 年，全国城镇新增就业 1 244 万人，城镇失业人员再就业 514 万人，就业困难人员就业 172 万人，脱贫人口务工规模达 3 397 万人。再看降幅，5.4%、5.2%、5.2%、5.0%，分别代表 2023 年全国城镇调查失业率 4 个季度的平均值，小数点后每一个看似微小的变化，却代表着几十万人的工作有了着落，显现出就业形势逐步改善的态势。

2023 年，从中央到地方，各项稳就业促创业政策密集出台，各级政府各类资金直接支持就业创业超过 3 000 亿元。人社部门及时优化调整稳就业政策措施，落实吸纳就业补贴、社会保险补贴“直补快办”，推行失业保险稳岗返还“免申即享”，实施稳岗扩岗专项贷款，重启一次性扩岗补助，新增减税降费及退税缓费政策，实施专精特新中小企业就业创业扬帆计划，形成了稳岗扩就业的系统性、全链条政策支持体系。全年为企业减少成本超过 2 000 亿元。

聚焦重点群体，各地“点对点”“面对面”落地落实各项就业政策。面向高校毕业生，人社部聚焦岗位拓展、服务优化、能力提升、权益维护等方面，推出了 10 项具体行动。2023 年 5 月，10 部门实施百万就业见习岗位募集计划，到 2023 年 11 月底已募集见习岗位超过 120 万个。2023 年，“三支一扶”在全国招募 4.2 万名高校毕业生到基层服务，其中选派 4 996 名高校毕业生奔赴国家乡村振兴重点帮扶县。

2023 年，人社部对农民工特别是脱贫人口，组建区域劳务协作联盟，促进有序外出和就近就业。其中，人社部、工信部等 10 部门专门为农民工、就业困难人员和用人单位开展就业“春风行动”，累计举办各类招聘活动 5.8 万场，发布岗位 3 800 万个；发出专车、专列、包机 4.4 万辆（列、架）次，输送劳动者 160 万人。

促进高质量就业

2023 年，劳动力市场发生了很大变化。

随着传统制造业加速向智能化、数字化转型，对数字人才、复合型人才的需求度也更高。制造业岗位也成为求职的热门选择。智联招聘发布的 2023 年三季度《中国企业招聘薪酬报告》显示，多个制造业相关行业入围招聘薪酬前十位。

劳动密集的服务业吸纳就业能力愈发凸显。人社部就业促进司相关人士表示：“经济运行回升向好奠定了就业稳固基础。全年国内生产总值同比增长 5.2%，是拉动就业增长的关键所在。同时，服务业加快恢复，增加值占国内生产总值比重达 54.6%，经济发展带动就业的能力不断增强。”

同时，就业市场的变化对就业质量提出了更高要求。从我国适龄劳动力数量的实际情况看，2023 年 16 岁至 59 岁的劳动年龄人口有 86 481 万人，占全国人口的比重为 61.3%，虽然比 2022 年有所减少，但劳动力供给仍然相对充裕。人社部相关负责人表示，要把高质量充分就业作为人口高质量发展的重要基础，作为人力资源开发利用的主要途径，主动适应劳动力规模和结构变化趋势，稳定劳动参与率，改善劳动力供给，提高劳动者素质。

为此，职业技能培训变得尤为重要。2023 年，全年开展补贴性职业培训超过 1 800 万人次，取得职业资格或技能等级证书超过 1 200 万人次。人社部门以市场需求为导向，加快培养大批高素质劳动者和技术技能人才，提升劳动者技能水平和能力素质，近年来累计评聘特级技师、首席技师 3 000 多人。面对现实需要，针对高校毕业生等青年能力与企业需求错配的问题，加强产教融合、校企合作，加快培养一批急需紧缺技能劳动者。与此同时，立足长远发展，人社部门协同教育部门健全人才需求与学科专业调整联动机制，加快建设与现代化产业体系相适应的知识型、技能型、创新型劳动者大军。

挖掘新业态潜力

在网络平台快手的直播间，“董科长说就业”这个账号将就业服务延伸到线上，触达更多、更广的求职者。

董某是吉林省前郭县人社局就业服务中心副书记兼农村指导科科长。“2021 年我在全省组建了直播带岗团队，截至目前一共培训带岗主播 2 180 人，直播招工 18 820 次，发布招聘短视频 42 500 余条，带岗主播在解决自身就业的同时，也解决了 35 660 余名求职者的就业问题。”董某说。

网络直播模式应用于就业招聘、公共就业服务，除了能加速招聘行业转型，也在改变多个行业的业态。首都经济贸易大学劳动经济学院中国新就业形态研究中心负责人表示：“以直播带岗为例，在互联网营销师新职业的审定讨论过程中，从未想到可以通过直播方式帮助企业招聘。这显示出网络直播带动新业态、新模式产生的潜力。”

快手将直播带岗作为重要业务线。如今，快手为线上招聘行业带来14%的新增量，合作企业超过24万家，2023年月活跃用户规模达2.5亿。直播产业化不仅增强了用户黏性，也开辟了新的商业模式。

2023年2月，昆山也在直播带岗等数字化招聘探索上实现了突破，形成一套行之有效的政府、企业、平台协同模式，打造了高质量就业的区域样本。2023年6月，由人社部中国就业培训技术指导中心牵头，拟定了直播带岗服务标准，为政府与企业更大规模的直播带岗实践提供了基础标准。

2024年1月，《人力资源社会保障部办公厅关于推进直播带岗在就业公共服务领域应用的通知》发布，对进一步加强网络直播在就业服务领域的应用作出了部署。

“在当前劳动力市场不确定性增大的情况下，企业调整劳动力队伍的频率会加快，劳动力市场摩擦会加剧，提高劳动力市场匹配效率是降低不确定性的有效手段。”张成刚说，“《通知》将推动网络直播业态发展，促进就业匹配，降低求职招聘成本，提高劳动力市场的运作效率。”

资料来源：敖蓉. 就业形势逐步改善［EB/OL］.（2024-01-28）［2024-10-15］. https://www.gov.cn/yaowen/liebiao/202401/content_6928714.htm.

实践活动

职业发展与探索

根据个人兴趣，选择自己心仪的职业，完成对心仪职业的“目标企业”“目标就业地域”“目标职业岗位”等相关信息的搜索与整理。

1. 目标企业职业信息探索

目标企业职业信息探索简表如表3-2所示。

表3-2 目标企业职业信息探索简表

企业内部信息	企业外部信息
• 企业基本概况	• 企业竞争对手信息
1. 发展历程 2. 所属行业 3. 业务范围 4. 企业文化 5. 组织结构	1. 对手类型及主要竞争产品 2. 对手规模
• 人力资源概况	• 公众形象与社会评价

续表

<table>
<tr><th>企业内部信息</th><th>企业外部信息</th></tr>
<tr><td rowspan="3">1. 员工招聘标准
2. 薪酬福利
3. 培训计划及员工职业发展
4. 绩效考核
5. 工作环境</td><td>1. 媒体报道
2. 公众印象</td></tr>
<tr><td>• 政府政策</td></tr>
<tr><td>1. 政府扶持政策
2. 政府限制政策</td></tr>
</table>

2. 目标就业地域探索

搜寻自己心仪的职业地域，如北京、上海等，完成一份目标就业地域的相关信息探索表（见表 3-3）。

表 3-3　目标就业地域探索简表

探索维度	具体状况
政策支持	
经济发展	
城市文化	
拥有资源	
居民生活	
其他内容	

3. 目标岗位探索表（表中部分项目可选择填写）

搜集信息并完成自己心仪岗位职责说明书（见表 3-4），从而了解该岗位的工作职责、权力协作关系、胜任资格等相关信息。

表 3-4　心仪岗位职责说明书

<table>
<tr><td>岗位名称</td><td colspan="2"></td><td>岗位编号</td><td></td></tr>
<tr><td>所在部门</td><td colspan="2"></td><td>岗位定员</td><td></td></tr>
<tr><td>直接上级</td><td colspan="2"></td><td>工资等级</td><td></td></tr>
<tr><td>直接下级</td><td colspan="2"></td><td>薪酬类型</td><td></td></tr>
<tr><td>所辖人员</td><td colspan="2"></td><td>岗位分析日期</td><td></td></tr>
<tr><td colspan="5">职责与工作任务：</td></tr>
<tr><td rowspan="3">职责一</td><td colspan="4">职责表述：</td></tr>
<tr><td rowspan="2">工作任务</td><td colspan="3"></td></tr>
<tr><td colspan="3"></td></tr>
</table>

续表

<table>
<tr><td rowspan="3">职责二</td><td colspan="2">职责表述：</td></tr>
<tr><td rowspan="2">工作任务</td><td></td></tr>
<tr><td></td></tr>
<tr><td rowspan="3">职责三</td><td colspan="2">职责表述：</td></tr>
<tr><td rowspan="2">工作任务</td><td></td></tr>
<tr><td></td></tr>
<tr><td colspan="3">权力协作关系：</td></tr>
<tr><td colspan="3">工作协调关系：</td></tr>
<tr><td colspan="3">任职资格：</td></tr>
<tr><td>教育水平</td><td colspan="2"></td></tr>
<tr><td>培训经历</td><td colspan="2"></td></tr>
<tr><td>知识经验</td><td colspan="2"></td></tr>
<tr><td>个人素质</td><td colspan="2"></td></tr>
<tr><td colspan="3">其他：</td></tr>
<tr><td>使用设备</td><td colspan="2"></td></tr>
<tr><td>工作环境</td><td colspan="2"></td></tr>
<tr><td>工作时间</td><td colspan="2"></td></tr>
<tr><td colspan="3">考核指标：</td></tr>
<tr><td colspan="3">备注：</td></tr>
</table>

项目四

绘制职业生涯发展蓝图——规划职业生涯

项目概述

职业生涯发展规划设计是指运用职业生涯发展规划的相关理论，在全面认识自身素质和职业志向的基础上，通过对未来的职业生涯展望的描述，制定出关于职业发展的具体规划。职业生涯发展规划书为实现职业生涯规划提供了明确的时间表和路线图，它既是一份职业生涯的可行性报告，又是一个实现职业生涯规划的行动指南。

学习目标

1. 掌握职业决策的方法，并运用于个人职业生涯规划中。
2. 学会确立职业目标并能为自己制定职业生涯规划路线。
3. 学会对自己的生涯规划方案进行评估与修正。
4. 掌握职业生涯规划书的基本内容与撰写要求。

案例导读

小安，女，19岁，某高职学院护理专业二年级学生。小安是家里的独生女，父母都在当地重点中学任教。小安从小学习成绩优异、性格外向、爱热闹、爱交朋友，上学期间一直担任班干部，是老师、父母口中的“好孩子”。

小安本想学习心理学专业，但高考时发挥失常，没能进入理想的大学。目前就读的护理专业是调剂的。小安对护理谈不上喜欢，过去一年多学习成绩一般，个别课程勉强及格。对未来自己要从事怎样的工作、选择怎样的职业，小安都没什么概念，只想找一份相对稳定的工作。

小安说：“大学以前的学习目标很明确，就是要考上大学。现在上了大学，却发现目标没了。我不想像有些学姐说的，三年过去了，毕业的时候都不知道自己要找一个什么样的工作。我很迷茫、很焦虑。”

问题与思考：

（1）小安目前面临的最主要的问题是什么？

（2）如果你是小安，你觉得怎样才能走出目前的迷茫状态？

任务一　确定职业生涯目标

一、职业决策

决策与人们的生活密切相关，是人类社会活动中的一项重要内容，小到个人的衣食住行，大到国家政策的制定，决策无处不在，也至关重要。每个人的一生有许许多多的“重大决策”，如求学、就业、发展、与人交往，以及为满足生理需求的吃喝等，而与职业有关的决策无疑是其中最重要的决策之一，因为职业决策是为未来的职业生涯设计蓝图，并将影响我们未来的生活方式、人际交往、所从事的主要活动，由此在一定程度上决定了个人的生活质量。罗素说：“选择职业是人生大事，因为职业决定了一个人的未来。”

（一）什么是职业决策

现在的状态受我们过去的决定影响，而我们的将来又取决于我们现在的决定。具体来说，决策指的是个体选择某一种行动路线的整体过程。职业决策是个人根据各种条件，并经过一系列活动以后进行的目标决定，以及为实现目标而制定优选的个人行动方案。同时，职业决策还有以下特点：

（1）通常有大量的可供选择的方案，比如职业领域中的各种行业和岗位，乃至具体职业方向。

（2）每个选择方案都存在大量的职业信息，因为很多职业都有职业内的变化，比如同样是医生这个职业分各种科室。要想对所有的职业都有深入的了解，对个人而言是一个不可能完成的任务。

（3）需要用细致的方式去描述职业特征和个人偏好。有些职业虽然名称比较类似，但工作的内容差异可能会很大。尤其对于一份具体的工作，比如医生，需要对职业培训时间、工作环境、自主程度、人际关系、收入等有一个全面的了解。

（4）个人的决策过程受一些重要他人（如配偶、朋友、父母）以及职业咨询师的影响。职业选择不但是个人事情，而且会对周围的人都产生一定的影响，同时他人的意见和建议也会对个人的决策产生影响。

（二）职业决策的影响因素

制定决策对每个人而言并不容易，在很多时候会受到各方面因素的干扰。那么，影响职业决策的因素有哪些呢？著名的职业辅导理论家克朗伯兹（Krumboltz）将影响个人职业决策的因素划分为以下四类。

1. 遗传和特殊能力

这是指个人得自于遗传的一些特质，如性别、个人天赋、外表特征、智力等，在某种程度上决定了个人的职业表现或影响到个人的生涯。例如，身高、体形、健康状况等先天条件在诸如模特、文艺工作者、军人等职业的招募中是非常重要的要求。

2. 环境和重要事件

这主要是指自然力量和人类活动的影响，如自然资源的分布或各类家庭、教育活动及经济活动等。很显然，个人的求学背景和发展机会都很大程度上被家庭的社会经济地位、家庭对于个人的期望、所在地区的教育水平等影响。而像改革开放这样重大的社会政治经济变革，也极大地改变了社会中千万人的人生轨迹。

3. 学习经验

这里所说的“学习”主要指广义的学习，即每个人在日常生活中不断积累的经验和认识。每个人在其成长过程中积累了无数的学习经验，个体的学习经验是独特的，而这对于个体的职业生涯选择又具有重要的影响。一个人是自信还是自卑，是敢于冒险还是畏惧变化，是更看重工作带来的成就感还是与家人相处的时间，还有怎样看待他人，以及对于教师、医生、警察等各种职业有什么样的印象……这一切，无不与个人的学习经验有关。

4. 任务取向的技能

任务取向的技能是指每个人在面对一项任务时，会表现出特定的工作习惯、心理状态、情绪反应、认知的历程和解决问题的能力。比如说找工作这件事情，班级里所有的同学都没有经验，但不同的人会有不一样的表现：有的可能会积极面对困难，会想到利用学校各部门所提供的各类信息和资源（如选修相关课程、听讲座、参加各种实践活动等）寻求就业机会，有的向自己的亲朋好友、老师同学请教，之后会开始思考和探索自己的兴趣、能力，积极着手联系实习的机会等。如此，当他们到了毕业的时候，已经对自己和劳动力市场都有了相当的认识，也积累了很多的信息和资源，已经成竹在胸了。有些人则一味地拖延，不愿面对困难，直到临毕业时才开始着急，或寄希望于自己的某个亲朋好友能够帮忙找一份工作，或埋怨学校不帮忙联系就业单位，最后草草找到一个职位了事。在这个过程中，不同的人所表现出来的心态、习惯和能力，反映了他们的任务取向的技能。

(三) 职业决策的风格分类

决策风格可以被认为是人们在做决策时表现出来的行为偏好和心理倾向，反映了个体在决策的过程中习惯的反应模式，是个人关于决策行为的个性特征在职业决策过程中的体现。不同的人在决策同一件事情、实现同一目标上的习惯偏好不同，从而形成了决策风格的差异。比如有一片桃园，允许你进去摘桃子，但只许前进不许后退，只能摘一次，要摘一个最大的，你会怎么办？是对视野内的桃子进行比较，形成一个大概的标准，再根据这个标准选择最大的桃子呢，还是去摘自己感觉最大的那个呢？是请教旁边的人哪个桃子最大之后再去摘呢，还是走到最后再去摘呢？

做决策是人成长过程中的重要环节，一些重要决策甚至可能成为人生的里程碑。在面对职业决策的时候每个人受个体的经验、知识、能力、性格和气质等多重因素的影响，都有自身独特的行为方式，这种独特的决策方式就是个体的决策风格。对于如何做决策，每个人都有自己独特的方式，或者说每个人的决策风格都是不同的，在职业生涯的决策上亦是如此。

1. 丁克里奇决策风格分类

最早研究决策风格的是丁克里奇（Dinklage），他在1968年将决策者分为八种风格类型：计划型、烦恼型、延迟型、瘫痪型、冲动型、直觉型、宿命型、顺从型。

（1）计划型（Planning）。

这些人使用如同标准化决策模型所推荐的理性策略。

（2）烦恼型（Agonizing）。

这些人会花很多时间和精力来收集信息，确认有哪些选择，向专家询问，反复比较，却迟迟难以做出决定。他们常爱说的一句话是“我就是拿不定主意”。出现这种情况的时候，收集再多的信息进行分析比较也无济于事。需要弄清的是他们被一些什么样的情绪和非理性信念困住了，比如害怕自己做出错误的决定、追求完美等。

（3）延迟型（Delaying）。

这些人习惯将对问题的思考和行动都往后推迟，“过两天再考虑”是他们的口头禅。大学生常见的“我还没有准备好工作，所以打算先考研”，就是这种方式的体现。延迟型的人心中暗暗抱有这样的希望：也许事情过几天就自动解决了。然而，问题并不会自动解决，有时候甚至会越拖越严重。如果你现在不知道该怎么找工作，那么读完研究生也未必就能知道。

（4）瘫痪型（Paralytic）。

有时候，个体可能在理性上接受了应当自己做决定的观念，却无法开始决策过程。他们知道自己应该开始了，可是内心深处总是笼罩着“一想到需要做决定就害怕”的阴影。

事实上，他们无法真正为决策和决策的后果承担责任，而这种害怕承担责任的心理可能又源于家庭在其成长过程中长期的不当教育方式。

（5）冲动型（Impulsive）。

与烦恼型相反，有的人遇到第一个选择就紧紧抓住不放，不再考虑其他的选择或进一步收集信息。他们的想法是“先决定，以后再考虑”。比如，先找到一份工作做了再说。冲动的决策方式可能是出于对困难的回避，不愿意花时间精力去探索。这种方式的危险在于风险太大，等看到有更好的选择时自然追悔莫及。

（6）直觉型（Intuitive）。

有些人将自己的直觉感受作为决定的基础。他们通常说不出什么理由，一味表示“就是觉得这个好。”人们在择友的时候常常采用这种决策方式。当人们从环境中无法获得充分信息的时候，直觉会比较有效，但它有可能不符合事实，有时候我们的判断可能会因为先入为主的偏见而产生较大的误差。因此我们不能仅仅将直觉作为决策的依据。

（7）宿命型（Fatalistic）。

有些人不能自己承担责任，而将命运寄托于外部的变化。他们会说“该怎么样就怎么样吧”，或“我这个人永远不会走运”之类的话。当一个人将自己生活的主导权交给外界环境的时候，可以预见，这个人是很容易觉得无力和无助的。这样的人容易成为环境的“受害者”，怨天尤人，却没想到自己的环境正是由于放弃了个人对生命的“主权”而造成的。

（8）顺从型（Compliant）。

这样的人倾向于顺从别人的计划而不是独立地做出决定。他们常说：“要是他们都觉得好，我就觉得好。”比如，很多大学生争取出国、考研、参加各种培训班，只因为“大家都这样做”。从众的人固然在追随群体的过程中获得了一种虚拟的安全感，但却忽略了自身的独特性，这造成他们的选择在很大程度上并不是适合自己的。他们在不必费心思的同时，也牺牲了对生命可能有的满足感。

2. 哈瑞恩决策风格分类

目前使用得较多的是哈瑞恩（Harren）在丁克里奇决策风格分类基础上所做的划分，他提出三种决策风格：理性型、直觉型、依赖型。

（1）理性型。

此种类型的人会系统地收集充分的生涯相关信息，且分析各个选项的利弊得失，按部就班地做出最佳的决定。理性型的决策包含探索个人与环境的需求，优点是得出的结果较为合理，但要考虑时间因素，需要花费工夫在前期信息资料的收集上，有错失良机的可能。理性型的决策形态是做出合理决策的充分保障。大部分职场成功人士在规划自己的职业生涯时，都是非常理性的。

例如学生小王准备投身保险业，在毕业的前一年，他和保险从业人员有很多接触。为了培养自己的人际交往能力，能在短时间内与陌生人建立良好的关系，小王报名参加人际关系训练课程。经过利弊分析与筹划，小王在毕业后正式投身保险业，他相信这是最适合他的选择。

（2）直觉型。

此种类型的人根据自己在特定情境中的感受或者情绪反应做出直接的决定。他们做决定往往跟着感觉走，较为冲动，很少系统地收集相关信息，他们往往较少在一个领域深耕，所以较难在同一工作上晋升到较高的职位。直觉型的人可能常常会对结果不满意，但他们能为自己的抉择负责。直觉型的决定是自发性的，在时间紧迫的情况下非常有用，缺点是容易受主观意识的影响。

崔爽在高三时毅然放弃推荐保送同济大学的名额，宁愿辛苦复习，参加高考，就是为了圆自己和家人的一个"复旦梦"，后来她如愿以偿地考入了复旦大学经济学专业。大学三年级时，她又开始准备考研，想跨专业考本校法理学的研究生，原因是她对法律产生了兴趣。在考研失败后，酷爱旅行的她，凭着冲劲与直觉到一家旅行社上班，现在正在埋头考导游证。崔爽在生涯抉择路口自主决定要走的路，同时，她又勇于为自己的决定负责，从不后悔。

（3）依赖型。

此种类型的人等待或依赖他人为自己收集信息且做决定，较为被动和顺从，十分关注他人的意见和期望，个人行为的目标是为了满足他人和社会的需求。对于此类型的人而言，社会赞许、社会评价、社会规范是决定的标准，他们说得最多是"爸妈叫我去……""我的男朋友/女朋友希望……" "他们认为我很适合……" "他们认为我可以……可是……"。依赖型最省时省力，且父母长辈的意见有时确实是宝贵的经验，但不见得是最有效、最合适的策略。

郭丹大学毕业后到某集团分公司做人事助理不到半年，鉴于她出色的表现，现有两个升迁机会供她选择：一个是担任分公司某项目经理，这样可以独当一面，但她又担心自己管理经验不足；另一个是调到北京的集团公司总部做人事助理，到那里可以学到很多高层管理经验，可助理工作烦琐。郭丹考虑了一个多星期都无法做出选择。她说："我很难很快做决定，无论是平时买东西还是选择工作，总是考虑很多因素，害怕太快做决定会不妥，真不知如何是好。"

结合以上分析的三种决策风格特征，我们可以清晰地看出上述三种决策风格在决策时间、搜集信息、决策的自主性和连续性等方面的差异，具体如表 4-1 所示。

表 4-1　三种决策风格的差异性比较

类型	决策时间		搜集信息		自主性		连续性	
	早做决定	迟做决定	信息充分	信息缺乏	自主	依赖	一致	多变
理性型	√		√		√		√	
直觉型	√			√	√			√
依赖型		√		√		√	√	

(四) 职业决策的主要方法

1. “5W”归零思考法

“5W”归零思考法即用 5 个“W”归零思考。

(1) “5W”的内涵。

微课：“5W”归零思考法

- Who am I?（我是谁?）
- What will I do?（我想做什么?）
- What can I do?（我能做什么?）
- What does the situation allow me to do?（环境支持或允许我做什么?）
- What is my career plan?（我的职业规划是什么?）

以上 5 个“W”涵盖了定位、目标、条件、距离、计划等诸多方面，回答以上五个问题有助于进行职业生涯规划。

(2) 如何思考“5W”。

我是谁？要回答这一问题，就必须对自己进行深刻的反思，把自己的优点和缺点一一列出来，从而形成一个比较清醒的、全面的自我认识。

我想做什么？这一问题要求我们对自己的职业发展心理进行检查。每个人在不同阶段的兴趣和目标并不完全一致，有时甚至是完全对立的，但随着年龄和阅历的增长，个人的兴趣和目标会逐渐固定下来，并最终形成自己的终生理想。

我能做什么？个人职业的定位最终以自己的能力为根本基础，而职业发展空间的大小则取决于自己的潜力，因此必须对自己的能力与潜力进行全面总结。对于自身潜力的了解应该从以下几个方面着手：个人兴趣，毅力，临事判断力与决断力，知识结构是否全面、是否及时更新等。

环境支持或允许我做什么？环境对于职业选择的重要影响有多个方面，如家庭支持、朋友关系、同事关系、领导态度、亲戚关系等。对于涉世未深的大学生来说，环境因素的影响更加明显，事实也证明，人脉资源越丰富的大学生找工作越容易；同时，职业发展也很容易受家人、朋友等人的态度的影响。

我的职业规划是什么？明晰了前面四个问题，就能从各个方面找到对自己有利的和不利的条件，那么，对于第五个问题自然就有了一个清晰的方向，从而可以发现不利条件最少的、自己想做而且又有希望从事的职业。

（3）“5W”归零思考法的实际操作。

Who am I?（我是谁?）

优势：______

不足：______

What will I do?（我想做什么?）

1）______

2）______

3）______

What can I do?（我能做什么?）

1）______

2）______

3）______

What does the situation allow me to do?（环境支持或允许我做什么?）

支持：______

______

限制：______

______

What is my career plan?（我的职业规划是什么?）

______

______

为了我的职业目标，我的行动计划是：

1）______

2）______

3）______

“5W”归零思考法是通过一步步的分析，帮助你清楚职业目标的选择，在分析中让你渐渐地了解自己的个人特点和职业机会，从而最终确定适合自己的职业。

微课：SWOT 分析法

2. SWOT 分析法

SWOT 分析法又称态势分析法，它是由美国旧金山大学的管理学教授于 20 世纪 80 年代初提出来的，是一种能够较客观而准确地分析和研究一个企业现实情况的方法。SWOT 分析法以其很好的分析模式，也被广泛应用于个人的自我分析之中。

在制定职业生涯目标时，一要考虑到自身内部因素，二要考虑外部环境因素。SWOT分析法是一种有效的自我诊断方法，可以帮助你分析个人优点和缺点在哪里，并且帮助你评估出自己感兴趣的不同职业道路的机会和威胁所在。S代表Strength（优势），W代表Weakness（弱势），O代表Opportunity（机会），T代表Threat（威胁），其中，S、W是内部因素，O、T是外部因素。从整体上看，SWOT可以分为两部分：上半部分为SW，主要用来分析内部条件；下半部分为OT，主要用来分析外部条件。利用这种方法可以从中找出对自己有利的、值得发扬的因素，以及对自己不利的、要避开的因素，发现存在的问题，找出解决办法，并明确以后的职业发展方向。

职业生涯决策的SWOT分析模型如表4－2所示。

表4－2 职业生涯决策的SWOT分析模型

SWOT分析法		
内部个人因素	优势、优点（Strength）：你可以控制并且可以利用的内在积极因素	弱势、缺点（Weakness）：你可以控制并努力改善的内在消极因素
	我最优秀的品质是什么？ 我曾做过什么？ 最成功的是什么？ ……	我的性格有什么弱点？ 经验或者经历上还有哪些缺陷？ 最失败的是什么？ ……
外部环境因素	发展机会（Opportunity）：你不可控制但可利用的外部积极因素	阻碍、威胁（Threat）：你不可以控制但可以弱化的外部消极因素
	社会环境对你的发展目标的支持 地理位置优越 专业发展带来的机会 就业机会增加 ……	名校毕业的竞争者 同专业的大学生带来的竞争 ……
总体鉴定：（评估你制定的职业生涯发展目标）		

进行SWOT分析应注意以下方面：

一要对个人的优势与劣势有客观的认识，不要过分夸大自己的优势，也不要过于自卑，把自己看得一无是处，应客观全面，同时要懂得区分个人的现状与前景。

二要与其他专业的同学或计划从事同一职业的竞争者进行比较，了解自己的优势与劣势。同时，要注意SWOT分析法的简洁化，避免复杂化与过度分析。

3. 职业决策平衡单

在进行职业选择时，有时会碰到两个甚至两个以上不同职业发展方案的选择问题，此时如果能进行直观的量化，可能会使你对自己的职业生涯目标的认识更加清晰。职业决策平衡单可以通过打分的方式量化你的各项职业选择的分数，帮助你进行职业生涯目标的决策。职业决策平衡单的操作方法如下：

微课：职业决策平衡单的使用方法

微课：你属于哪一种生涯决策风格

（1）确定你的职业决策考虑因素。

内在部分可以分为两个方面：一方面包括自己的能力、兴趣、价值观、心理需求（如自尊、自我实现）、生活方式的改变、成就感、自我实现的程度、兴趣的满足、挑战性、社会声望的提高、发挥个人的才能等；另一方面包括升迁的机会、社会地位、工作环境、工作发展前景、工作内容、休闲时间、生活变化、对健康的影响、足够的社会资源、培训机会、就业机会等。

外在部分也可分为两个方面：一方面包括父母、老师、配偶、家人的支持，择偶及建立家庭，与家人相处的时间，家庭地位等；另一方面包括优厚的经济报酬、足够的社会资源等。

（2）利用职业决策平衡单进行职业生涯目标的决策。

列出 3～5 个职业生涯发展方向，分别填到职业决策平衡单的“职业方案”中。具体方法为：在第一栏“职业决策考虑要素”中，根据对你而言职业选择的重要性和迫切性，赋予它权重，加权范围 1～5 倍，填写到“权重”一栏。权重是你在进行职业选择时所看到的东西，某要素的权重越大，说明你越看重该要素。

（3）打分。

根据第一栏中的“职业决策考虑要素”给每个职业方案打分，每个方案的得分或失分，可根据该方案具有的优势（得分）、缺点（失分）来回答，计分范围为 1～10 分（注：每个方案的得分或失分只能填一项）。

（4）计分方法。

将每一项的得分或失分乘上权重，得到加权后的得分和失分，并分别计算出总和（加权后的合计）；再把加权后的“得失差数”算出来，并据此做出最终决定。得分越大，该职业方案越适合你。

二、确立职业生涯目标的原则

确立职业生涯目标是制定职业生涯规划的关键，有效的职业生涯规划需要切实可行的目标，以便排除不必要的干扰，全心致力于目标的实现。确立一个什么样的职业目标，要根据主客观条件来选择。一般来说，需要遵循以下几个原则。

（一）符合社会与组织需求的原则

职业生涯目标如同一种“产品”，这种“产品”有市场，才有“生产”的必要。在确定职业生涯目标时，要考虑到内外环境的需要，特别是要考虑到社会与组织的需要。有需求，才有位置。

（二）适合自身特点的原则

职业生涯目标是在充分认识自我和职业环境的过程中确立的。不同的人有不同的特点和优势，将目标建立在个人优势的基础上，就占据了主动有利的地位；目标抉择偏离了自身长处，便是自己跟自己过不去，自己为自己设置前进道路上的障碍。

（三）高远且可行的原则

确定目标的总原则：既不宜过高，更不能过低，要切实可行。在与个人实际情况相符合的范围内，确定的目标可以稍高一些。远大的目标能起到激励作用，可以促进学习，改进工作方法，使人为达到目标而努力工作。当然，目标也不能过高。如果目标过高，则易使人活在幻想中，在现实生活中必然一事无成。

案例分享

目标过高的痛楚

小海毕业后，在担任网站管理员期间接触了很多成功人士，也知道了一些成功人士到底是怎么成功的。他为自己拟订了一个3年内达到百万年薪的职业目标。

在第一家公司里，当他拿着5 000元的月薪时，发现如果自己在这个公司里发展，离百万年薪的目标太过于遥远，于是毅然跳槽，来到第二家公司。在第二家公司里，小海的薪水涨到了7 500元，工作了2个月后，他发现在这个公司里发展，依然不可能实现自己百万年薪的职业目标，于是他再次跳槽了。1个月后，小海找到一家觉得有发展的公司，2个月后他再次跳槽。毕业6个月以来，小海先后跳槽3次，如今，他失业在家，并且发现很多公司不选择自己。小海觉得自己有一身抱负，却没有愿意重用自己的公司，这个社会太没有眼光了。

小海给自己设定的职业目标对于一个刚进入社会的学生来说实在太高了。当他发现所设置的职业目标无法实现时，他应该适时地更改目标。

（四）长短配合恰当的原则

职业生涯发展是一个有机的、逐渐展开的过程。我们要把总体目标分解为若干个长期（5～10年）目标，长期目标继续分解为若干个中期（3～5年）目标，中期目标要继续分解为若干个短期（1～2年）目标。总体目标、长期目标为人生指明了方向，中、短期目标是实现长期目标的保证。特别是在职业生涯发展过程中，通过短期目标的达成，能体会到实现目标的成就感和乐趣，不断鼓舞自己向着更高的目标前进。但是，只有短期目标，看不到远大的理想，也会影响奋斗的激励作用，还会使事业发展摇摆不定，甚至偏离发展方向。因此，确定职业生涯目标时应该长短结合。

（五）同一时期目标不宜多的原则

就职业目标而论，同一时期目标不宜多，而应集中在一个方面。目标是追求的对象，有谁见过同时追逐五只兔子的猎手？这不是说不能设立多个目标，而是可以把它们分开设置。具体来说，就是一个时期一个目标，拉开时间差距，实现一个目标后，再实现另一个目标。

（六）明确而具体的原则

目标明确是指目标要有量化的标准，如时间：用三年完成还是五年完成；程度：通过计算机二级还是一级等。量化便于评估目标的实现情况，也便于有针对性地制定相应的措施。

目标具体是指要确定目标的范围，使其可产生行为导向作用。比如，“我要成为一个优秀的人”不是一个具体的目标，但“我要完成本月 1 000 件的销售量”就算得上是一个具体的目标了。

（七）目标幅度不宜过宽的原则

一般来说，专业面越窄，所需要的精力和时间就相对越少。所以，职业生涯目标的专业面不要过宽，最好是先选择一个窄一点的范围，把全身心投入进去，这样比较容易取得成功。但是，如果你认为专业面一定要放宽，那么起码在开始的时候要把专业面或主攻点定得较窄些。待取得一定的成就，积累一些经验后，再扩大专业面，这样更容易成功。

（八）要留有余地的原则

在实现目标的时间安排上，不要过急、过满或过死。如果过急，就会“欲速则不达”，不是计划落空，就是影响工作质量；如果安排过满，在同一时间里既要做这个，又要做那个，结果会顾此失彼，造成心理紧张，劳累过度，而无法坚持到底；如果安排过死，如规定某一时间只能做某事，到时如果遇到某些干扰无法完成，又没有补做，就必然会计划落空，心理上也会失落。

要留有余地，就是要留有机动的时间，即便发生某些意外，也有时间和精力机动处理。实现目标的时间安排要从实际情况出发，不慌不忙，不急不躁，不要刻板，要灵活机动。在要求不变的情况下，完成时间和做法完全可以调整变换。

课堂活动

五年以后，你希望拥有怎样的生活？要实现这种理想的生活，需要具备什么样的条件？在这些条件当中，你能达到的有哪些，不能达到的有哪些？为了五年以后拥有自己想要的生活，你准备怎么做？经过畅想、讨论之后，你的感想有哪些？请写下来。

三、设定职业生涯目标

美国成功学家拿破仑·希尔（Napoleon Hill）在《一年致富》中有这样一句名言：一切成就的起点是渴望。一个人追求的目标越高，他的发展也就越快。一心向着自己目标前进的人，整个世界都给他让路。他认为，所有成功，都必须先确立一个明确的目标，当对目标的追求变成一种执着时，你就会发现所有的行动都会带领你朝着这个目标迈进。

大学生有各种各样的职业理想，如有人希望成为技术能手、公司白领、科学家、企业家……在职业发展上，从理论上讲，你的心有多大，舞台就有多大。

（一）职业生涯目标的重要性

目标指引着我们前进的方向，没有目标，人就犹如大海中的孤舟，不知该驶向何方。确定职业生涯目标是职业生涯规划和设计的关键。但是不少大学生却不了解职业生涯目标对整个人生的意义和作用，认为确立目标只不过是一种形式而已，没有目标照样可以工作和生活。无数的事实与研究证明：凡是在一生中称得上“成功”的人，都有明确的奋斗目标。当然在有奋斗目标的人中也有没有成功的，不过他们都另有原因，有的是由于目标失当，有的是行动力不够，有的是由于失误或遇到某种意外等。由此可以得出这样一条规律：有了目标未必会成功，但若想成功就必须要有明确的目标。

（二）职业生涯目标的类别

职业生涯目标按照时间的长短可以划分为短期目标、中期目标、长期目标。按性质也可以将职业生涯目标划分为外职业生涯目标和内职业生涯目标。外职业生涯目标包括职务目标、工作内容目标、经济目标、工作地点目标和工作环境目标。内职业生涯目标包括工作能力目标、工作成果目标、心理素质目标和观念目标。

拓展阅读

跳蚤效应——有什么样的目标，就有什么样的人生！

生物学家曾经将跳蚤随意向地上一抛，它能从地面上跳起 1 米多高。但是如果在 1 米高的地方放个盖子，这时跳蚤跳起来会撞到盖子，而且是一再地撞到盖子。一段时间后，拿掉盖子就会发现，虽然跳蚤继续在跳，但已经不能跳到 1 米以上了，直至生命结束都是如此。为什么呢？理由很简单，它们已经调节了自己跳的高度，而且在适应了这种情况后不再改变。这就是所谓的“跳蚤效应”。

不但跳蚤如此，人也一样，有什么样的目标就有什么样的人生。我们周围有许多人都明白自己在人生中应该做些什么，可就是迟迟不做出行动，根本原因是他们欠缺一些能吸引他们的未来目标。

有一个真实的例子，说明一个人若看不到自己的目标会有怎样的结果。

1952 年 7 月 4 日清晨，加利福尼亚州海岸笼罩在浓雾中。在海岸以西 34 千米的卡特琳娜岛上，一个人跳入水中，开始向加州海岸游去。要是成功了，她就是第一个游过这个海峡的女性。她叫费罗伦丝・柯德威克。在此之前，她是从英法两边海岸游过英吉利海峡的第一个女性。那天早晨，海水冻得她身体发麻，雾很大，她几乎连护送她的船都看不到。时间一点点过去，千千万万人在电视上注视着她。这类渡海游泳遇到的最大问题不是疲劳，而是刺骨的冰冷。15 个小时之后，她被冰冷的海水冻得浑身发麻，她知道自己不能再游了，就准备叫人拉她上船。她的母亲和教练在另一条船上，他们告诉她海岸很近了，叫她不要放弃。但她朝加州海岸望去，除了浓雾什么也看不到。人们把她拉上了船，而拉她上船的地点，离加州海岸只有 0.8 千米。

当别人告诉她这个事实后，从寒冷中慢慢复苏过来的她很沮丧，她告诉记者，真正令她半途而废的不是疲劳，也不是寒冷，而是在浓雾中看不到目标。柯德威克一生中就只有这一次没有坚持到底。两个月之后，她成功地游过了同一个海峡。她不但是第一位游过卡特琳娜海峡的女性，而且比男子的纪录还快了大约 2 个小时。

柯德威克这样的游泳好手尚且需要目标，才能鼓足干劲完成她有能力完成的任务，一般人更是如此。

回到一开始的实验，跳蚤调节了自己跳的目标高度，而且适应了它，不再改变。很多人不敢去追求梦想，不是追不到，而是因为心里默认了一个“高度”，这个“高度”常常使他们受限，看不到未来确切的努力方向。

任务二 制定职业生涯路线图

一、大学生职业生涯路线

职业生涯路线为大学生指明在确定职业生涯目标后从什么方向上实现自己的职业目标，包括由低级向高级步步上升的职业发展阶梯，使大学生可以逐步迈向已设定的职业目标。大学生通过选择和规划自己的职业生涯路线，可以推动职业生涯目标的实现。

微课：生涯规划的步骤

（一）大学生职业生涯路线选择的要素

大学生在职业生涯路线选择的过程中，可以询问自己下面三个问题：我想向哪一条路线发展？我可以向哪一条路线发展？我适合向哪一条路线发展？这三个问题也就是职业生涯路线选择的三要素，我们可以将其归纳为想、能、行。

（1）想。是个人希望向哪一条路线发展，主要是通过对职业价值观、职业兴趣、成就动机的自我探索，真正找到自己想要的职业生涯发展目标。

（2）能。是个人能够向哪一条路线发展，主要是通过个性特质、技能因素、社会经验的自我探索，找到自己能发挥最大潜能的职业生涯发展路线。

（3）行。是个人适合向哪一条路线发展，主要分析政治经济环境因素、组织环境因素，找到自己的机会所在，最大可能地趋利避害，对这些因素反复地进行综合分析，才能最终选择自己的职业生涯路线。

（二）大学生职业生涯路线选择的方向

不同的职业生涯路线有着不同的职业发展情景，对大学生的能力素质要求是不同的，这没有绝对的好与坏，只有是否适合的问题。有的人适合搞科学研究，能够在研究领域求得突破；有的人适合做领导工作，可以成为一名优秀的管理人员；有的人适合创业，可以成为一名优秀的企业家。

1. 专业技术型发展方向

专业技术型发展方向是指工程、财会、生产、法律、教育、医疗等职能性专业发展方向，其共同特点是：都要求有一定的专门技术性知识与能力，并需要有较好的理论研究和分析判断能力，这些能力必须经过长期的培训与实践才能具备。如果你对专业技术内容及活动感兴趣，并追求这方面的提高和成就，喜欢独立思考，并不喜欢从事管理活动，那么专业技术型发展道路就是你最好的选择。相应的发展阶梯是技术职称的晋升、技术性成就的认可，以及奖励等级的提高和物质待遇的改善。如果你虽然在开始时选择了专业技术方向，但仍然对管理有兴趣，并且希望在管理领域做出一番事业，也完全可以采取跨越式发展。也就是说，一开始从事某种技术性专业，不断积累充实自己的专业知识，打下坚实的技术基础，然后在适当的时候，转向专业技术部门的管理职位。

2. 行政管理型发展方向

如果你很喜欢与人打交道，处理人际关系问题总是感到得心应手，并且由衷地热爱管理，考虑问题比较理智，善于从宏观角度考虑问题，并善于影响、控制他人，追求权力，行政管理型发展道路就是你最恰当的选择。把管理职业视为自己的目标，相应的发展阶梯一般是从基层职能部门开始，然后向中级职能部门及高级职能部门逐步提升。随着管理职位的上升，管理的权限会越来越大，承担的相应责任也会越来越大，其前提条件是你的才能与业绩不断地积累提高，达到了相应层次职位的要求。行政管理型发展路线对个人素质、人际关系技巧的要求很高。那些既有思维能力又善于处理人际关系的人，能够成为任职部门的主管干部，甚至做到总经理、总裁、院长、厂长等高层职位；而那些虽然善于处理人际关系，却欠缺思维能力，以及感情耐受力较差的人，则只能停留在低层领导岗位上。

3. 自我创业型发展方向

随着我国现代化社会的高速发展，越来越多的大学生开始选择自主创业的道路。大学生创业自有快乐，但创业途中的艰难也不是常人能够想象的。从客观上来讲，要有良好的机会和适宜的“土壤”。主观上，创业人不仅要有强烈的创造与成就愿望，而且心理素质要好，要能够承受巨大的心理压力并具有承担风险的能力，还要有新思维，善于开拓新领域、开发新产品。一个人要想成功创业，必须先到社会组织中锤炼，学习如何做企业，然后再自己创业。

综上所述，不管你选择哪种职业生涯路线，最重要的是一定要结合实际，综合考虑个性、价值观、兴趣、能力等自身条件和社会组织环境，反复权衡后再予以确定。

（三）大学生职业生涯路线选择的注意事项

大学生在确定自己的职业目标和选择自己的职业生涯路线之后，可能会存在两种错误的认识：一是可能认为未来发展是不确定的，目标与路线是无意义的，因此投入精力不够，执行则更为不力；二是可能会固守自己确立的目标和选择的路线，而不考虑自身与环境的改变，从而影响职业目标的实现。因此，大学生在选择职业生涯路线的过程中，尤其应当考虑不同企业的职业生涯阶梯设置模式和新的职业发展路线的拓展方法。

1. 要与组织职业生涯阶梯保持一致

职业生涯发展阶梯是组织为内部雇员设计的自我认知、成长和晋升的人力资源管理方案，是决定组织人员内部晋升的条件、方式和程序的组合。组织的职业生涯发展阶梯模式的设置，为组织内的各类员工提供可能的发展通道，尽最大可能调动员工的积极性和创造性，提高员工对组织的忠诚度，促进组织的可持续发展。

了解组织的职业生涯阶梯的设置模式，对于大学生职业生涯路线的选择与实施有着重要意义。大学生在选择职业时，要了解组织的职业生涯阶梯设置模式，并尽可能选择职业生涯阶梯设置科学合理的、可为员工提供多通道职业发展路线的组织，这类组织为个人提供更多职业发展机遇，更有利于个人的发展。同时，职业生涯路线的选择不是一劳永逸、固定不变的，可能在一定时期出现交叉与转换，个人必须根据自身实际和具体情境做出选择与转换。

2. 要不断拓展自己的职业发展路线

大学生在未来实施职业生涯路线的进程中，可以根据不同的实际情况，不断培养自己的实际操作技能，通过继续教育或培训充电的方式进入新领域，选择从事第二职业，以在公司内部谋求新机会、进入新的职业发展领域等形式拓展职业发展路线。

微课：选择适合自己的职业发展路线

（1）培养实际操作技能。这是职业生涯发展的基础。如果你掌握一些核心技能和知识，并擅长运用它们，就可以考虑把它们延伸到不同的行业和领域。

（2）回到学校充电。当你希望进入一个新的领域，而这个领域有别于你原有的知识背景，取得相应新领域的教育证书将对你的职业生涯有所帮助。

（3）兼职从事第二职业。当你感到目前的工作不能满足需求的时候，也可以在继续从事目前工作的同时，选择一份新的工作，也就是我们通常所说的第二职业。但这样做存在着风险，因为大多数公司对员工从事第二职业并不赞同，你如果想保留现有工作，同时在业余时间做第二职业，就要注意不要让你的上司对你的工作表现不满。

（4）在公司内部谋求新职。这适合于喜欢现在的公司、希望在公司内部开辟新的发展路径的员工。你可以尝试在完成自己所负责的工作的基础上，志愿去做一些分外的工作，而这些通常是其他同事不愿意做的，这样你就可以抓住机会进入一个新的领域，扩充你的技能并获得晋升。

（5）开拓新的职业领域。这个方法适用于那些对现有工作已经非常厌倦的人。对他们来说，痛快地离开并进入一个新的领域可能是个机会。特别是对那些短期内没有经济、生活压力的人来说更是如此。

二、制订职业生涯行动发展计划

当我们确定了职业生涯目标、选择了职业生涯发展路线后，行动便成了关键的环节。没有实现目标的行动，就不能实现目标。因此，必须把职业目标与实施行动进行有效的对接。

（一）制订行动计划与措施的前提

成功人士都有一个突出的特征，就是有着清晰的目标，对自己的去向一清二楚。他们有目标也有行动，知道自己要做什么，也知道自己应该怎样去做。

1. 清晰的目标是行动的基础

很多人认为，一旦他们有了方向，就等于有了目标，这就造成了前进中的误导。“赚更多钱”和“开创一项事业”并非目标，目标是一种明确的、清晰的、可定义的、可测量的陈述。

（1）以二元定义的目标。

目标的一个重要方面就是必须是以二元定义的。也就是说，如果问你是否实现了目标，你必须给出一个确定的“是”或“否”的回答，“可能”不能成为选项。例如，你这学期要选修一门职业生涯规划类课程，并且要阅读三本相关图书，这就是你非常清晰的目标，然后在学期末，你就能对是否实现了目标给出确切的“是”或“否”的答案，这就是构成一个目标所需要的清晰的层次。

（2）目标设定细节化。

设定目标时应尽可能细节化。确定明确的数字、日期和时间，以确保每个目标都是可测量的。要么你达成了，要么没有达成。定义你的目标，就好像你已知道将会发生什么一样。有人说，预测未来的最好方法就是创造它。如上面谈到的，“一门课程”“三本图书”“学期末”等。

（3）把目标表述出来。

目标必须用一种积极的、现在时的、个人肯定的形式写下来，一个没写下来的目标不过是个想法而已。表达你的目标，就好像它已经实现了一样。如果你用将来时表达目标，就等于告诉自己的潜意识要把成果永远留在将来，而不是掌握在现在。构建目标时要避免模糊不清的词语，比如“可能”“应该”“也许”之类的词，这些词本身就包含着对于是否能达成目标的怀疑。另外，还要让你的目标个性化，就是说不能成为别人的目标。

（4）主动去设定目标。

设定目标不是一个被动的行为，必须采取有意识的行动才能做到。每件事都很肯定，没有什么是模糊的，应该向目标前进，如果你什么都不做或是稀里糊涂地做，那你基本上就是漫无目的的。当你认真严肃地审视自己身在何方及去往何处时，首要的任务就是根除那些不利因素。为了得到切实的成果，必须实践你的想法，必须与它沟通，构造它、执行它，使之成真。

2. 清晰的目标使行动更具体

认清一个真正的机会并采取行动，和在没有自觉决策的情况下就采取行动完全是两回事。等着能鼓舞你的东西出现，和期盼天上掉馅饼一样，不过是个幻想。清晰的决策不会自动发生，你必须身体力行地让它发生。如果你只是因为不知道想要什么而没有清晰的目标，那就坐下来积极地思考你想要什么，清晰的目标才会使自己的行动更加清晰。

现实并不与愿景匹配得天衣无缝，但愿景能够让你做出清楚的决策，以便让你保持在向目标前进的方向上。清晰的目标并不一定是你最终会到达的地方，但它能让你肯定地决定今天该干什么。当别人突然告诉你一个机会时，你会准确地判断出那是否是真正的机会。即便当你开始朝目标前行时，也会遇到许多新情况和新问题，你一定会边前行边修改目标和计划。有缺陷的目标仍然比彻底没有目标要好得多。

在建立了清晰的、情愿为之付出的目标的那一天，你就会发现生活有了可以度量的改变。即使一开始的尝试并不完美，你也可以比以往更加迅速地做出决策，因为你知道它们会把你引向目标。清晰的目标必然会作用于当下的行动，使行动更为清晰。

（二）行动计划与措施的主要内容

在确定了职业生涯目标后，行动便成了关键的环节。没有实现目标的行动计划，目标就难以实现，也就谈不上事业的成功。这里的行动计划是指落实目标的具体措施，主要包括学习、工作、训练、教育等方面具体的计划与明确的措施。

1. 行动计划

职业生涯路线是一步一步走过来的，职业生涯目标是一点一点实现的。如果没有具体的行动计划，没有一点一点的累积，职业生涯路线就无法走通，职业生涯目标也就不可能实现。所以，需要列出详细的工作、学习计划。每学期学什么，要列出具体科目；每年干什么，要列出具体项目。只有计划具体，职业生涯目标才有可能实现。

2. 具体措施

列出具体计划后，要对每项计划列出具体的、切实可行的措施。

案例分享

新生活是从选定方向开始的

学生："我的目标是在一年内赚100万元！请问我应该如何计划？"导师："你相不相信你能达成？"学生说："我相信！"导师又问："那你知不知道要通过哪个行业来达成？"学生说："我现在从事保险行业。"导师接着又问："你认为保险业能不能帮你达成目标？"学生说："只要努力，就一定能达成。"

"我们来看看，你要为自己的目标做出多大的努力。根据提成比例，100万元的佣金大概要做500万元的业绩。一年500万元业绩，一个月40多万元业绩，每天大概要拜访50人，一个月要拜访1 500人，一年就要拜访18 000个客户。"

这时导师又问学生："请问你现在有没有18 000个客户？"学生说："没有。""如果没有的话，就要靠陌生拜访。你平均一个人要谈上多长时间呢？"学生说："至少30分钟。"导师说："每个人要谈30分钟，一天要谈50个人，也就是说你每天至少要花25个小时在与客户交谈上，这还不算路途时间。请问你能不能做到？"学生说："不能。我懂了，计划不是凭空想象的，需要依据能达成的措施来制订。"的确，措施是计划的度量仪。

3. 起讫时间

对每项计划列出切实可行的具体措施后，还要明确每项计划的起讫时间，即什么时间开始，什么时间结束。没有时间约束的计划与措施，最终会因流于形式而无法执行。

4. 考核指标

在明确具体计划、具体措施、起讫时间后，还要明确考核指标。如果你的具体计划为学习职业生涯规划方面的知识与技能，具体措施为选修职业生涯规划相关课程、自学相关知识、参加相关职业实习等，起讫时间为大二整个学年。为保证计划措施的落实效果，必须制定相应的考核指标，如选修的职业生涯规划课程成绩为优，写出 3 本以上职业生涯规划类书籍的读书笔记，了解自己感兴趣的职业任职资格要求，进行 10 个生涯人物访谈等。考核指标的制定直接影响计划与措施的落实与执行效果，必须找到能够衡量的指标，能量化的尽量量化，不能量化的必须客观化。

（三）行动计划与措施的实施对策

在制订了行动计划、具体措施、起讫时间和考核指标之后，还需要采取一些必要的对策，来推动计划与措施的实施。

1. 将计划与措施写下来

唯有将计划与措施写下来，才能将其详细的内容罗列出来。同时，当你把计划与措施写下来的时候，就把这个计划与措施具体地呈现在自己面前了，这时就不能逃避自己对计划与措施的承诺，就会认真地履行自己的计划与措施。

2. 给计划设定一个期限

行动计划与措施确定以后，就要设定一个起止的期限。认真审视计划预期要达成的时限，并时刻督促自己如期完成。有时限的才可能称作计划，没时限的只能称作梦想。

3. 列出计划与措施动机

明确地写出你实现计划与措施的真正理由，告诉自己实现计划与措施的把握和重要性。追求计划与措施的动机比计划与措施本身更能激励我们。做事的理由越多，达成的欲望就会越强，这将成为你实现计划与措施的动力源泉。

4. 将计划与措施分步实施

针对计划与措施，制定出实现它的每一个步骤。每一步该如何做才会取得最后的成功，找出妨碍计划实施的事项，并想方设法去改变它或者改变自己。在计划实施的过程中，千万不要好高骛远。从时间上来说，假如设定了一个一年的计划与措施，那么你就应该再分别设定两个半年、四个季度和十二个月的计划与措施。与此同时，设立一个奖励自己的办法，这样的做法能让你保持积极的心态。

5. 分析你的位置和资源

分析自己现在的位置是非常重要的，唯有知道自己从何处开始，才知道下一步应该如何落脚。找出自己的长处，分析自己最强和最弱的方面，规划出自己最需要学习的事项，还要列出已经拥有的各种重要资源的清单，包括自己的个性、朋友、财物、教育背景、时限、能力等，这份清单越详尽越好。

6. 回顾过去的成功经验

回顾过去，找出你认为获得成功的经验，仔细想想自己做了什么特别的事，才获得学业、健康、人际关系方面的成功，请记下这个特别的原因，并学会在以后的生活中去应用。

7. 确认需要克服的障碍

成功就是克服障碍的过程。在向自己的目标前进的时候，遇见的每一个障碍都是来帮助你实现目标的，所以首先要确认你的障碍，将它们列出来。其次，对面前的障碍设定重要性的优先顺序，找出对你实现目标影响最大的障碍，然后全力以赴地去解决它们。

8. 确认你所需要的知识

我们生活在一个以知识为基础的社会当中，不管设定了什么目标，想要实现它，必定需要更多的知识。你需要自我成长，需要不断地学习，吸收新的资讯来实现你的目标。在计划与措施实施的过程中，要确认你需要的知识并多向其他人请教。

9. 列出你最重要的人脉

凡是可以协助完成计划与措施的人都是你要去获得的人脉。从理论上来说，所有人都可以是你的人脉，但是数量过于庞大，应先列出目前你可以叫出名字或者是知道名字的人脉。由于一个人的时间和精力都是有限的，因此要找出最重要的人脉，优先考虑，优先行动，在他们身上付出更多的努力，这样会收到事半功倍的效果。

10. 定期进行检查和总结

最后还需注意的是要在实施中对计划与措施进行定期总结、检查和更新。

三、职业生涯规划的评估与修正

（一）发展目标的适当调整

大学生必须对自己的特长、爱好、性格等进行反复的剖析和衡量，对社会现状进行深入的体会，在制定职业规划的过程中不断地向老师、父母和有经验的学长讨教，争取在初期便制定出一套比较符合自身性格、特长的规划，脚踏实地地按照规划中的目标，一步一个脚印地向前迈进。当然，计划总是不如变化来得快，这就需要我们在实践中不断地对职业生涯规划进行校正，在这个过程中切忌好高骛远和见异思迁。

大学生需要一进学校就制定大学期间的奋斗目标，不过这往往是有一定难度的。大一新生就好比一条突然被置于茫茫大海却不知该游向何方的小鱼，他们还不知道该往什么方向发展。

不同年级的大学生往往有不同的特点与心态，对此，人们有着不同的说法。

第一种说法。大一上半年：糊——沉浸在考上大学的喜悦之中一下子转不过弯来，以为还是自己的天下；大一下半年：醒——此时非彼时了，好汉不提当年勇；大二：虚——学了不少却心里没底；大三：熟——秋天到了，果实熟了，该上市了。

第二种说法。大一上半年：彷徨——大学新生就好比一条久困鱼缸的小鱼突然被置于茫茫大海，一时间不知该游向何方；大一下半年：呐喊——大学也就这样，我要活出自我；大二：伤逝——逝者如斯夫，时不我待；大三：朝花夕拾——浑浑噩噩，一晃三年过去了，我要在这最后的大学时光里尽量多学知识。

由此可见，要求一个大一的学生制定一个大学阶段一成不变的职业生涯规划是多么的不现实。但有规划远比没有规划要好，规划可以给自己一个大概的指引并且使自己有压力感。

有些大学生会考虑换专业，这也属于目标的修正问题。出于对兴趣与就业形势的考虑，大学生想调换专业无可厚非，但调换专业以前一定要弄清楚自己究竟喜欢和适合什么专业，不可盲目冲动。

（二）目标实现中的阻力分析

微课：生涯规划中的阻力

目标的实现过程不可能总是一帆风顺的，面对挫折与失败，有的人越挫越勇，有的人却晕头转向，为什么会有这么大的差别呢？究其原因，在于不同的人分析与解决问题的能力不一样。

对目标实现过程中的阻力进行分析是很有必要的，大学阶段目标实现的阻力主要表现在以下方面。

1. 目标设置不合理

例如某大学生在大学期间，既想学习成绩优异又想当个优秀的学生干部，既想恋爱成功又想打工赚钱，这显然是有一定难度的。以上目标如果分割成阶段性目标是可以实现的。

就业、出国、创业均可以作为大学期间的发展目标，但必须具体和现实。如选择先就业，那就要想清楚去什么地方就业、在什么行业就业、从事什么职业、希望拿多少工资等；如选择出国留学，那就要考虑家庭经济承受能力、个人学习成绩，尤其是外语水平等；如选择毕业后自主创业，那就必须积累经验，学会分析市场行情，制订创业计划等。

目标没有好坏、对错之分，适合的就是最好的。如果选定的目标不合理，那就已经失败了一半。

2. 制定目标的当事人缺乏执行力

“性格决定命运，细节决定成败。”经常听一些大学生讲“我要考研”，可是没过多久他就改变主意了。还有的大学生说：“从下周开始，我要好好学英语。”大家可能会问：为什么非要从下周开始而不是从今天、从现在开始呢？

执行力相当于心理学中所说的毅力。很多大学生就是因为缺乏毅力，稍一碰钉子，就马上否定自己的方向，混了几年后，发现出路越来越窄，最后被逼到死角，不得已进行反思，又重新跳回到以往的职业生涯规划中来。然而在如此反复的过程中他就错失了很多学习和发展的机会，到最后极有可能越做越累，甚至一无所获。

“合抱之木，生于毫末；九层之台，起于累土；千里之行，始于足下。”大致意思是说："合抱的大树，生长于细小的萌芽；九层的高台，累积于每一筐泥土；而千里的行程，开始于脚下的每一步。"世界上任何事都是这样的，总有个从量变到质变的过程，而这个过程只有有毅力的人才能坚持下来。

人生就是一场马拉松赛，开始跑在最前面的未必能一直领先而成为一名胜利者，原来落在后头的也并不一定就永远不能后来居上而命中注定做一名失败者。有人总是在别人的成就和荣耀面前哀叹自己起步太晚，其实每一位马拉松参赛者都明白，迟个三步、五步甚至十步、百步都不算晚，关键是能否坚持到终点。成功者常常用毅力去书写傲人的胜利传奇。

3. 目标实现的外在条件不具备或者发生改变

从哲学的层面讲，目标实现的内在条件相当于内因，外在条件相当于外因。所谓内因即内部矛盾，是指事物内部各要素之间的对立统一关系。如鸡蛋经过孵化已经发育成多细胞的胚胎，胚胎本身存在遗传与变异的矛盾。外因就是事物的外部矛盾，是指一事物同他事物之间的对立统一关系。如没有适宜的温度，鸡蛋中的胚胎就无法正常发育，时间过长，胚胎就会死亡，更谈不上孵出小鸡。可见，鸡蛋与温度之间是既对立又统一的关系，是鸡蛋变小鸡过程中的外部矛盾。

事物在各种外部条件的影响下，其内部矛盾的双方力量处在此消彼长的不断变化之中，一旦矛盾双方的力量对比发生根本性的变化，便会引起双方地位的相互转化，于是新矛盾取代旧矛盾，新事物取代旧事物。

在鸡蛋孵小鸡的发展过程中，鸡蛋是内因，适宜的温度是外因。鸡蛋和适宜的温度对于由鸡蛋孵化出小鸡的发展过程来说，都是同时必备、不可缺少的因素，缺少任何一种因素都不可能孵出小鸡。可见，事物的发展是由内因和外因共同起作用的结果，矛盾是事物发展的动力。

外在条件虽然有不可控制性，但它毕竟要通过内部条件才能起作用，人是有主观能动性的，人们不仅可以利用与改造外部条件，还可以创造条件实现目标。

追求财富和地位是职业生涯目标的一部分，但不应该成为我们努力的全部目标。一个人的职业生涯目标如果仅限于这些，一旦没有能够在期望的时间内实现这些目标，他便会灰心地认为自己的职业生涯失败了。这种成功观是不正确的。

大学生在具体实施自己的职业生涯规划的过程中，最容易出现的问题就是眼高手低、心浮气躁、急功近利、见异思迁。在就业过程中，很多刚刚步入社会的毕业生不能以平和的心态对待现状，一旦碰到小小的钉子，或感觉自己所处的环境和理想中的目标有差距，便会产生极大的心理落差，马上怀疑自己的能力和以前制定的计划目标，认为以前制定的人生规划是个人的能力和在现有工作环境下不可能达成的。于是，他们开始自暴自弃、得过且过，轻率地抛开以往的职业生涯规划，选择一条最为急功近利的速成路线，没有为后期发展留下任何可拓展空间。

（三）职业生涯发展状况评价

职业生涯发展状况的好坏，其实早期看锻炼机会，锻炼机会越多越好；中期看待遇，待遇越优厚越好；晚期看价值感，社会价值感越大越成功。这是一些职业生涯规划师的总结。

那么，我们到底应该从哪些方面、以什么标准来评价职业生涯发展状况呢？

1. 评价原则

（1）“目标”与“结果”和谐性原则。

和谐指各组成部分协调地相互联系在一起。把“和”与“谐”连在一起，即“和谐”，指存在差别的各个成分可以相互协调地联系在一起。它本身就带有两层含义：一是组成一个整体的各个成分之间存在差别；二是这些存在差别的各个成分之间又可以非常协调地整合在一起。“结果”可以理解为目的；“目标”则是阶段性的结果能够保持一定的和谐性就可以了。

（2）阶段性原则。

“目标”与“结果”虽然不尽相同，但处于不同阶段的大学生有不同的职业生涯发展任务，评价大学职业生涯发展良好与否必须把握阶段性原则。各年级大学生的主要任务如下：

1）低年级大学生的主要任务。

自我认识，树立正确的学习观，了解专业性质、专业能力要求、专业学习的价值和专业前景等，提升学习动力，适应大学学习生活和人际交往，尽快完成角色转变。了解自己的特长与潜能、优势与不足，正确认识自我。初步认识职业生涯发展规划的重要性，树立正确的职业价值观。学习通用性技能，提高基本素养，为未来的职业发展做好专业准备。

2）中年级大学生的主要任务。

自我拓展，培养较强的责任感、使命感，树立正确的成才观和事业观；通过职业测评、职业咨询、了解职业信息等方式，认识职业；根据自身条件、职业志向和未来职业的发展进行初步的职业生涯规划。结合职业生涯规划，做好职业生涯决策，参加职业培训、社会实践、创业锻炼等活动，拓展职业知识技能，提升自我素质，培养高度责任心和精益求精的精神，提高人际沟通、团队合作和创新等能力。

3）高年级大学生的主要任务。

自我发展，树立开拓务实的职业观、创业观和择业观。通过职业生涯规划、职业生涯决策的修正，形成现实而正确的个人职业发展评价，确定合理的职业定位和择业期望标准。通过毕业实习、个人辅导、职业信息的收集和选择、就业技巧培训等多种形式，提高职业成熟度和职业行为的“自主、自尊、自信、自强”意识。树立爱岗敬业精神，实现人生发展与社会需要的内在统一，主动去祖国最需要的地方和行业建功立业，完成向社会职业人的角色转换。

2. 评价维度

（1）自我评价。

按照心理学的说法，自我评价（Self-evaluation）是自我意识的一种形式，是指主体对自己的思想、愿望、行为和个性特点的判断和评价。儿童是在把自己当作认识主体从客体中区分出来，开始理解我与物的关系后，通过别人在对自己评价和对别人言行评价的过程中，逐渐学会自我评价的。自我评价是自我意识发展的产物，其发展的一般规律是：评价他人的行为→评价自己的行为→评价自己的个性品质。自我评价是自我教育的重要条件。人对自己的思想、动机、行为和个性的评价，直接影响着本人学习和参与社会活动的积极性，也影响着与他人的交往关系。一个人如果能够正确地、如实地认识和评价自己，就能正确地对待和处理个人与社会、集体及他人的关系，有利于自己克服缺点、发扬优点，在工作中充分发挥自己的作用。实事求是地评价自己是进行自我教育、自我完善的重要途径之一。

大学生对个人职业生涯发展的自我评价是所有评价维度中最重要的方面，大学生（含研究生）年龄一般在 18～25 岁，具有成熟的自我意识，他们完全具备自我评价的能力与水平。

（2）他人评价。

他人评价主要包括同学评价、朋友评价、教师评价。同学评价又包括师兄师姐评价、同班同学评价、室友评价等。教师既包括班主任、辅导员，也包括任课教师、实习指导教师、毕业论文指导教师。

（3）组织评价。

组织评价是指由某种正式或非正式机构实施的评价，如班级、院系、学校、学生社团等。组织评价往往有较高的信度和效度，而且有利于当事人看清楚自己在同龄人或同学中的竞争位置，有利于发现自己的优势与劣势。

3. 评价方法

（1）综合测评法。

综合测评法是众多高校普遍实施的一种对学生德、智、体等多方面发展状况进行评价的方法，一般包括多个指标体系，每个指标体系均以量化的方式呈现，便于排名和统计。每个指标的最终得分包括多个评价来源，如自我、班级、教师等。正因如此，综合测评有较高的外部效度。

（2）360°反馈评价法。

360°反馈评价法原本是企业对员工进行绩效管理时经常用到的一种多源评价法，将上级主管、同事、下属、客户等的评价与个人的评价综合反馈给被评价者，其对个人职业生涯发展也是非常有意义的。

360°反馈评价法也可以用于大学生的职业生涯发展评价，个人在进行360°反馈评价时，应尽可能地打开“窗户”，广泛地向他人征求意见，这些人可以是自己的老师、同学、亲人、朋友、室友、校友、实习单位领导、社会工作中的同事等，其中来自辅导员、班主任和与自己有直接交往的同学的评价最为重要。

（3）日记或周记分析法。

日记或周记分析法把一个工作日（周）及一个非工作日（周）的活动如实而无遗漏地记录下来，然后按照活动性质进行分类，如上课、自习、考试、上网、文体活动、逛街、约会、睡觉等，看看用于不同活动项目的时间各是多少，并分析时间的分配是否与自己的职业生涯目标相对应。

（4）重要人物访谈法。

请自己的同学、朋友、父母、亲戚或其他你认为了解你的重要人物中的几个人对你进行评价，在此过程中，你可以提出一些问题，看看他们从旁观者的角度对你有什么看法。

案例分享

张婷的大学生涯发展计划

第一部分：自我分析

1. 我是谁

我是女儿、是姐姐、是朋友、是学生、是外联社社员、是文艺委员（目前）。扮演不同的角色、承担不同的责任、表现不同的性格，具体如表4-3所示。

表4-3 角色分析

角色	时间关系	优点（应保留）	缺点（应改正）
女儿	永久	孝顺	脾气不是很好、没耐心
姐姐	永久	温柔、耐心	有一点神经质
朋友	永久	大方、热情、友好、易相处	啰唆
学生	暂时	乖	不好学、不认真、得过且过、无危机意识
外联社社员	暂时	主动	容易紧张
文艺委员	暂时	负责	有点胆怯

2. 我在哪里

我现在处在大学一年级快要结束这一阶段，以后还有很长的路要走。

3. 我会什么

会简单的英语口语，计算机“菜鸟”（刚过一级），会演奏几种民族乐器（没参加考级）。

4. 我想做什么

我想做心理咨询师或看情况选择与心理学有关的专业，如到相关机构做犯罪心理研究员或者游戏测试员。有能力的话就开个店，再发展成企业（和朋友合资也行）。

5. 自我诊断

我的自我问题有：得过且过，没有危机意识；不愿表露自己的想法与态度；没有值得骄傲的特长与技能；懒散。

第二部分：职业分析

当今社会竞争越来越激烈，人们的压力也越来越大。这种压力来自多方面，包括家庭的、社会的、工作学习环境的、朋友的和自身的等。面对这些压力，人们似乎越来越找不到合适的发泄途径。人们的心理承受能力越来越受到考验，心理咨询师这个行业应运而生。

在我看来，心理问题每个人都会有，目前人们对心理咨询的态度越来越积极，对心理咨询师的需求也会越来越多。我觉得，到我毕业时心理咨询需求是很大的。

从事这个职业需要具备较强的英语能力、较强的沟通能力，需要耐心、友好、细心、体贴。

第三部分：职业发展规划

1. 明确目标

(1) 长期目标。

在大学期间，通过大学英语四级考试，加强英语听力与口语的训练，考过计算机二级（要加强基础软件操作的熟练程度），多看与心理学有关的书籍，学习社交礼仪，学习茶道。

(2) 短期目标。

暑期：复习巩固大一英语与心理学知识，努力背英语单词。在社会实践和打工的过程中培养社交能力、心理调适能力、随机应变能力、吃苦耐劳精神等。

大二：通过大学英语四级和计算机二级考试，看一些与茶道有关的书，学习基本的社交礼仪，配合学校心理健康中心做实践调查。

大三：对茶道和社交礼仪进行深入的研究。认真学习心理专业知识，同时寻找实习单位，考取驾照。

2. 可能的变动与职业需要

第一志愿是考取心理咨询师。第二志愿是考消费心理学或犯罪心理学的研究生（分专业方向时根据学校定的课程再确定），深造的形式要求不是很高，可以半工半读。

3. 需要做的准备与培训

(1) 在人际关系方面做得还可以，但仍需继续努力。在做决策方面做得很差，不敢发表自己的意见，今后要改进。

(2) 我目前需要学习专业知识，需要增加经验。

(3) 我拥有的资源：我是本地人，在本市发展的可能性比较大；在本市，我学的专业前景很好；社交方面，态度谦虚，行为得当，容易得到前辈或长辈的认可。

(4) 我现在应该停止浪费时间的行为，开始执行暑期的短期计划。从现在开始，要加倍努力，为美好的明天打好基础。

课堂活动

很多时候，计划赶不上变化，只有通过计划到实践的过程，发现问题后再调整、改进计划，如此循环去完善职业规划，才能以不变应万变，将自己的职业目标进行到底。

围绕实现职业目标的主路线，预测几个风险因素，并拟定应对方案。

1. 职业生涯规划风险预防：

风险 1：________________

应对方案：________________

风险 2：________________

应对方案：________________

风险 3：________________

应对方案：________________

2. 职业目标备选方案：

首选职业目标：________________

次选职业目标：________________

任务三 撰写职业生涯规划书

一、职业生涯规划书的基本类型

职业生涯规划书作为个人发展计划，具有鲜明的特点，它在写作上没有统一的格式，只要能反映职业生涯规划的内容、符合自身要求就可以了。职业生涯规划书的类型主要有文本式、表格式和档案式三种。

（一）文本式

文本式职业生涯规划书没有固定的模板，具有创作的空间，其规划的依据：一是要让自己信服；二是要有可执行性。一般情况下，文本式职业生涯规划书要包括职业理想、自我认识、职业及环境认识、职业目标、实施方案、可能遇到障碍、对策等内容。这种职业生涯规划书能对个人的职业生涯做出详细、完整、全面的分析与阐述。

（二）表格式

表格式职业生涯规划书主要包括两部分，即表头和规划内容栏（参见表 4－4）。表头是规划人的基本信息，内容栏以呈现目标和实施要点为主，内容不是固定不变的，可以根据个人情况进行调整。这种规划书是不完整的，它只是相当于一份完整的职业生涯规划书的方案实施部分，它仅有最简单的目标、分段实现时间、职业生涯机会评估和发展策略等部分，适合日常使用。

表 4－4　职业生涯规划书

<table>
<tr><td>姓名</td><td></td><td>性别</td><td></td></tr>
<tr><td>年龄</td><td></td><td>学历</td><td></td></tr>
<tr><td>所学专业</td><td colspan="3"></td></tr>
<tr><td>职业选择</td><td></td><td>流动意向</td><td></td></tr>
<tr><td colspan="4">人生目标：
岗位目标：
职务（职称、技术等级）目标：
收入目标：
社会影响目标：

重大成果目标：
其他目标：
人生观简要文字说明：
实现人生目标的战略要点：</td></tr>
<tr><td colspan="4">长期目标：
岗位目标：
职务（职称、技术等级）目标：
收入目标：
社会影响目标：
重大成果目标：
其他目标：
人生观简要文字说明：
实现长期目标的战略要点：</td></tr>
</table>

续表

中期目标（通常在 2 年以上）： 岗位目标： 学习（成绩）目标： 能力目标： 资格目标： 就业目标： 实现中期目标的战略要点：
短期目标（通常为 1～2 年以上）： 岗位目标： 学习（成绩）目标： 能力目标： 资格目标： 短期内完成的主要任务及拟采取的措施： 可能出现的意外和应急措施： （年度目标及年度计划的细节通常另行安排，以保持生涯规划的相对稳定性和可保存性）
职业生涯规划人（签字）： 职业生涯规划日期：　　年　　月　　日

（三）档案式

档案式职业生涯规划书是由多个表格和文本式规划书组成的，它可以把职业生涯规划的制定过程真实而详细地记录下来，是一种具有史料性质的职业生涯规划书，主要包括曾经的职业理想、性格认识、兴趣探索、优势技能分析、价值观澄清、专业与职业关系分析、职业分析与职业体验、咨询与总结、生涯选择与职业决策、职业发展规划等内容。职业生涯规划档案的任何一部分都可以根据内容进行扩展，职业发展规划部分可以按学期制定。一份完整的职业生涯规划档案就是一个人成长的历程记录。

二、职业生涯规划书的基本内容

职业生涯规划书是对职业生涯规划的书面化呈现，不仅能呈现大学生的宏观职业生涯规划，还能对具体的学习和工作起到指导及鞭策作用。大学生职业生涯规划书的基本内容主要包括以下几项：

（1）扉页，包括题目、目录、姓名及基本情况介绍、年限、起止日期、电子邮件地址等。

（2）前言，包括对目的、目标的认识等。

（3）职业方向及总体目标。

（4）自我分析，对家庭因素、学校因素、自身条件及性格、潜力等的分析。

（5）社会环境分析，包括对政治环境、经济环境、法律环境、职业环境的分析。

（6）目标定位及目标的分解和组合，包括发展策略、发展路径。

（7）成功的标准。

（8）差距，即自身现实状况与要实现的目标之间的差距。

（9）缩小差距的方法及实施计划和方案。

（10）评估调整预测，包括评估的内容、评估的时间、规划调整的原则。

三、撰写职业生涯规划书的基本要求

（一）完整性

完整性要求职业生涯规划书涉及的资料翔实、步骤齐全。收集资料有多种途径，可以通过访谈、从报刊图书中摘抄、上网下载等方式，要尽可能注明资料的出处，并多运用图表数据来说明问题，以提高资料来源的可信度和说服力。

（二）全面性

论证有据，分析到位。要了解有关的测评理论及知识，认真审视并思考自己的测评报告，对照自我认识与测评结果的异同，分析与测评结果形成差距的原因，从而确定自我评估结果，达到“知己”；要分析自己所处的地理环境，包括居住的地方、喜欢的地方，收集亲朋的意见；明确自己最大的兴趣爱好、最喜欢与之共事的人的类型、最重视的价值与目标、最喜欢的工作条件，再通过目前环境评估（社会影响、家庭影响、学校因素、就业形势等）和当前社会环境分析（组织环境分析、技术的发展、经济的兴衰、政策法规的影响等）来确定自己的职业方向，做到说理有据、层层深入。

（三）逻辑性

言简意赅、结构紧凑、重点突出、逻辑严密。语言朴实简洁，用词精练准确，行文流畅，条理清楚，这是最基本的写作要求。撰写时还应密切注意整篇文章的结构和重心。职业生涯规划书一般包含对职业规划的认识、对自我的剖析、对所学专业的认识、对职业方向的探索，以及确定目标并制订计划这五个方面的内容。

在对这些内容进行分析阐述时，必须紧紧围绕职业目标这条主线来展开，从而体现文章论述的逻辑性和连贯性。要将重点放在自我评估、环境评估、目标实施上。职业生涯规划是对自己将来的规划，这个规划只有建立在对自我和职业的充分认识的基础上才能体现出它的科学性和可行性。

（四）可操作性

目标明确，合理适中。撰写职业生涯规划书应围绕论述的中心展开，职业生涯目标不能过于理想化，应“择己所爱”“择己所长”“择世所需”“择己所利”。职业生涯规划书撰写是否成功，在很大程度上取决于有无正确适当、切实可行的目标。

（五）匹配性

分解合理，组合科学，措施具体。目标分解、实现路径选择要有理论依据，而且备用路径之间要有内在联系性。目标组合要注意时间上的并进、连续，功能上的因果、互补作用，全方位的组合要涵盖职业生涯、家庭生活、个人事务等方面。

（六）创新性

职业生涯规划因人而异，具有明显的个人特性，但它的撰写又有一定的格式，所以在写作时，要求每一个人应该规划自己的内容，要求有创新性。

拓展阅读

李××的职业生涯规划书

一、前言

职业，指的是一个人所从事的以之取得主要经济来源的工作。一个人要想在社会上独立谋生，就要取得一份职业。在这个人才竞争激烈的时代，找到一份称心如意的工作不是一件容易的事情。必须对自己的职业生涯做出详细而合适的规划，才能在夺取职业制高点的战役中立于不败之地。

二、职业方向

导游、旅游计调、旅游顾问。

三、自我分析

1. 出生背景

我来自中国东南沿海的一个小城市。虽然家乡的经济不是很发达，但家里的条件在小县城里还算过得去，所以在小时候并没有吃过多少苦。

2. 性格与能力

本人性格活泼开朗，善于与人交流，业余爱好丰富，做事认真踏实、有始有终，并且具有一种不服输的精神。

此外，我虽然平时做事有些马虎，但在关键时刻绝不会掉链子。我喜欢帮助周围的人，不会过于计较得失，目光长远。

四、职业环境分析

我学的是旅游管理专业，该专业是随着我国旅游经济的发展、旅游产业的兴盛而建立的一个新型专业，其发展只有30多年的时间，但已成为工商管理学科体系中的一个重要专业，培养具有旅游管理专业知识，能在各级旅游行政管理部门、旅游企事业单位从事旅游管理工作的高级专门人才。

1. 就业方向

旅游管理专业的毕业生可从事旅游行政管理部门、旅行社、旅游景区、旅游咨询公司、旅游电子商务企业、旅游规划策划机构、主题公园的旅游经济管理和企业管理工作，也可以自主创业。

2. 就业前景

根据世界旅游组织的统计，目前旅游业已经成为世界最大的新兴产业之一，每年仍以两位数的速度在增长。据世界旅游理事会在WTO召开的世界大会上宣布，中国旅游就业是世界第一位的。根据世界旅游组织的研究结果，中国已成为世界第一大旅游目的地，年接待1亿多人次的入境旅游者，同时近年年出境人数均超过1亿人次。因此，我国对旅游管理人才需求有很大的缺口。

3. 职业要求

一般来讲，很多企业都对旅游管理人员提出了如下要求：

(1) 具有从事旅游服务的基本知识及职业道德，熟悉相关的法律法规；具有较强的服务意识，礼貌待客，诚实守信，吃苦耐劳。

(2) 了解旅游服务部门主要岗位的服务流程及用语，能提供恰当的接待服务。

(3) 具备主要岗位的服务技能，具有较强的应变能力；具有在服务岗位使用外语与客人交流、沟通的能力。

(4) 具备使用、维护及保养常用设施设备的知识与能力，能较熟练地利用计算机网络技术进行业务沟通和规范服务。

(5) 具有团队合作意识，能够协调人际关系；具有继续学习、应用新技术和适应职业变化的能力；具有自我创新、勇于创业的能力。

五、未来3年的计划

根据我自己的性格特点和旅游管理职位的要求，对于未来的3年，我给自己制订了如下计划。

1. 培养就业能力

学好专业课程，选修诸如沟通技巧、演讲与口才之类的课程，适度参加一些社团活动，以使自己既具备扎实的专业知识，又强化语言表达能力和沟通能力。

2. 考取必要的证书

(1) 通过大学英语四、六级考试和计算机一、二级考试，这是未来求职必备的“硬件”。

(2) 考取导游证。这个证书对于我们专业来说很重要，它是我们找工作时的重要筹码。

3. 去企业实习

在企业能学到学校和课本里不能学到的知识，也可以帮助自己在毕业后快速融入社会。

实践活动

寻找人生目标——“六步游戏”

活动目的：

明确自身的人生目标，为职业生涯规划确定方向。

活动内容：

以下是学者经过反复探讨而得到的一个寻找人生目标的方法，称为“六步游戏”。现在就让我们通过“六步游戏”来找到自己的人生目标。

游戏道具：4～5 张小纸片。

环境要求：安静舒适。

情绪状态：精神饱满，情绪激昂，思维活跃。

注意：在考虑目标时应尽量全面，避免仅从一个方面考虑（如仅考虑事业）。

第一步，寻找终生目标。

拿出一张纸片，写下第一个问题：我的终生目标是什么？然后用 2 分钟写下答案，要遵从自己内心的想法，想的是什么就写下什么。再花 2 分钟进行必要的修改。

如果你无法直接确立人生目标，可以回想一下你童年、少年时的梦想，或者那些令你最开心的事，以此作为启发，再写下你的答案。

第二步，思考如何度过今后三年。

请在第二张纸片上写下第二个问题：“我该怎样度过今后三年?”用 2 分钟尽快写下答案，再用 2 分钟补充忽视的项目，所写的内容要比第一张纸片上的具体。这里的具体是指所做的工作要具体。例如，第一张纸片上你写了要过幸福的生活，那么在这张纸片上你就要将它分解为较具体、细致的目标。

第三步，半年内最重要的事。

在第三张纸片上写下第三个问题：“我在这半年内应该做哪些事？哪些事对我最重要?”这张纸片所罗列的内容，应该比第二张纸片上的更具体、细致、全面，是自己需要也是能够立刻做的。

第四步，浏览前三步。

浏览一下前三步的答案，你应该发现，第二步的答案就是第一步答案的延伸，第三步的答案是前两步答案的继续。如果你的前三步答案不具备这种逻辑，就需要重新做，务必使答案符合事物的发展逻辑。

第五步，目标分类。

请把三张纸片都拿起来，对上面的目标进行归类，如分为事业目标、爱好特长目标、婚恋目标、社会友情目标、身心素质目标、读书目标等。

第六步，确立不同时期的目标。

请按类别关系，将三张纸片上的目标按同类关系及同性质关系连成一条线，这样就形成了你的短期、中期、长期目标。然后，结合个人情况，根据短期目标制订切实可行的月计划、周计划、日计划。下一级计划的制订都应该是服务于上一级计划的。例如，制订周计划是为了完成月计划，制订日计划是为了完成周计划。当短期目标实现后，再向下一个目标前进。

活动检测：

活动结束后，教师可根据表 4－5 进行评分。

表 4－5　实践活动评价表

评分标准	分值	实际得分	备注
严格按照步骤完成活动	25		
所列目标符合自身实际情况	25		
所订计划符合实际，并能够完成计划	25		
积极参与活动	25		
总分	100		

项目五

做好就业准备
——直面就业挑战

项目概述

求职是一项系统工程，在人力资源供过于求的市场背景下，竞争变得尤为激烈。面对复杂的求职环境，毕业生必须根据自己的实际情况和市场需求，在充分做好信息准备、心理准备、资料准备的同时，熟练掌握相关求职技巧，才能使自己在整个求职过程中得心应手、游刃有余。

学习目标

1. 结合大学生自身的专业特点、职位目标准备相应的求职材料。
2. 掌握准备求职材料的原则及注意事项。
3. 掌握笔试的方法与技巧。
4. 了解面试的种类及基本内容，掌握面试中“说”“答”“问”“礼”的技巧。

案例导读

高薪物流配送招聘骗局

今年年初，耿同学在某大型信息交流网站上看到一则招聘信息。招聘信息显示：市内物流配送，待遇是 3 000 元至 5 000 元；全国物流配送，待遇是 5 000 元至 8 000 元。

耿同学前往面试。面试是在××物流园区的一个小房间内进行的。房间内摆着一张办公桌，桌子上放着两台电脑，桌子后边坐着三个人。在简单了解他的情况后，对方说，他们单位收发货员的待遇很高，包括餐补、电话补贴、奖金，全部算下来 1 个月能挣七八千元。入职后有 1 个月的试用期，并要先去北京参加一个消防方面的培训。

在签订了一个内容、条款并不明晰的合同后，耿同学被要求先交 600 元押金。犹豫再三，求职心切的耿同学还是交了 600 元押金。次日，耿同学到了北京招聘单位指定的培训地点，接待耿同学的人收走了他的身份证并索要了100元押金，然后告知耿同学要培训20天。“在北京的20天里，我并没有接受消防培训，就是让我在那里当保安。20天后，那人就让我回原单位。”回到原单位，耿同学就去了××物流园区，结果发现招聘单位已人去楼空。

近年来，网络招聘行业步入高速发展期。巨大的网络空间为求职者提供了海量的信息和便捷的机会，也为欺诈提供了温床，如职位信息与实际不符、个人信息泄露，甚至存在传销陷阱。如今，网络招聘骗局正从低级诈骗发展到职业诈骗，诈骗的“套路”不断翻新。他们有的通过培训、兼职陷阱敛财，有的骗取个人信息倒卖获利，有的借招聘之名窃取劳动成果，有的让应聘者点击植入病毒的木马链接盗刷应聘者的银行卡或支付宝……在巨大的利益驱使下，一些网络招聘已经形成欺诈产业链，对普通求职者来说，有些防不胜防之感。同学们一定要提高警惕，防止上当。

任务一　就业信息的搜集与处理

一、就业信息的搜集

就业信息是指就业者通过各种途径和方法获得的，经过加工、分析、判断和筛选之后，提取的对自身选择职业或职位有价值的、可利用的就业方面的消息和情况。

就业信息对于大学生求职择业有着非常重要的作用，大学生应及时掌握与就业有关的信息。就业信息越广泛，择业的视野越宽阔；就业信息质量越高，择业的把握性就越大。

（一）就业信息搜集的原则

1. 精准性原则

由于社会生产力迅速发展，人才流动频繁，用人更新速度变快，社会上在同一时间存在来自四面八方的形形色色的用人信息，让求职者难辨真假。所以，大学生在搜集信息时，应多观察、勤思考，以确保所获得的就业信息的准确性和真实性。对于一些自己不太了解的就业信息，要及时与用人单位联系或请教别人，搞清用工意图，以免上当受骗。

2. 时效性原则

时效性是信息的重要特性之一，即信息只有在规定的时间内才有效。而就业信息的时效性则更强，在就业信息发布的有效期限内，如果招聘单位完成了招聘计划，已经与求职者达成协议，那么就业信息自然就失效了。因此，毕业生应及早对就业信息做出应有的反应，避免重要的求职信息成为“明日黄花”，错失良机。

3. 针对性原则

随着人才市场的发展，就业信息日益丰富，如果在搜集信息时不注意适用性，那么就可能在众多的就业信息中把握不住方向，从而捕捉不到真实的、有价值的信息。这就要求毕业生在搜集就业信息时，必须充分结合本校特色、本专业特点有针对性地选择就业信息，减少求职的盲目性。

课堂活动

某学生在人才市场上看到如下招聘广告：某药厂仓库招聘管理员，主要职责是分类检查库存物品，单位提供入职培训，有工作经验者优先。请结合该招聘广告，分析这项工作对求职者的要求。

（二）就业信息搜集的途径

就业信息多种多样，搜集的渠道也各有不同。总体上说，目前大学生可以通过以下途径获取相关的就业信息。

1. 学校毕业生就业指导中心

学校的就业信息主要来源于直接到学校招聘毕业生的用人单位及各人才招聘机构。就目前状况来看，大学生从学校得到的就业信息数量大、可信度高，其针对性、准确性均较强，是毕业生获得就业信息的主要渠道，毕业生对其应高度重视。

2. 各种毕业生供需见面会和人才招聘会

每年 11 月后，各地方、学校或用人单位举办的规模不等、形式多样、定期与不定期的招聘会，具有时间集中、信息量大、针对性强等特点，是大学生了解就业信息、成功择业的难得机会。

3. 各级政府主管部门和就业指导机构

为了指导毕业生就业，各级政府都成立了大学毕业生就业指导机构。这些机构的主要职责是定期搜集所在地各单位的需求信息，经过整理，通过多种渠道发布出去，并为大学生提供各种咨询和服务。例如，各地成立的职业指导中心、大学生就业指导中心、人才交流中心等。

4. 社会传播媒介

目前，大学生就业成为社会关注的热点。许多新闻媒体如报刊、电视、广播等时常发布就业政策、行业现状、人才需求、职业发展前景等方面的内容，这些都是获取就业信息的渠道，广大毕业生应注意定期搜集。

5. 社会关系

在搜集信息时，社会关系是一个不容忽视的途径。一般来说，社会关系包括家庭和亲戚；同学、朋友及邻居；以前或现在的老师；校友；其他求职者。他们分布在社会的各个领域，通过他们了解社会需求信息，针对性更强，而且比较准确、直接。

6. 互联网

网络作为开放式的信息平台，具有信息量大、速度快、对象广、查看方便等优势，受到大学生的青睐。它实现了跨越时空界限、打破单向流动的传统人才交流格局，为大学生就业提供了便利的条件。

微课：互联网求职信息搜集时的注意事项

课堂活动

你认为通过哪些渠道获得的就业信息可信度和求职成功率更高？请进行分析、讨论，并列一份表格清单，注明信息渠道、可信度和成功率高低及理由。

拓展阅读

就业信息的要素

一般来说，一则质量较高、较完整的就业信息应包含以下8个要素。

(1) 用人单位的名称。用人单位的名称往往包含着所属的行业、业务范围、所在地区、企业级别、所有制形式等，如“珠海市梅溪牌坊旅游有限公司”“广州市新华人寿保险公司天河直属支公司”等。

(2) 用人单位的主管部门及其发展趋势。随着改革的发展，某些事业编制单位也可能成为私有企业，其主管部门也会相应变化，一般主管部门不同，劳动人事管理办法也可能存在区别，而且工资、福利、医疗、养老、住房等待遇也有区别。

(3) 用人单位所属行业及其发展趋势。毕生生供职于不同行业，职业生涯发展也各不相同。

(4) 意向的职业岗位在用人单位中的地位和作用。如保险公司的业务员、内训人员、精算师、会计、出纳、保安、司机等多种岗位，都有特定的地位和作用。

(5) 用人单位及意向岗位的工作环境和福利待遇。工作环境包括人际关系、工作时间（有无夜班等）、户外还是室内，以及工作场所的温度、湿度、噪声等。福利待遇包括工资、奖金、五险一金（五险：基本养老保险、基本医疗保险、失业保险、工伤保险、生育保险，一金：住房公积金）等，有无入职培训，有无进修和晋升机会等。

(6) 用人单位的地理位置和发展前景。地理位置不仅关系到求职者就业后每天上下班的距离，还关系到一个单位的发展前景，交通不便、位置偏僻是发展的不利因素。另外，用人单位的固定资产、流动资金、科技含量、人才构成等因素，也与发展前景密切相关。

(7) 用人单位对求职者的具体要求，如学历、专业、性别、身高、相貌、体力、户口，以及职业资格、技术等级方面的要求。有些用人单位还对心理素质、能否经常出差等方面有特殊要求。

(8) 招聘人数和报名办法。用人单位本次招聘哪些岗位的从业者，每个岗位招聘的人数，报名的时间、地点、方式，应准备的证书和材料，如身份证、户口本、学历证书、职业资格证书、简历和有关证明等。

二、就业信息的处理

大学生在择业过程中获取的信息数量很多，这就要求大学生要根据自己的实际需要对搜集到的信息进行处理，去伪存真、去粗取精，提高就业信息的针对性和时效性，以便更好地为自己的择业服务。

（一）科学地掌握就业信息

大学生在择业过程中需要掌握的就业信息很多，不仅包括用人单位的需求信息，还包括经济社会发展情况、就业政策、行业动态等。毕业生可通过对就业信息的分类、加工、整理，把握社会各方面的发展动态，并据此分析当前的就业形势，清晰认识各行各业、各层次人才的需求情况，以便及时调整个人在择业中的预期目标，选定自己最需要的就业信息。

（二）准确地鉴别就业信息

大学生获取就业信息的渠道多种多样，获得的信息真伪难辨，因此要确定其真实可靠的程度。除了自己亲身实践获得的就业信息外，其他就业信息原则上都需要进一步甄别。现在有些招聘者利用大学生求职迫切的心理，发出带有引诱性、欺骗性的信息。这就需要我们提高警惕，分析和鉴别其真伪，确保就业信息真实可靠。具体可通过一切可能的知情人，从不同角度辨别疑点，尽可能掌握更多的情况，避免人云亦云，轻信盲从。

（三）有针对性地筛选就业信息

面对大量的用人信息，大学生不可能也没有必要逐一落实。比较实际的做法是根据个人对职业评价、职业兴趣的思考，把符合个人发展方向的用人信息按重要性、紧迫性综合排序，然后分层次、有重点地了解。

（四）合理地利用就业信息

就业信息的利用是指毕业生在对就业信息进行整理后，依据信息进行择业的过程。

(1) 尽快与用人单位取得联系，以免在自己犹豫不决时错失良机。因为，信息是具有时效性的，错过了这个时机就等于错过了这个机会。

(2) 根据就业信息的要求及时调整自己的知识、技能结构，提高自己的工作能力，弥补原来的不足。如发现自己某方面的知识不足，就主动去学习，或发现自己欠缺某方面的技能，就赶快参加必要的训练，主动学习和掌握相应的技能，以便以后走向工作岗位后能够更快地适应工作要求。

（3）及时输出对他人有用的信息。有些信息对自己不一定有用，可是对他人却十分有用，遇到这种情况，千万不要抓住这些信息不放手，而要主动输出，这不仅是对他人的帮助，而且也帮你减少了一个竞争者。同时，这样做还增加了与他人交流信息、增进友谊的机会。

案例分享

因犹豫而错过的就业良机

某高校汽车运用与维修技术专业的毕业生王某参加了学校举办的毕业生招聘会。山西大同市一家效益不错的汽修企业认为他的条件不错，想与他签订就业协议，并且表示他到单位后会有很好的发展前景。虽然王某也愿意到该单位去，但觉得单位的工作地点不尽如人意，于是他就去找就业指导中心的老师咨询。老师们一致认为该单位整体情况不错，应抓紧时间尽快决定。

可能是这种机会来得太容易了，王某做出了不去该单位的决定。对此，学校老师和该单位的招聘人员都觉得遗憾和惋惜。但仅仅过了三天，王某思想上发生了变化，又想去该单位工作，这时招聘人员已经离开学校了。后经联系，单位表示现在该岗位的招聘计划已经完成，不能接收他了。

任务二　求职材料的准备

一、写好求职信

求职信又称自荐信，是求职者向用人单位或者有关领导推荐和介绍自己的正式书面材料。尽管一封求职信并不一定能保证你得到理想的工作，但它可能使你引起对方重视而获得面试机会。求职信带有一定私人信件的性质，应有一定的感情色彩，行文要简明流畅，晓之以理，动之以情，既有说服力，又有感染力，使人相信你的资格、能力和人品。因此，求职信又被称为开启用人单位面试之门的“金钥匙”，是大学生实现顺利就业的“敲门砖”。

（一）求职信的内容

开头：包括称呼和引言，称呼要恰当，引言要介绍你为什么要应聘这个单位，其主要作用是尽量引起对方的兴趣看完你的材料，并自然进入主体部分。

主体：简明扼要地概述自己，突出自己的特点，努力使自己的描述与所聘职位要求一致，切勿夸大其词或不着边际。简历中的具体内容不应在求职信中重复。

结尾：要把你想得到应聘职位的迫切心情表达出来，恳请用人单位尽快答复并给予面试机会，语气要热情、诚恳、有礼貌。

（二）求职信的撰写

1. 求职信的格式与内容

求职信一般应包括称谓、正文、祝颂语、署名、日期和附件。

（1）称谓：信的开头要有恰如其分的称呼和问候语，开头第一行顶格写。在给单位的信件中，应用“尊敬的先生”或“尊敬的公司领导”等称呼语。寄给单位某个领导的信件，则应写明收信人的职务（职称）和姓名，如“尊敬的王经理”。给个人的信要另起一行空两格写上“您好”等问候语，给单位的可免写此项。

（2）正文：求职信的正文内容较多，为便于阅读应分段写。

1）开头部分。介绍求职者的情况，如姓名、性别、年龄、籍贯、学历、政治面貌等，可视实际情况增删。如果是主动发信，此处可写收信单位的卓尔不群吸引着你前来求职；如果是针对招聘广告而写，则可写一下获取信息的途径。例如：“我叫×××，22 岁，××大学营销专业 2023 届高职毕业生。阅读招聘广告得知贵公司欲聘一名营销人员，不胜喜悦，以自己的水平和能力，特不揣冒昧毛遂自荐，申请这一职位。”

2）主体部分。这一部分要着重介绍自己的有利条件，突出优势，充分展示自己的才华，“推销”自己的能力，力求在众多的竞争对手中脱颖而出。主要包括专业知识、技能和特长，工作态度和品质，实际工作经验和成绩等。

（3）祝颂语。正文结束后，出于礼貌要写上祝愿的话，如“即颂”“敬颂”等。不同的节日和季节可用不同的祝颂语，如“即颂夏安”等；也可用“此致（缩进两格）敬礼（顶格写）”，注意这些祝颂语之后都不加标点符号。

（4）署名。署名写在信的右下方。可在署名后面写上“敬上”“谨上”或“上”，并且尽量亲笔签名。

（5）日期。在署名下面偏右的地方写上年、月、日。

（6）附件。有说服力的附件主要包括成绩表、个人简历、荣誉证书等的复印件及推荐信等。

2. 撰写求职信应遵循的原则

写求职信看起来并不难，但要写得出色却并不容易，很多毕业生也常犯这样那样的错误，针对毕业生求职信的撰写问题，要注意和坚持以下几项原则。

（1）态度真诚，摆正位置。写求职信时，首先应该想着公司要我来干什么，或者换句话说，不应该写自己需要什么、获得该职位对自己有什么好处等，而应该写自己能为公司做些什么。有了这样的态度，才能摆正位置。另外，在写求职信时，要诚恳礼貌，切忌自吹自擂，炫耀浮夸。当然胆小怯懦、缺乏自信也是不可取的。

（2）朴实诚恳，以情动人。求职信中，既要有客观内容，比如，对自己大学期间的知识能力水平的描述；也要有主观情感，比如，对工作机会的渴望、对用人单位的感谢等。客观部分应真实坦诚，优点不羞谈，缺点不掩饰，不夸夸其谈，不自我卖弄，朴实无华，真诚可信，只有“诚”才能取信于人，得到用人单位的重视。主观部分则要言出由衷，以情动人。这就体现在求职信的“求”字上，不能是哀求，表露出自己的不自信；也不能是“强求”，好像非要去他们单位不可。求得艺术、求得不露痕迹，既让用人单位感受到你的诚恳和期望，又让用人单位对你产生想见上一面的想法，这样你的求职信才算是成功的。

（3）传递有效信息，言简意赅。求职信要向用人单位传递有效精练的信息，尽量避免在投寄求职信阶段就遭到拒绝，而求职信文字的整洁美观很容易引起用人单位对求职者的好感，相反，如果字迹潦草，龙飞凤舞，则会给用人单位留下不好的印象。建议书写能力不好的毕业生采用电脑打印稿，但不管是手写还是打印，都应注意言简意赅。一般而言，求职信以 A4 的纸张一页为宜，如果确实有更多内容，则不宜超过两页，或者作为附件，或者面谈时再说。求职信不能太短，太短则显得没诚意，也说不清问题，自然难以引起注意；太长不但会浪费阅读者的时间，也会引起反感。所以在写求职信时应先打草稿，反复推敲：意思是否清楚，用词是否得当，内容是否完整，表述是否简练等。

3. 撰写求职信应注意的事项

成功的求职信应该让你的读者有看下去的兴趣和愿望，有给你提供面试机会的想法，从而打开求职的大门。要写好一封令人满意的求职信，要注意以下事项。

（1）求职信要短，但一定要引人入胜，记住你只有几秒钟吸引你的读者继续看下去。在求职信中要重点突出你的背景材料中与未来雇主最有关系的内容。通常招聘人员对与其企业有关的信息是最敏感的，所以你要把你与企业和职位之间最重要的信息表达清楚。

（2）言简意赅，切忌面面俱到。求职信的作用只是为你争取一个参加面试的机会，不要以为仅凭一封求职信就可以找到一份满意的工作，而且这种错误的心态会使你写的求职信显得啰唆。招聘人员工作量很大，时间宝贵，求职信过长会使其效度大大降低。哈佛人力资源研究所的一份测试报告的数据也证明了这一点：一封求职信如果内容超过 400 个单词，则其效度只有 25%，即阅读者只会对其中 1/4 的内容留下印象。

（3）不宜有文字上的错误。一份好的求职信不仅能体现你清晰的思路和良好的表达能力，还能考查出你的性格特征和职业化程度。所以一定要注意措辞和语言，写完之后要通读几篇，精雕细琢，切忌有错字、别字、病句及文理欠通顺的现象。否则，就可能使求职信“黯然无光”或带来负面影响。

(4) 适度表现。从求职信中看到的不只是一个人的经历，还有品格。谦虚是一种美德，一个谦虚的人，可以使对方产生好感。但对于求职者来说，过分的谦虚，同样会使人觉得你什么也不行。谦虚不是自我否定，而是实事求是、恰如其分地表现自己。所以，写求职信应遵循“适度表现”的原则。

(5) 在求职信正式发送之前，给身边的人看一下。这也是求职信撰写中的一个重要技巧，目的是避免产生歧义，让求职信更好地传达出你所要表达的信息。

课堂活动

请将大家撰写的求职信进行集中展示，评一评，看谁撰写的求职信有特色、有亮点。求职信是针对对口企业、对口岗位撰写的，并符合要求。

二、求职简历的制作

简历就是概括介绍毕业生个人基本情况，并对个人的技能、成就、经验、教育程度、求职意向做出一个简单的总结，是求职材料中最为重要的部分，是求职者全面素质和能力体现的缩影，同时也是对求职者能力、经历、技能等的简要总结。它的主要任务就是争取让对方和求职者联系，得到面试的机会。一份简历好比是产品的广告或说明书，既要在短短几页纸中把求职者的形象和其他竞争者区分开，又要切实把求职者的价值令人信服地表现出来。

（一）简历的形式

1. 完全表格式简历

完全表格式简历综述了多种资料，易于阅读，通常适用于年轻、缺乏工作经验的求职者。求职者可简单列出所学课程、课外活动、业余爱好和临时工作等资料，因为他们较浅的资历很少需要分析和说明。

2. 半文章式简历

半文章式简历使用较少的资料表格设计，表格的数量和文字记载的长度可以变化，以体现求职者的长处，这种简历通常适用于经验丰富的求职者。

3. 小册子式简历

小册子式简历是一种多页的、半文章式的活页格式简历。这种简历可以有 4 页、8 页，甚至 20 页。它的主要优点有两个：一是提供了一种可表述更多资料的便利工具；二是其封面上容纳了一份专门设计的求职信。但小册子式简历需要很多专门的技能去撰写、设计，因此一般用得不多。

4. 提要式（节略式）简历

提要式（节略式）简历是一种摘要的摘要，它是对一份较长简历的摘编。经历很丰富的求职者会先写一份完整的简历（如 2～3 页）来概括他的资历，然后从完整的简历中摘出他资历的要点，这种简历便成了他用得较多的简历，而详细的简历只有在招聘者要求时才提交出去。

5. 按年月顺序（时间顺序）式简历

按年月顺序（时间顺序）式简历通过按时间顺序排列资料及突出日期来强调时间。时间顺序通常是与中国人的习惯倒过来的，即从最近的时间开始往前推，如在工作经历一栏下，按时间顺序的简历从最近的工作开始，然后是最近工作的前面一份工作，再次是再前面的工作；在教育一栏下，按时间顺序式的简历也是如此，倒序排列。这种简历可以是完全表格式简历，或是半文章式简历，也可以是创造式简历。

6. 功能式简历

功能式简历只强调工作的种类（功能），而不含有任何特别的时间顺序。功能式简历的主要优点是能突出实际成就，缺点是招聘者不得不排出他们自己推算的时间顺序。如果严格的时间顺序对你不利，你便可使用功能式简历；如果你的职业进展已经有了进步，并且你想找的工作和你最近的工作一样，则可采用按年月顺序（时间顺序）式简历。

7. 创造式简历

艺术界、广告界、宣传界和其他创造性领域的求职者在准备简历时往往会打破标准的简历形式，而采用创造式简历。创造式简历必须运用想象力，但也必须向招聘者提供他们需要的内容。它多适用于创造性行业，一般要避免用于银行业、交通运输业和制造业等。

（二）简历的基本要素

1. 个人基本情况

个人基本情况包括求职者的姓名、性别、民族、照片、身高、家庭住址、政治面貌、特长、联系方式等，其中联系方式尤为重要。

2. 教育背景

教育背景包括求职者的毕业院校、所学专业、学历、学位、所学的主要课程等。其中专业和课程尤为重要，在罗列所学课程时，要考虑申请职位所需。

3. 求职意向及工作目标

求职意向主要包括求职者所希望的工作岗位、薪资、地域等。工作目标即求职者需要选择一个特定的工作目标，彰显自己的职业规划和能力，切不可模糊隐晦，让用人单位猜测。

4. 工作经历

工作经历是简历的核心部分，在描述你的工作经历时，要写明从事过的工作，列明你在公司的职责，注意突出重点，职责描述之后应该紧跟工作业绩。简历中尽量提供能够证明自己工作业绩的量化数据，如拓展了多少个新的市场客户，年销售业绩达到多少万元，每年完成了多少项目等。不管你负责什么工作，只有在你描述了做得怎样之后才会有意义。可以问问自己：需要我做的是什么，我是怎么做的，做得怎么样，我体现了什么价值。

5. 知识和技能

知识和技能部分主要是体现求职者的知识结构和技能，如英语水平、计算机水平、普通话水平等。求职者需要获得相应的资格证书。

6. 所获荣誉

所获荣誉部分主要是求职者在大学期间以及工作中所获得的荣誉，如奖学金、三好学生、优秀干部、先进个人以及参加活动所获得的奖项、证书等。

7. 自我评价

自我评价主要是总结自己的个性品质、学习能力、沟通能力、解决问题的能力等。在这一部分，求职者切忌夸夸其谈，要客观务实，选择自己与职位需求相匹配的能力来写，突出重点。

8. 证明文件

证明文件是客观评价的有效证据。求职者可以为简历中某一段经历提供证据，尤其可以把某种奖励或证明附在简历的总结段落，或者也可以在谈及你担任某些重要职务或取得某些重要成就时把证明摆出来。

9. 其他

有些企业因独特的企业文化和工作要求，会关注求职者的婚姻状况等，因此简历中应根据需要补充招聘企业所关注的要素。

（三）简历撰写的原则

1. 简短

简历不要太长，一般应届毕业生的个人简历有一页 A4 纸即可。据调查，用人单位花在每份简历上的平均时间不到 1.5 分钟，要想在这短短的 90 秒内迅速抓住招聘者的眼球，简历不做到短小精悍是不行的。

2. 清晰

简历应一目了然，确保简历的阅读者一眼就能看到他们需要的信息；要使用简单、易懂的语言，而不要用一些晦涩难懂的语言；尽量不使用缩略语或学生中流行的时髦词汇；若打印，应选择合适的字体和字号。

3. 准确

简历中的错别字很显眼，并且会直接影响阅读者对应聘者的印象。通过一份简历能看出一个人的语言文字功底和修养，而招聘人员考查应聘者的文字能力、细心程度等就是从简历开始的，因此，表达清楚、准确、规范，是简历语言的基本要求。

4. 整洁

整洁的简历能使阅读者在看到内容之前就对你产生好感，这样才能使其产生阅读的兴趣，因此，简历最好用打印机打印，并注意保持简历的干净整洁。

5. 真实

撰写简历时既不要夸张（自负），也不要消极地评价自己（过分谦虚），更不能编造。简历一定要用心设计，有些简历一看就知道是抄袭他人的，有些甚至是明显的张冠李戴。

案例分享

小王身高 171 厘米，但是他听说很多单位招聘时对身高有要求，于是他在简历的“身高”一栏填了“175 厘米”。参加招聘时，为了使自己的身高与简历上的信息一致，小王特意穿了增高鞋，因此招聘会上的主管人员并未发现异常。由于小王的其他条件都符合单位的用人要求，招聘人员对小王很满意，小王很快就收到了面试通知。

等小王到公司面试时，公司的第一个面试项目就是测量净身高，于是小王弄虚作假的事情就暴露了。考虑到小王的诚信问题，该公司最终淘汰了小王。

由此可见，在制作简历时，同学们一定要实事求是，做到诚信真实，切忌弄虚作假。

（四）简历中常见的问题

1. 缺乏针对性

一份标准模板下做出来的简历应用于多种行业、多个职位的求职。没有针对性，你自然无法吸引招聘者的眼球。

2. 存在明显错误

在简历中出现错别字、语法错误、逻辑错误、常识错误等都会影响求职。

3. 条理不清

简历布局不合理，结构层次混乱，表述重复，会增加阅读与理解上的困难。

4. 太过简单

有些人的求职简历相当简单，工作经历只写到年，工作情况只写岗位名称，教育情况只写大专或本科，让人看到后能了解的信息十分有限，那么也不会再进一步考虑了。

5. 内容不完整

有些人的求职简历内容不够完整，如工作经验中，有一两年的经验是空白的，这种情况会让人产生怀疑。

6. 照片不合适

有的人在简历上选择的照片过于花哨，有的人的照片则是大头贴，还有的人则选择情侣照，这些照片都是不合时宜的。简历中的照片应该避免艺术照和生活照，选择正装照。

（五）如何制作一份完美的简历

1. 针对性强

企业对不同岗位的职业技能与素质需求各不相同，因此建议在制作简历时最好能先确定求职方向，然后根据招聘企业的特点及职位要求量身定制，从而制作出一份针对性较强的简历。

2. 言简意赅

一个岗位可能会有数十个甚至上百个应聘者投简历，导致招聘者查看简历的时间相当有限。因此建议求职者的简历要言简意赅，大多数岗位简历的篇幅最好不超过两页，尽量写成一页（技术类岗位可写 2～3 页）。

3. 突出重点，强化优势

一是目标要突出，如果简历中没有明确目标岗位，则有可能直接被淘汰；二是突出与目标岗位相关的个人优势，包括职业技能与素质、工作经历，尽量量化工作成果，用数字和案例说话。

4. 格式方便阅读

网络上提供的各种简历模板只能起到参考作用，毕竟每个人的情况不一样，那些模板未必适合你，因此，求职者应避免完全照搬网络上提供的简历模板，而是应该根据自身的情况进行合理设计。一般而言，一份简历只要包含个人基本信息、求职意向、职业技能与素质、工作经历四大部分即可，其他内容个人可视具体情况添加。

5. 逻辑清晰，层次分明

要注意语言表达技巧，描述要严密，上下内容的衔接要合理，教育及工作经历可采用倒叙的表达方式，重点部分可放在简历最前面。

6. 客观真实

诚信是做人之根本，事业之根基。一个不讲诚信的人，很难在社会上立足。同理，如果你在简历中弄虚作假，将会失去更多机会。即使你能侥幸获得面试机会，但有经验的招聘者在面试过程中一般可以看穿，只要被发现有一处作假，就会觉得你处处作假，从而将你淘汰。因此，求职者在写简历时一定要做到客观真实，具体可根据自身的情况结合求职意向进行纵深挖掘、合理优化，而非夸大其词、弄虚作假。

（六）简历投递方式

选择何种方式投递简历，对于高校毕业生来说有着十分重要的意义。一般来说，有以下几种常见的简历投递方式。

1. 电子邮件投递

这是目前绝大多数企业采用的简历接收方式。因此，求职者使用较多，但命中率较低，需要掌握一定的技巧。

（1）邮箱的选择。可选择稳定性、可靠性高的公共邮箱，如网易的163、126邮箱或新浪邮箱等。设置签名档，建议包含个人姓名、学校及联系方式，格式统一。

（2）邮件的标题。最好在标题中写上自己的名字与应聘的职位，这样便于招聘者审核你的简历。

（3）邮件正文内容。无论是用正文还是附件发送简历，都应在正文中贴上简短的求职信，一定不能在邮件正文中留空或者只是注明“附件是我的简历”等。关于用电子邮件发送简历时是采用正文发送还是附件发送，可视具体情况灵活处理。

2. 现场投递

在参加宣讲会、现场招聘时投递简历获得面试的概率较大。参加现场接收简历的宣讲会、招聘会应准备记事本和笔，记录简历的现场投递情况。

3. 网申

这是当前最常用的简历投递方式，很多知名企业会选择这种方式进行校园招聘。应聘者通过招聘方指定的招聘网站或者官方网站来投递简历，招聘方通过设定特定的在线问题、筛选标准筛选简历。在国内外校园招聘领域中，有很多专业招聘网站为企业提供网申系统，例如国内的前程无忧、中华英才网、智联招聘、Boss直聘网、应届生求职网等。

4. 其他方式

这主要是指招聘单位要求应聘者现场递交简历并报名参加考核的方式，发布此类招聘信息的多为事业单位、医疗机构、政府机关等。

课堂活动

根据你的职业生涯规划在招聘网站上找一个招聘职位，针对该职位撰写一份简历和求职信，并投递到老师指定的邮箱。

三、其他材料的准备

除了求职信和求职简历外，毕业生还应提前准备以下材料。

（一）毕业生就业推荐表

毕业生就业推荐表由学校每年为应届毕业生择业而专门设计，是学校对毕业生在校期间情况的反映，供毕业生求职时使用。学校就业指导中心印制下发、毕业生填写后由教务部门对其学业成绩鉴定签章、学工部门对其在校综合表现审核签章后生效。

就业推荐表是向用人单位推荐毕业生唯一正式的校方推荐材料，也是被用人单位认可的学校正式推荐材料，具有不可替代的权威性。用人单位在与毕业生正式签约前，一般都要求毕业生提交就业推荐表原件。

毕业生就业推荐表的填写要求如下：

（1）严格按照推荐表要求填写相关项目，不要漏填，所填内容务必详细、准确、真实；务必用黑色签字笔填写，不要用彩色笔、圆珠笔填写，勿打印。

（2）使用统一、规范、标准的学校和专业等名称的全称，避免使用简写称谓。

（3）“自我鉴定”为本人对自己在大学学习期间的思想、学习、工作、生活等方面的表现作综合自我评价，请认真填写，要求书写工整、内容完整，最后亲笔签上本人名字。

（4）“本人求职意愿”由学生本人根据自己的实际求职情况填写。

（5）推荐表最后一项内容“成绩单”由教务处出具。

（6）院系推荐意见由各院系负责人认真详细填写，加盖本院系公章。

（7）在院系加盖公章后，以班或院系为单位到学生处就业指导中心加盖“同意推荐”章及学校公章。

（二）成绩单

多数用人单位在毕业生应聘时，会向毕业生索取其在校期间的成绩单，所以毕业生应当提前准备。毕业生打印成绩单后，应以班级为单位到所在院系办公室由工作人员进行信息审核，然后加盖学院公章；并在教务部门加盖学生成绩专用章。毕业生在应聘时提供成绩单复印件，在正式签约时，将原件交予签约单位。

（三）证书及证明

毕业生在求职过程中，应整理和出具在校期间所获得的各类获奖证书、资格证书，开具参与的科研项目证明材料，并随身携带这些材料，以备用人单位随时查验。

（四）作品集

作品集是毕业生在校期间学习成果的一种直观展示，不同学科类别的学生，其作品集的表现形式是不一样的。

1. 美术、设计类专业

这些专业的毕业生可以将自己的绘画作品、设计作品等进行拍照和缩印，装订成册，并在作品下方予以简要的说明和介绍。如有必要，可以采用彩色印刷，以保证作品的视觉效果。

2. 工学、理学、农学类专业

这些专业的毕业生可以将自己参加的各类工程、设计类项目以“图片＋设计说明书”

的形式加以展现。若参与的项目较多，可单独装订成册；若较少，可附在简历之后。

3. 经管、艺术、法律、医卫类专业

这些专业的毕业生由于专业水平的表现形式更多地集中于实习实践过程中，所以作品集可以“图片＋说明＋图表”的形式体现。其中，图片与说明要表述的是经历、水平及意义；而图表则更多地用在业绩的表现中。

（五）实习或相关社会实践的单位证明

在求职过程中，在校期间有丰富实习经历和相关社会实践的同学往往更容易求得心仪的工作。实习证明和学历一样，就像一块敲门砖，可以帮助求职者获得企业更多的关注。由于简历上的实习经历可以捏造，如果能附上一份实习单位开具的实习证明，一定能为求职者博得招聘者更多的好感，在一定程度上增加录用的概率。

任务三　掌握求职技巧

一、求职笔试技巧

所谓笔试，就是用人单位为考查应试者是否具备招聘岗位所需知识和技能，而采用书面形式对求职者所掌握的专业理论知识与技术技能，以及文化素养等综合素质进行的测试。

（一）笔试的种类及内容

1. 专业能力考试

这种考试主要是检验应聘者担任某一职务时能否具备所要求的专业知识和相关的实际能力。

2. 智商和心理测试

智商测试主要为一些跨国公司所采用，该类公司对毕业生所学专业一般没有特殊要求，但对毕业生的综合素质要求较高。它们认为，专业能力可以通过公司的培训获得，因此有没有专业训练背景关系不大，但毕业生是否具有不断学习新技术、新知识的能力是至关重要的。

心理测试是用事先编制好的标准化量表或问卷要求被试者完成，根据完成的数量和质量来判定其心理水平或个性差异的方法。一些特殊的用人单位常常以此来测试求职者的态度、兴趣、动机、智力、个性等心理素质。

3. 命题写作

这种考试的目的在于考查应试者的文字表达能力、分析能力和逻辑思维能力。例如，要求应试者限时写出一份会议通知、某项工作请示或情况总结，也可以提出一个论点，请应试者予以论证或批驳等。

4. 国家公务员考试

国家机关录用公务员，一律经考试录用。其笔试包括《行政职业能力测验》《申论》。

（二）笔试前的准备

求职者在接到笔试通知时要做好充分准备。笔试前的准备工作主要包括知识准备和身心准备。

1. 知识准备

不同类型的笔试有不同的考试内容，毕业生在考前应详细了解，针对不同的情况做相应的准备。一般进行笔试的知识准备时应注意以下几个方面。

（1）学以致用，理论联系实际。现在的求职考试很多是考查学生运用所学知识解决实际问题的能力。因此，应试者平时应注意培养运用所学的知识分析、解决问题的能力和实际的动手能力。

（2）提纲挈领，系统掌握。把与招聘职位相关的各方面知识进行认真梳理，以便全面掌握。注意提纲挈领，掌握重点，提高效率。

（3）多读多练，提高阅读能力。复习时广泛阅读相关知识，扩大知识面，提高阅读能力，以备应试时能游刃有余地回答各类问题。

（4）快速思考，提高答题能力。笔试不仅考查知识的储备，更要求答题的速度。招聘考试中的题量较大，应试者应注意培养自己快速阅读、快速思考、快速答题的能力。

2. 身心准备

参加笔试需要良好的心理素质，临考前，一要正确评价自己，树立自信心，调整好心态；二要保持充足的睡眠，不能因考前复习任务重而放弃休息，导致临场考试时精力不足，发挥不出正常水平。可以适当参加一些文体活动，使高度紧张的大脑得到放松和休息，从而以充沛的精力去参加考试。

另外，还要准备好笔试需要的物品，如身份证、准考证、黑色签字笔等；提前熟悉考场环境，熟记考场注意事项，尽量按要求做好。

（三）笔试注意事项

1. 增强自信心

笔试怯场，大多是缺乏自信所致。要客观冷静地对自己进行正确评估，克服自卑心理，增强自信。考试前应适当放松心情，调整好精神状态。

2. 科学答卷

（1）浏览全卷。领到试卷后，首先要浏览一遍卷面，大致了解试卷的题量和难易程度，以便掌握答题的速度。

（2）先易后难。根据先易后难的原则排出答题的顺序。遇到难题时，不要死抠不放。先做相对简单的题，后攻难题。这样就不会因攻克难题浪费太多时间而失去做简单题的机会。

（3）精心审题。笔试时要切实弄清题目要求，逐字逐句弄清题意，然后按要求答题。如遇论述题或作文题，落笔更要慎重，切不可下笔千言，离题万里。

（4）把握主次。如果见到简答题是自己准备较充分的，就洋洋洒洒写了上千字，而论述题却只随便写了几十个字，这样不分主次、轻重，成绩自然会受到影响。

（5）融会贯通。笔试中的论述题和应用题主要用于考核求职者运用掌握的知识来分析问题、解决问题的能力。求职者在考试时要积极思考，广泛联想，将学过的相关知识相互联系起来进行比较分析，从而找出正确答案。

值得注意的是，卷面必须做到字迹端正、卷面整洁。因为招聘单位往往会从卷面联想应聘者的性格、态度、作风，字迹潦草、卷面不整的人，招聘单位仅从卷面上就能感受到答题者对该考试的不重视；而那些字迹端正、答题一丝不苟的人，会被认为态度认真，作风细致，受到招聘单位青睐。

案例分享

试题的秘密

一群毕业生正面临着一场定时10分钟的考试。谁通过了，谁便可进入××大型建筑公司工作。

试卷共30题，面宽而量广，这完全出乎大家的意料，这么多题，10分钟时间根本不够。许多人一拿到试卷便半秒也不敢耽搁地慌忙抢做，全然不顾监考人员“请大家先将试卷浏览一遍再答题”的忠告。

试卷在10分钟后收齐，人事经理亲自批阅，从中挑出5份试卷。这5份试卷有一个共同点，即1～28题全部未做，仅回答了最后两道问题，而其他试卷的答案情况要好很多，做了前面不少题，最多的做了12道题。这家公司最后录用了这5个仅答了最后两道题的年轻人——原来秘密就藏在第28题中，它的内容是：前面各题均无须回答，只要求做好最后两题。

资料来源：生活日报，有改动。

二、求职面试技巧

（一）面试技巧及其重要性

面试是用人单位招聘时最重要的一种考核方式，是一种经过精心设计，以交谈与观察为主要手段，了解应试者信息和能力的一种测评方式。多数学生因为面试经历少，不懂面试技巧，信心不足，常常不知所措。掌握面试技巧，是毕业生求职择业面临的重要课题。

（二）面试的常见形式

微课：第一印象与刻板印象

根据面试的实施方式，可将面试分为五类。

（1）“一对一”的个别面试。常用于第一轮面试，主要目的是排除一些素质相对较差者。

（2）“多对一”的主试团面试。由多个部门组成主试团，考核应聘者的人格素养、业务素质、行为风格等。

（3）“多对多”的小组面试。面试对象有多个，便于对应聘者进行比较。

（4）小组讨论面试。由应聘者组成一个临时工作小组，讨论给定的问题并且做出决策。目的是考核应聘者的领导能力、组织能力、口头表达能力、说服力、洞察力、处理人际关系的技巧等。

（5）评估中心面试。专业化程度较高的企业通常会用一两天的时间通过评估中心进行人才选拔。评估中心将进行一系列综合性的考核，包括在公众人物前发表演讲、无论题的讨论、创建团队游戏、辩论等，目的是考核应聘者的适应能力及在一个全新的、自己毫无准备的情境中处理问题的能力。

（三）面试中常见问题的回答技巧

面试前了解一些常见问题的回答技巧是很有帮助的。下面列举几个求职者在面试中经常会遇到的问题，能漂亮地回答出这些问题的应聘者，往往能够给面试官留下不错的印象。

1. 请你介绍一下自己

回答方法：学会三层表述法。

（1）专业背景＋硬实力。重在强调个人专业背景及硬实力，如毕业学校、学历、专业、获奖、个人技能。过渡层：强调应聘岗位。突出你要应聘的岗位，明确地表达出来。

（2）能力与岗位匹配。重在突出个人能力与岗位的匹配，可通过工作经历、实习经历、活动经历等具体论述。

（3）被吸引点＋表态。通过描述公司在本行业的地位来突出该公司对你的吸引力，表达自己的向往。

注意：不要从头到尾把简历复述一遍，要多找与岗位密切相关的价值点，多补充简历上无法展开说明的内容。多练习几遍，既不要像背诵一样，但也不能太生疏。

2. 你对我们公司以及应聘的职位了解多少

回答方法：应聘前要清楚地了解应聘公司及应聘职位。

（1）通过熟人了解。如果有同学、校友在自己感兴趣的公司工作，可通过他们提前了解公司情况。

（2）查看企业官网或专门的招聘网站。重点看企业简介（基本情况、愿景、目标等）、业务介绍、产品情况和人力资源状况等，了解公司背景、业务模式和成长的机会。

（3）关注企业微信、微博。对企业文化、办公氛围有初步认识。

（4）第三方平台校园 BBS、各类求职网等。利用各种求职应聘网站，找到更新的、时效性更强的招聘信息。

（5）自己一定要明确招聘岗位包括哪些工作内容与要求（硬性要求＋技能＋软素质）。

3. 你的优势有哪些

回答方法：面试官关注的重点一般包括以下几方面。

（1）求职者有没有撒谎，是否真实地阐述了自己的优点。

（2）所阐述的优点是否恰好是这个职位所需要的素质。

注意：夸自己不能空泛，要有数据，摆事实。

4. 分享一件你最失败的经历

回答方法：重要的不是过去的失败经历和原因，这些不是评价面试者的重要指标，重要的是面试者从过去的失败中学到了什么，有什么反思，长了哪些见识，如何把所吸取的教训转化成为日后成功的养分。

注意：体现出的素质和能力最好与应聘岗位相关。

5. 你的职业规划是怎么样的

回答方法：对于职业规划类问题，面试官最核心的关注点有三个。

（1）自我认知：你对自己是否了解？

（2）动机和价值观：为什么选择来这里？

（3）组织承诺：你到底能在我们这儿踏实干几年？（最关注）

注意：面试官并不关心你真正的职业规划，而是未来的 3～5 年里，你是否能在公司稳稳地工作下去。同时，要表现自己靠谱、工作稳定、心态平和的一面。

6. 你上一份工作离职的原因是什么

回答方法：哪些理由可以说？

（1）公司距离我家太远，路上时间太长，一天来回要将近 4 个小时，短期还可以，长期我确实坚持不下来了。

（2）因为目前的工作太安逸，没有挑战，公司整体上都很稳定，也没有什么发展空间，我希望找一份比较有挑战性的工作，毕竟还年轻。

（3）公司转型，目前职位的定位和我的发展初衷不一致。

（4）我目前在公司已经到顶，短期内不会有什么发展空间，公司本身就不大，我希望到更大的平台发展。

哪些理由不建议说？老板不好、管理不好、团队不好等。

7. 你对薪资有什么要求

回答方法：面试官希望听到哪些内容呢？

（1）求职者对于自身价值的判断。

（2）求职者对待薪酬的态度。

（3）求职者期望的薪酬与企业薪酬标准是否一致。

注意：如何优雅地和面试官谈薪酬？

第一，主动收集薪酬信息，了解面试岗位的薪酬范围。如面试企业的薪酬结构和现状、同类岗位的市场平均薪酬值、目标公司相关职位的薪水状况等。

第二，明确自己的价值和能力。如你的优势是什么、你做过什么、你能为企业带来什么直接和间接的价值。

第三，明确给出自己的薪酬预期范围。

对面试官提出的问题要直接回答，不要反问。如“你们这个职位可以给的薪酬是多少呢?”“你们觉得我值多少钱呢?”这些回复会让人产生厌恶之感。

8. 你还有什么问题要问我们吗

回答方法：提问环节反映的是你对公司的熟悉程度、对职位的兴趣度、学习能力、理解力、敬业度等。

以下问题可以询问：

（1）公司明年的规划和阶段性发展目标。

（2）团队工作风格/团队文化，对职位考核的核心 KPI/期望。

（3）后续面试流程安排（以便更好地做好准备）。

（4）面试结果反馈周期。

（5）招聘者对招聘岗位的期望和建议。

注意：面试谈过的问题不要再问。

拓展阅读

面试测评的主要内容（见表 5－1）。

表 5-1　面试测评的主要内容

项目	内容
仪表风度	指应聘者的体形、外貌、气色、衣着、举止、精神状态等。仪表端庄、衣着整洁、举止文明的人，一般做事有规律、注意自我约束、责任心强
专业知识	作为对笔试的补充，招聘者通过面试了解应聘者掌握专业知识的深度和广度，是否符合招聘职位要求。面试时对专业知识的考察更具有灵活性，比如可以随机提问，也可以要求应聘者现场解决一定的技术问题等
工作技能	面试不但可以验证应聘者个人简历中对其工作技能的描述，而且还可以考察应聘者的职业道德、责任心、主动性、思维力、口头表达能力等与职业技能相关的一系列基本状况
表达能力	面试中，应聘者是否能够将自己的思想、观点、意见和建议顺畅地用语言表达出来，不但可以表现出其表达的逻辑性、准确性、感染力等是否符合职业要求，同时还可以表现出音质、音量、音调等是否符合职业要求
应变能力	主要看应聘者对招聘者所提问题的理解是否准确、贴切，回答是否迅速、准确等；对于突发问题的反应是否机智敏捷、回答恰当；对于意外事情的处理是否得当、妥善等
人际交往	在面试中，通过询问应聘者经常参与哪些社团活动，喜欢同什么类型的人打交道，在各种社交场合所扮演的角色，可以了解应聘者的人际交往倾向和与人相处的能力
自我控制	自我控制能力对于一些从事特定工作的人（如服务人员、营销人员）尤为重要。一方面在遭遇挫折、委屈、压力时是否能够克制、容忍；另一方面对工作是否有耐心和韧性
工作态度	招聘者往往要了解两点：一是了解应聘者对过去学习、工作的态度；二是了解他对招聘职位的态度。一般认为，对过去无所谓的人，在新的工作岗位上也很难做到勤勤恳恳、认真负责
求职动机	了解应聘者为何希望来本单位工作，对哪类工作最感兴趣，在工作中追求什么，从而判断本单位能否满足其要求和期望，更重要的是就此了解应聘者对招聘职位的“渴望度”和潜在的“工作热忱”
兴趣爱好	招聘者往往会询问应聘者休闲时间爱好哪些运动，喜欢阅读哪些书籍，以及喜欢什么样的电视节目，有什么样的爱好等
行为习惯	招聘者通常会非常注意应聘者的行为方式，特别是细小的行为。因为下意识的行为可以真实地反映一个人的性格特征、道德修养等

（四）面试的相关注意事项

1. 面试前

求职者在接到面试通知的电话后，应如何准备呢？

第一，应与对方公司的工作人员确认准确的面试地点、面试时间、面试程序和方法等基本信息，并记录下来，以免遗忘。

第二，求职者应迅速查找该企业的原始招聘信息，了解用人单位的情况，应聘岗位的知识和技能要求，并提前查找交通路线，规划好面试当天的行程，时间安排要充裕，以免在面试当天出现迟到等尴尬状况。

第三，求职者应提前整理好自己的文件包，带上面试必备的用品，如个人简历、身份证、学生证、就业推荐表、自荐书、各类证书、纸、笔。

第四，求职者要准备与面试岗位相关的知识，熟记用人单位信息，回顾与目标岗位相关的课程知识，准备简单的自我介绍。如有空余时间，可以先客观评估自己，准备若干面试问题，提前模拟面试，必要时可为自己计时，做到心中有数。

第五，准备一套较为得体的面试服装，配饰不要夸张，相称为宜。面试前应保证充足的睡眠，以饱满的精神迎接职场面试。

面试当天，提早 15 分钟到达为宜，这样可以有时间整理一下思路，可以进行深呼吸平定一下紧张的情绪，避免匆忙中出现疏漏。利用这些时间，可以观察一下公司的工作环境，充分利用你的眼睛和耳朵去观察，并友好礼貌地对待遇到的每个人，包括面试的竞争对手。

拓展阅读

面试前 15 分钟的准备

在面试开始前的 15 分钟，可以参照下面的方法做准备。

（1）找个位置坐下，稍做休息。待呼吸舒缓后，可以询问一下工作人员是否需要签到，面试时间是否有改变以及相关的一些事项。

（2）再次整理一下仪表。男士注意一下领带的松紧（如果系领带的话），女士可以稍微补一下妆，但切勿上浓妆。还需要检查一下鞋子是否需要擦一擦灰尘（记住擦鞋的纸巾一定要扔到该扔的地方），鞋带是否松了，头发是否凌乱，脸上是否有尘土，若略显疲倦，可以去洗手间洗一洗脸，但要擦干面庞之后再回到休息室。

（3）在心中演练一下面试中自我介绍和可能出现的问题的回答。如果感到紧张，可以闭目静坐，让呼吸均匀而平缓。总之，要保证自己处于一定的兴奋状态：既不松懈，又不紧张。

（4）要文明礼貌。尽管还未进入面试考场，但请注意，坐姿端正，言语礼貌文雅。

（5）等待时可以与其他应试者交谈。你和其他应试者之间可以用积极的语言相互鼓励，切忌说一些诸如“我很紧张”之类的话，这会给你带来消极的心理暗示。总之，一定要保持积极的心理状态。

（6）不要费尽心思地从面试考场出来的人的口中问东问西。当有应试者从考场出来后，一些人一拥而上，问个不停。这样不仅容易加强自己的紧张心理，而且会人留下不稳重的印象。

2. 面试中

进入面试室后等面试官告诉你“请坐”时方可坐下，并道“谢谢”。坐时身体要略向前倾。面试时，不要靠椅子背坐，也不要坐满，但也不宜坐得太少，一般以坐满椅子的三分之二为宜。另外，女士要并拢双腿。

面试时，要谨慎多思，落落大方。回答问题之前，应对自己要讲的话稍加思索，想好的可以说，还没有想清楚的就不说，或少说，切勿信口开河、夸夸其谈、文不对题、话不及义。应答时要表现得从容镇定，如果答不出就大方承认有的东西还没有经过认真考虑。考官在意的并不一定是问题本身，如果你能从容地谈出自己的想法，虽然不够完整或不够成熟，也不致影响大局。与面试官交谈时不能漫不经心地四处张望，在交谈时应尽量显得自然、大方。

3. 面试后

面试结束后应该站起来对面试官表示感谢，若面试官有另外的交代，应认真倾听，倾听时要仔细、认真地品味对方话语中的言外之意、弦外之音，以便正确判断面试官的真正意图。学会找准时机，表达出与面试官的交谈使你受益匪浅，并希望今后能有机会再次得到对方进一步指导的意思，有可能的话，可约定下次见面的时间。告别时，应与对方礼貌握手。握手通常以三至五秒钟为宜，要注意把握好力度，双目注视对方，面带笑容，同时应配以适当的敬语，如“再见”“谢谢”。

面试结束并不意味着求职过程的完结。面试者要及时分析自己在面试中的得与失，注意调整自己的心情，准备全身心投入下一个单位的面试考验中去。因为，在接到聘用通知之前，面试结果还是个未知数，你不应该放弃其他机会。一般来说，如果你在面试的两周后，或主考官许诺的时间到来时还没有收到对方的答复，就应该打电话给招聘单位，询问面试结果。

应聘中不可能人人都一次成功，万一你在竞争中失败了，也不要气馁，这一次失败了，还有下一次，就业机会不止有一个，关键是必须总结经验教训，找出失败的原因，并针对这些不足重新做准备，以谋求“东山再起”。

（五）面试仪容仪表礼仪

仪容仪表指人的外表，一般来说包括发型妆容、服装配饰和个人卫生等方面，是一个人精神状态的体现。在面试时，仪容仪表能够体现出面试者的性格和修养。

1. 面试发型

（1）男士：应做到前不遮眉毛，侧不过耳，后不触领。不得漂染怪异的颜色，干净整洁，要注意经常修剪。

女士：披发一定要注意柔顺整洁，应聘服务类岗位时最好盘成发髻。头发要勤梳理，消除异味。每次面试前应将身上，特别是衣服肩背上的落发、头屑清理干净。

2. 面试妆容与卫生

职场面试建议适当化妆，但一定不能浓妆艳抹，而要与年龄协调，与身份协调，与求职岗位要求协调。面试时要注意个人卫生，比如要及时修剪指甲，指甲长度以不过指尖为宜，小指应尤为注意。不能将指甲涂得大红大紫，色彩怪异，很多用人单位认为涂抹鲜艳的指甲油是不妥当的行为。

3. 面试服饰

（1）女士面试服饰具体标准。

1）服装要得体。

一般以西装或套裙为宜，体现女性的干练、优雅，切忌紧、透和露的衣服。

2）鞋子要与服装相配。

鞋子在颜色和款式上应与服装相配，对于女性来说，5cm 的中跟鞋是最佳选择，不要穿长而尖的高跟鞋。

3）袜子很重要。

袜子不能有脱丝，肉色是最佳选择。不论你的腿有多漂亮，在比较正式的场合也不宜露着光腿，在包里放一双备用，以便脱丝时能及时更换。

4）饰物要少而精。

包：公文包或手提小包带一个即可，切忌两个都带。

帽子：不管你是否有戴帽子的习惯，面试时必须脱帽。

首饰：尽量少戴。

眼镜：尽量选择适合自己的镜框。千万不可戴太阳镜（护目镜）或反光镜去面试。

丝巾：要注意与衣服的协调与搭配，如花色丝巾可配素色服装，而素色丝巾则适合配艳丽的服装。

（2）男士面试服饰具体标准。

1）西装要笔挺，羊毛质地佳。

西装的色彩：以黑色、深蓝色、深灰色为宜。

注意事项：要拆除衣袖上的商标；要熨烫平整；要扣好纽扣；要不卷不挽；要慎穿毛衫；要巧配衬衣；要少装东西。

2）衬衫要理想，衬衫领子一定要合适。

衬衫衣领一定要合适，不能太松，也不能太紧。

白衬衫、淡蓝衬衫永不败：给人朝气、干净之感。

条纹衬衫较保险：线与线之间的间距不要过大，线条不要过粗。

格子衬衫要慎穿：若格子面积比较大，就不适宜于工作等正式场合穿着。

3）领带要选好。

领带的颜色要根据衬衫或者西服的颜色来选择搭配，以深色为佳。除了要注重颜色的搭配之外，还要注意领带的款式，可以选择图案简单的，尽量避免带有圆点花纹的款式。

4）皮鞋要擦亮。

穿西装一定要穿皮鞋，且要上油擦亮，皮鞋的颜色要与西装相配套。

5）袜子要合适。

穿皮鞋还要配上合适的袜子，使它在西装与皮鞋之间起到一种过渡的作用。深色袜子可以配深色的西装，也可以配浅色的西装，浅色的袜子则只能配浅色西装。穿皮鞋最忌讳搭配白袜子。

微课：西装款式与颜色选择

6）配饰宜低调。

不可佩戴不符合求职者身份的手表、袖扣或腰带，比起银色质地的配饰更能体现出男士的优雅和低调。

实践活动

模拟面试

活动目标：

1. 掌握面试的一般流程，做到从容应对，不卑不亢。
2. 掌握面试的一般技巧，为自己的面试加分。

活动安排：

序号	实训内容	时间分配
1	各小组进行角色分工及准备	课外完成
2	模拟面试	每组 10 分钟
3	帮我纠错	10 分钟
4	教师点评小组展示	5 分钟
5	教师剖析面试应对	10 分钟
6	教师布置实训作业	5 分钟

活动准备：

序号	人员	主要内容	重点提醒	程度要求
1	学生	做好面试表演准备	问答式面试	低
2	教师	拟定模拟面试题	选用常用题目	高
3		小品情境设计	面试细节处理	很高
4		小组展示评价方法	真实性、合作性	较高
5		面试技巧引导	易于掌握	高

活动过程：

1. 组织分工

（1）组长负责综合统筹协调本组分工。

（2）组长安排2名以上组员作为面试官。

（3）组长安排1名组员记录应聘者的表现。

（4）组长作为应试者参加其他组别设置的面试。

温馨提示：各小组一定要合力“为难”一下其他组的应聘者，面试问题可以找老师要。

2. 模拟面试

（1）小组长到教师处抓阄，抓到本组面试的重新再抓。如遇冲突由教师指定面试组。

（2）第一组进行模拟面试。

（3）非面试小组观摩、记录面试者的表现。

3. 面试点评

（1）由记录者进行点评。

（2）由面试官进行点评。

（3）由观摩者进行点评。

4. 教师点评

（1）待模拟面试结束后，教师进行点评。

（2）教师点评须表扬先进，批评落后。

（3）将教师点评成绩纳入期末成绩。

5. 教师剖析

（1）教师剖析模拟面试环节中各面试者的表现。

（2）学生根据同学表现进行归纳总结。

（3）学生根据各面试场景形成自己表现的意识。

6. 教师布置实训作业

（1）教师布置课后练习。

（2）教师布置随后章节的资源准备部分。

（3）教师布置其他实训作业。

就业指导篇

- 项目六　了解就业形势与政策
  ——大学生就业
- 项目七　熟悉就业程序
  ——维护就业权益
- 项目八　助力职业发展
  ——职场适应

项目六

了解就业形势与政策——大学生就业

项目概述

就业形势是毕业生就业的大背景，既包括国家政治经济和社会发展状况、毕业生就业市场的供求情况，也包括行业发展情况。就业政策是政府和社会组织为了解决毕业生的就业问题制定的系列方案及采取的相关措施。大学生就业形势是当下大学生就业问题的综合体现，而大学生就业政策则是针对就业问题采取的一系列措施和方法，大学生在就业之前一定要了解当下的就业形势和政策。

学习目标

1. 了解职业院校毕业生就业创业相关政策。
2. 把握区域经济社会发展对技能人才的需求状况。
3. 端正就业观念，认识技能人才发展优势。
4. 能够分清职业理想和理想职业。

案例导读

李明是某大学外语专业 2023 届的毕业生，直到 2023 年 3 月，他还没有找到合适的工作。经历过大学阶段的学习，李明希望自己可以到北京和上海这样的大城市去工作。但是事与愿违，在 2022 年学校组织的秋招上，他有目的地向北京和上海这两个城市的公司投了一些简历，但最后都石沉大海。同时，有一些单位很喜欢李明，向他抛出了橄榄枝。但是，由于区域、待遇等方面原因，李明不太满意，所以都拒绝了。

李明同学的择业想法在毕业生求职过程中具有一定的代表性。不少毕业生过于向往经济发达地区，尤其是沿海地区的城市，最低的期望也是回到自己家乡所在地的中心城市。这些大学生只注重经济文化发达、工作环境优越的一面，而忽视了这些地区人才济济、相对过剩的一面。他们的择业期望值居高不下，甚至还有逐年攀升的趋势，从而导致主观意愿与现实需求之间的巨大落差。

任务一　分析就业形势

一、宏观就业形势

目前，中国的就业总量矛盾在一定程度上依然存在，结构性问题依然是就业的主要矛盾。今后一段时期，就业形势依然严峻，就业任务依然艰巨，部分企业“招工难”与部分劳动者“就业难”状况并存的就业结构性矛盾依然存在。

（一）结构性失业风险加大

目前，经济结构和产业结构调整进入关键期，就业结构调整面临更大不确定性，结构性失业风险明显增大。在这一结构调整过程中，部分劳动力将因不适应就业需求而不可避免地被淘汰。例如，化解产能过剩短期内势必会造成局部性失业冲击，一些需要调整的企业将会关、停、并、转，由此形成的失业人数会比较多。他们的就业问题、再就业问题以及他们失业的生活托底问题，将是未来一段时期就业领域的一个重大挑战。

（二）非技能劳动力就业趋难

根据国家统计局公布的数据，2018 年全国外出农民工总量达到 2.8 亿人，1980 年及以后出生的青年农民工约占 51.5%，但是大专及以上文化程度的只占 13.8%。青年农民工过早进入劳动力市场，导致其缺乏必要的职业技能。

青年农民工集中在经济调整冲击最突出的地带。大部分青年农民工从事制造业，而受经济放缓和结构调整影响最大的恰恰就是外向型、劳动密集型制造业。这些青年农民工基本没有农业经营经历，在遭受冲击时，农业“蓄水池”功能对青年农民工不能发挥作用。相对于同龄的城市青年，尤其是大学生，青年农民工的适应能力明显更弱，有可能在结构转型中加入长期失业大军。

大学生的问题同样突出，教育部公布的数据显示：2024 届高校毕业生规模达 1 179 万人，同比增加 21 万人，再创历史新高！从 2001 年开始，中国普通高校毕业生人数一路上升。由于内外经济增速趋缓，对高学历人才的容纳程度有限，因此未来一段时间，大学生就业环境不容乐观。

（三）高技能人才供不应求

目前我国高技能人才队伍建设面临三大突出矛盾，一是总量矛盾，二是结构性矛盾，三是经济社会发展过程中技能劳动者需求结构和形态特征不断变化的矛盾。由清华大学和复旦大学合作完成的《中国劳动力市场技能缺口研究》显示，中国正从产业链低端的“世界工厂”向高附加值产品的生产者过渡，对拥有中高技能的劳动力的需求不断上升，拥有一定职业资格等级的技能劳动者占全国就业人员总量的19%，高技能人才仅占5%。尤其在汽车、电子等高技术领域，专业技能人才的短缺更为严重。

有研究显示，2001—2012年我国低技能人才的求职者数量高于市场需求，从2013年开始，中低技能人才的需求略高于供给，而高技能人才出现缺口。预计到2025年，仅制造业十大重点领域技能人才的缺口将达到近3 000万人。技工荒问题亟待解决。

近年来，受产业转型升级、用工成本上升等因素影响，企业对劳动者学历、素质、技能的要求明显提高，操作工、普工等一般性岗位数量有所减少，“经营管理”“高级技工”等技术型、高技能人才需求紧俏。

二、当前大学生就业形势

（一）就业压力增大

我国人口基数较大，需要就业的人员多，就业高峰持续时间长。近二十年来，随着高校招生规模的扩大，高等教育已步入大众化阶段，每年高校毕业生人数屡创新高，其就业高峰与全社会的就业高峰重叠，就业压力不断增大。

（二）就业态势平稳

就业与市场环境息息相关，近年来伴随不确定因素的增多，宏观经济承压前行，但总体稳中向好。《2023年中国大学生就业报告》指出，高职毕业生平均月收入为4 683元，较上一届（4 595元）稳中有升。报告显示，从起薪分布来看，2023届高职毕业生毕业半年后平均月收入在6 000元以下的比例为81.7%，在6 000～8 000元的比例为12.1%，在8 000元以上的比例为6.2%。从具体专业来看，2023届高职月收入较高的专业是铁道机车（5 833元）。服务人工智能和制造业产业升级的工业机器人技术（5 465元）、机电一体化技术（5 446元）、智能控制技术（5 427元）等专业就业薪资表现不俗。在东部地区就业的大学毕业生月收入较高（2023届高职：5 070元），且毕业三年后月收入（2020届高职：7 592元）及涨幅（2020届高职：64%）也明显高于其他地区。从三大经济区域来看，在长三角地区就业的毕业生毕业半年后（2023届高职：5 273元）、三年后月收入（2020届高职：7 722元）均保持领先。

（三）部分毕业生就业能力不足

当前在就业问题上，一些职业院校毕业生实践能力不足、动手能力较差、知识面较窄，对企业和岗位了解甚少，不从自身条件和现实环境出发，自身定位不准，与社会要求错位。一些高职院校毕业生的职业素养与企业的要求有一定差距，不讲诚信，与人沟通、协调合作的意识和能力不强。一些高职院校毕业生就业观念滞后，缺乏主动择业、创业的积极性，对工作中可能出现的困难缺乏思想准备，具有较强烈的求稳定、求舒适、求发展、求成长的工作诉求，“等”“靠”“要”的思想仍然存在，就业期望值很高。这些都对高职院校毕业生的就业产生了不利影响。就业压力的存在使得一些高职院校毕业生出现了焦虑、自卑、自负等各种各样的心理问题，这些心理问题也成为大学生顺利就业的障碍。

从实际情况来看，目前我国大学生的就业形势是既存在着“人找岗位”的现象，也存在着“岗位找人”的现象。随着市场的不断变化，创业型企业增多，当下中小企业已经成为吸纳毕业生就业的主渠道，但是对于中小企业来说，在招聘大学毕业生时都不同程度地面临着“招不来、留不住、待不长”的人力资源困境，许多中小企业的招聘人员奔波于校园招聘、社会招聘，求贤若渴，但有可能无人问津，连简历也收不到。

课堂活动

请登录人力资源和社会保障部网站，在就业创业模块中进入人力资源市场模块，查找和分析近期部分城市公共就业服务机构发布的人力资源市场供求状况，并谈谈你的看法。

三、端正就业观念

（一）树立正确的就业观念

1. 就业观念影响择业者的择业行为

就业观念决定着择业者对职业的认识和评价。每个择业者都在自觉不自觉地以某种就业观念指导自己选择职业的行为。人们生活、学习环境的不同，老师、家长对职业的认识不同，社会择业指导水平的差别等，都影响着择业者的择业方向和择业行为。有人择业方向正确，有人进入误区；有人在职场中成绩卓著，有人却毫无作为，甚至屡次在择业竞争中失败。

2. 就业观念影响职业人的从业态度

就业观念对从业态度有着特殊的影响。一个职业人积极性的高低和完成任务的好坏，在很大程度上取决于他的就业观念。职业伦理学研究表明，先进生产者的职业态度指标最高。做任何事情，其成败进退，与职业人所采取的态度密切相关。严谨客观、精益求精的从业态度，使职业人具有积极、强烈的使命感，追求打造“敬业、乐业、专业”的个人职业信誉品牌。反之，从业态度不端正，就会过分追求短期利益，谁给的钱多就为谁“打工”，一年吃掉几年的饭，不爱惜自己的名声、前途与个人品牌，甚至为了钱可以置道德与法律于不顾，发生诸如携款潜逃之类的恶性事件。因此，树立正确的就业观念是职业人做好本职工作的前提。

3. 就业观念影响职业人的工作态度与成绩

正确的就业观念是“全心投入、尽职尽责”的前提。职业无高低贵贱之分，不论从事的是何种工作，我们都应该全身心地热爱，全身心地投入，对本职工作保持积极乐观的态度和高度负责的精神，而不应该以对本职工作没兴趣为借口得过且过，也不应该以本职工作的经济效益低为借口，消极怠工。你在哪个岗位，就应该热爱这个岗位，因为这里是你发展的起点。对一个喜欢自己的工作并认为它很有价值的人来说，工作已成为其生活中十分愉快的一部分，只要对自己的工作发自内心的热爱，即使在平凡的岗位上也能创造出奇迹。

课堂活动

对以上就业观你是否认同？你对其中哪一条最认同？大家一起谈谈自己的想法。

（二）技能人才就业观的主要特点

1. 追求利与义相统一的择业观

个人利益与社会利益、国家利益相统一的择业观，即利与义相统一的择业观为广大学生所认同。当代学生所理解的“义”，不是只讲奉献不求索取的纯利他主义，更不是金钱至上的拜金主义，而是以主体意识逐渐增强为基础，以自主、自由、平等交换为实质内容的新的价值观。他们并没有丧失社会责任感，在择业中表现为既希望发挥个人才能，获取较高的经济收入，又期望兼顾国家和社会的需要。这种双向选择的模式得到了社会的普遍认同。

2. 择业动机突出自我发展

在择业动机方面，毕业生主要考虑个人才能的发挥，其次是经济利益的实现。发挥个人才能成为毕业生择业时考虑的首要因素。毕业生在择业时，并不是一味追求物质利益，而是更注重个人才能的发挥与特长的施展，追求自我价值的实现，追求长远的人生发展目标。但他们在注重个人才能发挥的同时，也希望获得较高的经济收入。随着人才市场的完善和成熟，人们对经济收入这一因素越来越重视，而用人单位也开始利用这一因素来吸引人才。沿江、沿海等经济发达的大中城市能同时满足毕业生上述两方面的需要，因而成为多数毕业生择业的首选目标。另外，就职单位的发展前景也是毕业生择业考虑的重要因素，因为单位的发展前景直接影响个人才能的施展。

3. 职业目标期望值高

毕业生在职业目标方面普遍有着较高的期望值，希望得到高薪水、高地位、高层次的工作，回避待遇低、地位低、层次低的工作。

在就业地域方面，多数学生向往大中城市，尤其是沿海城市，因为这些地区的经济发展水平较高，发展前景较好，施展个人才能的机会较多。部分学生认为小城镇，特别是山区，经济发展相对落后，思想观念比较保守，缺乏发挥自己才能的环境和机遇，因而不愿去这些地区。

在单位选择上，重心逐渐转向非公有制企业。随着国有企业的改革、行政机关公务员制度的实施、人事代理制度的逐步完善，国有单位对毕业生的吸纳量有所下降，而非公有制企业对毕业生的吸纳量明显提高，使得大学生选择单位的重心逐渐转向非公有制企业。

在职业选择上，大部分学生虽然愿意从事与自己所学专业相关的工作，以发挥自己的专业优势，但更愿意从事高层管理工作和高收入的工作，不愿到艰苦行业工作。这种职业目标往往给选择职业造成障碍，影响学生顺利就业。

4. 择业的多向性与不稳定性

毕业生从学校步入社会时，往往存在四种矛盾心理：对就业岗位和就业环境不适应产生的心理矛盾；个人职业期望与社会现实落差过大的矛盾；个人理想与市场制约的矛盾；活泼好强与自我意识不够成熟的矛盾。由于这些矛盾的存在，毕业生择业时难免产生多变性，具体表现在：有些人专业目标不明确，择业时茫然无措；有些人意识到基层和艰苦行业需要人才，最能锻炼自己，但怕基层条件差，埋没了自己的才能，择业时举棋不定；还有的人不顾自己的专业特长，把待遇高、福利好作为择业标准，但又想实现自己的价值和抱负，在择业时犹豫不决。

毕业生受择业多向性和不稳定性的影响，一方面对自身的就业不利，择业时左顾右盼，当断不断，必定错失良机；另一方面对用人单位不利，毕业生在择业时反反复复，随意违约，延误了用人单位对人才的挑选。

四、立足技能成才

人才资源是第一资源，技能人才是我国人才队伍的重要组成部分，是推动我国现代化发展的一支重要力量。职业教育与经济社会发展紧密相连，对促进就业创业、助力经济社会发展、增进人民福祉具有重要意义。随着我国进入新的发展阶段，产业升级和经济结构调整不断加快，各行各业对技术技能人才的需求越来越迫切。在新的起点上，我们应培养更多适应经济和社会发展需要的高素质技术技能人才，让技术技能人才获得满意的工作，行业企业获得高质量人才。

（一）树立正确的职业理想

1. 职业理想与理想职业

职业理想是指人们对未来职业和所要取得何种成就，对社会做出哪些贡献的向往和追求，包括对职业的认识、态度和职业选择；而理想职业则是实现职业的平台，它是依据职业理想结合个人的具体情况来做出选择的。

职业理想建立在个人的专业知识与能力、兴趣和职业激情的基础上，三者具备，才可确定为自己的职业理想。当个人的能力、职业理想与职业岗位实现最佳结合时，即达到三者的有机统一时，这个职业才是你的理想职业。

现实生活往往与职业理想发生矛盾。“理想职业”在现实生活中是不多的，毕业生还是需要脚踏实地做出现实的选择。只要朝着职业理想去努力，同样是可以实现为社会做贡献和人生价值的。像“金牌工人”许振超、“工人专家”李斌、“创新尖兵”罗东元、“油井女杰”束滨霞等楷模都是这样的。由此可见，不论什么职业岗位，最终能实现自己职业理想的，就是理想的职业。

2. 正确的职业理想

（1）刻苦、努力创造自己的未来。

当你确立依靠自己的劳动创造自己的未来时，就会使自己的职业理想建立在一个客观的、现实的基础上，就会努力创造条件，不断追求，使职业理想不断升华。学业理想是职业理想的基础，因此同学们要刻苦学习，不断提高自身素质，做全面发展的学生，为今后实现自己的职业理想打下牢固的基础。

（2）热爱自己的祖国和家乡。

这看似与职业理想关系不大，其实它是树立职业理想的基本思想条件。当从心底里建立起这两个“热爱”时，你就会把个人的职业理想与祖国的命运、父母的期盼、家乡的发展联系在一起，把个人的理想与平凡而伟大的职业联系在一起，从而获得不竭的发展动力，并实现自己的职业理想。

（3）在实践中检验、调适职业理想。

职业理想正确与否，不是以主观感觉而定的，而是经过实践的反复检验，由人与职业的适宜性而定。但是，由于毕业生在从事职业活动之前，缺乏职业实践体验，难免有情绪化的冲动，使自己的职业理想发生偏差。

经过实践检验，就会重新审视自己的选择是否正确，正确的应当巩固，不正确的应该做出合理的调适，使自己追求的目标建立在既符合现实需要，又具有一定的长远性和可操作性的基础上。因此，判断职业理想是否正确应坚持客观标准。

（二）新时代技能人才要有新作为

1. 技能人才，供不应求

近年来，从中国高铁亮相巴西里约热内卢，到中国核电设备进入南非核电站，中国制造驰名全球。作为全球第二大经济体，中国对知识型、技能型、创新型劳动者大军的需求前所未有。

“工业强国都是技师技工的大国，我们要有很强的技术工人队伍”，“大国工匠是我们中华民族大厦的基石、桥梁”，“带动中国全国民众尤其是近2亿青少年关注、热爱、投身技能活动”。围绕技能人才队伍的发展壮大，近年来，习近平总书记在多个场合提出殷切期望。

在当前新一轮全球产业竞争中，发达国家纷纷聚焦实体经济，实施“再工业化”战略，加强对先进制造业的前瞻性布局。2015年，我国发布实施制造强国战略的首个十年行动纲领《中国制造2025》，谋求从制造大国到制造强国的转型升级。

发展是第一要务，人才是第一资源。我国目前比历史上任何时期都更需要一支拥有现代科技知识、精湛技艺技能和较强创新能力的高素质技能人才队伍。然而，我国技能人才供不应求问题依然突出。近年来，随着政策体系不断完善，培养、激励机制逐步健全，我国技能人才队伍建设取得了长足进步，但技能人才发展总体水平与经济社会发展需要相比，还有很多不适应的地方。高技能人才占技能人才比例还不到三成，掌握“高、精、尖”技术的高技能人才数量更少，技能人才队伍分布不均衡、人才断档问题突出，年轻高技能人才严重短缺。

2. 技能之路，备受青睐

针对技能人才社会地位低、经济待遇差、成长通道窄等问题，中央和地方先后出台了多项利好政策，比如《关于加快发展现代职业教育的决定》《关于提高技术工人待遇的意见》《国务院关于推行终身职业技能培训制度的意见》等文件，各地也在人才落户、职称评审、学历认定等方面，给予技能人才和专业技术人才同等重视。

自2011年参加世界技能大赛以来，我国实现了从金牌“零”的突破到位列金牌榜榜首。作为技术翻译参加了两届世赛的陈晓曦认为：“世赛为广大青年提供了技能成才的广阔舞台，也为社会大众了解技能运动打开了一扇窗。”各地竞相涌现的技能比赛与世赛形成“矩阵效应”，对青年择业具有强大感召力。

与大学生就业难形成鲜明比照的是，技能人才在就业市场上的走俏。“上个不好的大学，还不如学个手艺。”作为全国技术能手、全国劳模，中车集团长春轨道客车股份有限公司首席技师李万君的一项重要工作就是带徒育人。从门下学徒的心态变化，他明显察觉：“没办法才来当工人的少了，真心想学技能的多了。”

课堂活动

分小组展开讨论：在你心目中，哪些人可称得上“大国工匠”？各自举例，讨论提炼这些人的职业特征、职业态度和成长历程中的亮点。

3. 技能振兴，大有可为

习近平总书记强调：“激励更多劳动者特别是青年一代走技能成才、技能报国之路，培养更多高技能人才和大国工匠，为全面建设社会主义现代化国家提供有力人才保障。”对个人而言，掌握一技之长，是实现个人价值的重要途径。对社会而言，只有培养更多能工巧匠，才能促进百业兴盛，推动社会文明进步。

未来我国将持续开展高技能人才培训基地建设项目、技能大师工作室建设项目和技师培训项目，加大资金支持力度。一是建设国家级高技能人才培训基地：选择已建或新建的管理规范、资金使用安全、培训能力强、高技能人才培养成效显著的项目单位，继续给予支持，提升培训能力。二是建设国家级技能大师工作室：选择某类行业（领域）技能拔尖、技艺精湛并具有创新创造能力和社会影响力、在带徒传技方面经验丰富、能够承担技能大师工作室日常工作的高技能人才，支持其纳入大师工作室项目建设范围。三是实施技师培训项目：围绕国家和地方经济社会发展急需、紧缺行业的职业（工种），重点是先进制造业、战略性新兴产业、现代服务业以及支柱产业的职业（工种），大力开展技师、高级技师培养工作。

4. 技能青年，使命在肩

青年兴则国家兴，青年强则国家强。青年是新时代的生力军，青年技能人才是实现中国创造的中坚力量。新时代，技能青年要有担当，要脚踏实地、磨炼技艺，勇做时代的弄潮儿，在生动火热的实践中放飞青春梦想，方能不负韶华，不负这美好的新时代。

新时代，技能青年要有本领。使命在肩，靠本领才能铸就伟业。进入新时代，踏上新征程，每个技能青年都应该执着追梦，永不放弃，练就过硬的本领，勇于创新创造，在青春里拼尽全力，让青春在卓绝的技能中闪闪发光。

这是个创造奇迹的新时代，摆弄机器、手握焊枪也能站上世界冠军的领奖台；这是个成就梦想的新时代，剪剪裁裁、洗洗吹吹照样能引领国际新时尚。迈入新时代的中国，犹如充满无限可能的“梦工厂”，让我们保持一往无前的奋斗姿态，让青春焕发出时代的风采。

（三）践行社会主义核心价值观

微课：职校的骄傲——杨山巍

党的十八大提出，倡导富强、民主、文明、和谐，倡导自由、平等、公正、法治，倡导爱国、敬业、诚信、友善，积极培育和践行社会主义核心价值观。这与中国特色社会主义发展要求相契合，与中华优秀传统文化和人类文明优秀成果相承接。

富强、民主、文明、和谐是国家层面的价值目标，自由、平等、公正、法治是社会层面的价值取向，爱国、敬业、诚信、友善是公民个人层面的价值准则，这 24 个字是社会主义核心价值观的基本内容，为培育和践行社会主义核心价值观提供了基本遵循。培育和践行社会主义核心价值观，贵在坚持知行合一、坚持行胜于言，在落细、落小、落实上下功夫。深入学习领会这一重要精神，需要统筹兼顾、多管齐下，采取多种方式和手段，使社会主义核心价值观成为人们看得见、信得过、学得来的日常行为规范。

当代青年是“中国梦”的力量所在、命运所系，可以说，“中国梦”希望在青年。可爱、可信、可贵、可为的青年，是走在时代前列的奋进者、开拓者、奉献者，践行社会主义核心价值观的先行者、引领者、示范者和推动者，应自觉践行社会主义核心价值观。

青年要大有作为，关键在于“知行合一”。所谓“知”，就是要加强学习，促进内化于心。当代青年一代要勤学、修德，自觉践行社会主义核心价值观，在领会理解、认知认同、贯通融入上下功夫，深刻理解、准确把握社会主义核心价值观的基本内容、深刻内涵、理论特色和实践要求，真正内化于心，在心灵中产生共鸣，在精神上聚集价值，在思想上达成共识，成为思想的指引、精神的追求、价值的坐标。

所谓“行”，就是要推动实践，促进外化于行。当代青年自觉培育和践行社会主义核心价值观要从小事做起，在实践中感知、在行动中领悟，约束违背核心价值观的举止。社会、媒体、各级组织要为青年一代积极营造践行社会主义核心价值观的浓厚氛围，深入宣传践行社会主义核心价值观的新事物、新典型。

“知”是前提，“行”是根本，“知行合一”固化于制，青年一代自己践行社会主义核心价值观才能变为现实，才能使同心共筑的伟大“中国梦”结出累累硕果。因此，青年一代知行合一践行社会主义核心价值观，既要志存高远，又要脚踏实地；既要注重修养，更要用实际行动创造自己的精彩人生。

（四）为中国制造培养工匠精神

1. 工匠精神的内涵

“工匠精神”的基本内涵包括敬业、精益、专注、创新等方面的内容。

（1）敬业。敬业是从业者基于对职业的敬畏和热爱而产生的一种全身心投入的认认真真、尽职尽责的职业精神状态。中华民族历来有“敬业乐群”“忠于职守”的传统，敬业是中国人的传统美德，也是社会主义核心价值观的基本要求之一。

（2）精益。精益就是精益求精，是从业者对每件产品、每道工序都凝神聚力、精益求精、追求极致的职业品质。所谓精益求精，是指已经做得很好了，还要求做得更好——“即使做一颗螺丝钉也要做到最好”。

（3）专注。专注就是内心笃定而着眼于细节的耐心、执着、坚持的精神，这是一切“大国工匠”所必须具备的精神特质。从中外实践经验来看，工匠精神都意味着一种执着，即一种几十年如一日的坚持与韧性。

（4）创新。“工匠精神”强调执着、坚持、专注甚至是陶醉、痴迷，但绝不等同于因循守旧、拘泥一格的“匠气”，其中包含着追求突破、追求革新的创新内蕴。这意味着，工匠必须把“匠心”融入生产的每一个环节，既要对职业有敬畏、对质量严要求，又要富有追求突破、追求革新的创新活力。

2. 发现自身的优势

优势是才干与投入之和，是持续的、近乎完美的表现，是在特定方面持续地取得积极成果的能力。需要注意的是，即使在你最有优势的领域，都一定有人比你投入更多，起步更早，所以有人比你强是天经地义的事情。关注自己的优势不是看速度，而是看加速度。对于眼前的强者，短期之内虽然没法赶超，但是如果是自己的优势领域，你的加速度会越来越快，你就有机会在中长跑中超越仅仅靠努力的人。

没有形成自己优势的人有两种可能：要么是没有发现自己的才干，要么是即使发现了也没有有效投入。很多人热衷于“发现自己的天赋”，做各种测评、各种量表。从来没有打过篮球的明星球员，刚开始也不一定就能打过训练了一段时间的大学生。当然，六岁就能写协奏曲的莫扎特确实拥有惊人的天赋，但这种天赋不是每个人都有的。所以我们用“才干”一词，而不用“天赋”。我们每个人都可以通过发现自己的才干，加上正确的投入，让自己的优势发挥到最好。

课堂活动

你最近一年投入精力最多的一件事情是什么？现在还在做吗？如果没有，试根据上述学过的知识寻找原因。

案例分享

“工匠精神”离我们并不遥远

“大国工匠”是广大劳动者的杰出代表，传承着工匠精神，凝聚着时代力量。焊接工高凤林是焊接火箭发动机的中国第一人；电焊工李万君实现动车组研制完全自主知识产权的重大突破；钳工夏立为“嫦娥探月”组配高精度天文装置；检修工王进在超高压直流输电线路上带电检修；地质队工程师朱恒银发明的深度钻探技术颠覆传统；核燃料修复师乔素凯保持25年核燃料操作零失误；工人陈行行以极致的精准向技艺极限冲击；维修工王树军突破进口生产线技术封锁；试油工谭文波发明石油试采新装置；文物修复师李云鹤独创技法修复敦煌壁画。

我们在致敬楷模的同时，别忘了反观自身，别仅仅让致敬停留在某一时刻，更要将“工匠精神”铭记心中，并转化为实际行动。坐而论道，不如起而行之。我们要将“工匠精神”真正贯彻到日常生活工作中，让其真正扎根在我们的精神价值和理想信念中。

任务二　关注就业创业政策

一、就业与创业

（一）就业是最大民生

就业是民生之本、稳定之基、发展之要、安邦之策。就业是最大的民生，也是经济社会发展最基本的支撑。没有稳定的就业，就没有稳定的经济来源，就不能维持个人生存，就谈不上民生。就业不仅是我们生存的经济基础，也是融入社会、共享发展成果的前提，牵动着千家万户的生活。

稳定就业就是稳定社会，实现稳定就业、充分就业，既是推进发展的条件，也是体现发展的标志。稳定就业、充分就业，是对民生真正的重视，是社会稳定发展的有效保障。

（二）创业带动就业

在我国经济发展新常态下，就业总量压力依然存在，就业结构性矛盾更加凸显。面对新的就业形势，必须着力培育大众创业、万众创新的新引擎，继续坚持扩大就业发展战略，深入实施更加积极的就业政策，把创业和就业结合起来，以创新创业带动就业，催生经济社会发展新动力，为促进民生改善、经济结构调整和社会和谐稳定提供新动能。

随着每年职业院校毕业生人数的持续攀升，就业形势日益严峻。鼓励创业是缓解当前就业压力的有效途径，是毕业生全面发展、实现自我价值的需要，有利于培养创新精神、创业意识、创新创业能力和艰苦奋斗的作风，有利于促进中小企业快速发展，有利于催生社会经济发展新动力，促进社会不断发展。

拓展阅读

衍生超5 000万就业机会，

这个领域正成为青年人就业蓄水池（节选）

中国劳动和社会保障科学研究院完成的《2023数字生态青年就业创业发展报告》（以下简称《报告》）选取微信数字平台为研究样本进行调研分析，勾勒出35周岁以下年轻人在数字平台就业创业的图景。《报告》显示，微信数字生态2022年创造的包括全职、兼职、灵活就业等在内的各种就业收入机会达到5 017.3万，较上年增长8.6%。

可以看出，微信、抖音、快手、京东、淘宝、美团等为代表的平台，正在创造全新的“数字就业生态”，催生新产业、新业态和新商业模式，带动新就业岗位、新就业形态快速增长，扩大就业容量。这些数字生态逐渐成长为劳动力市场中吸纳就业的重要力量。《报告》也显示，由视频号带动的就业、创业生态持续火爆。目前视频号衍生的就业收入机会达到 1 894 万个，同比增长 41.2%。除了视频号创造出近 2 000 万个就业收入机会外，在小程序开发、公众号创作、私域运营等其他领域也带动了超过千万的就业收入机会。例如，小程序衍生的就业收入机会达到 1 163 万个，同比增长 38.5%。这也是小程序衍生的就业收入机会首次突破 1 000 万。数字生态中的就业机会得到了很多青年人的认同。当前数字生态青年从业者中，六成半兼职从业者有转为全职的打算，近三成青年愿意将当前工作作为终身职业。《报告》显示，青年人才正成为引领数字经济发展的关键力量。微信生态中 35 岁以下青年人群从业比例较高，达到 56.8%。继 2022 年首次跨入千万人量级后，今年高校毕业生人数再创历史新高，中央到地方都不断研究拓展青年就业渠道，其中包括探索适应新就业形态发展的政策体系，提高新产业、新业态、新模式对青年就业的吸纳能力。数字生态为青年创新创业营造了良好的环境，很多青年通过微信公众号、视频号、小程序等实现了创业，并成为创造就业收入机会的重要力量，平均每个创业项目拉动就业收入机会 8.44 个，平均拉动青年就业收入机会 5.96 个。青年在通过创业实现自身发展的同时，也带来就业增加的倍增效应，对拉动青年群体就业作用积极。

微课：数字生态与就业

资料来源：查志远. 新京报《衍生超 5 000 万就业机会，这个领域正成为青年人就业蓄水池》. 新京报，2023-05-25，有修改。

二、职业院校毕业生就业创业政策

（一）就业创业宏观政策

党的十八大报告提出，要贯彻劳动者自主就业、市场调节就业、政府促进就业和鼓励创业的方针。党的十九大报告进一步指出，保障和改善民生要抓住人民最关心、最直接、最现实的利益问题，要保障群众基本生活，不断满足人民日益增长的美好生活需要，使人民的获得感、幸福感、安全感更加充实、更有保障、更可持续。党的十九大报告还指出，要坚持就业优先战略和积极就业政策，大规模开展职业技能培训，注重解决结构性就业矛盾，鼓励创业带动就业。提供全方位公共就业服务，促进高校毕业生等青年群体、农民工多渠道就业创业。破除妨碍劳动力、人才社会性流动的体制机制弊端，使人人都有通过辛勤劳动实现自身发展的机会。党的二十大报告指出，要强化就业优先政策，健全就业促进机制，促进高质量充分就业。

实施就业优先战略和人才优先发展战略，把实施积极的就业政策摆在更加突出的位置，贯彻劳动者自主就业、市场调节就业、政府促进就业和鼓励创业的方针，不断提升劳动者素质，强化各类政策协同机制、优化社会资本带动机制、完善就业创业服务机制、健全劳动关系协调机制、构建就业形势综合监测机制，实现比较充分和更高质量的就业，为全面建成小康社会提供强大支撑。

国务院印发《国家职业教育改革实施方案》，把职业教育摆在教育改革创新和经济社会发展中更加突出的位置，并明确指出：牢固树立新发展理念，服务建设现代化经济体系和实现更高质量更充分就业需要，对接科技发展趋势和市场需求，完善职业教育和培训体系，优化学校、专业布局，深化办学体制改革和育人机制改革，以促进就业和适应产业发展需求为导向，鼓励和支持社会各界特别是企业积极支持职业教育，着力培养高素质劳动者和技术技能人才。

（二）多渠道多形式就业鼓励政策

1. 到基层和一线就业

落实基层就业学费补偿、贷款代偿、考研加分等优惠政策，继续组织实施好“特岗计划”“大学生村官”“三支一扶”“大学生志愿服务西部计划”等基层就业项目，要围绕乡村振兴战略，引导毕业生到现代农业生产、经营等领域就业创业，鼓励毕业生到文化创意、健康养老、服务外包等现代服务业就业创业，鼓励毕业生到社会组织就业、到部队建功立业。

2. 到中小微企业就业

鼓励和促进毕业生到实体经济就业，充分发挥中小微企业吸纳毕业生就业的主渠道作用。要积极落实中小微企业吸纳毕业生的社保补贴、培训补贴、降税减费等优惠政策。

3. 服务国家战略开拓岗位

要主动对接国家经济社会发展的人才需要，围绕“一带一路”、京津冀协同发展、长江经济带发展、海南自贸试验区建设等，引导毕业生到重点地区、重大工程、重大项目、重要领域就业。鼓励毕业生到中西部地区、东北地区和艰苦边远地区就业创业。

4. 拓展新兴业态就业空间

职业院校毕业生要结合学科专业特色，主动对接以技术集成和商业模式创新为特点的新业态人才需求，充分利用平台经济、众包经济、共享经济、数字经济等新业态，实现多元化就业。

（三）毕业生创业优惠政策

国家鼓励毕业生创业的政策主要体现在一系列政策优惠、资金和场地扶持、指导服务与免费培训等方面。

（1）税收优惠：持人社部门核发的《就业创业证》（注明“毕业年度内自主创业税收政策”）的毕业生在毕业年度内（指毕业所在自然年，即 1 月 1 日至 12 月 31 日）创办个体工商户、个人独资企业的，3 年内按每户每年 8 000 元为限额依次扣减其当年实际应缴纳的城市维护建设税、教育费附加和个人所得税。对毕业生创办的小型微利企业，按国家规定享受相关税收支持政策。

（2）创业担保贷款和贴息：对符合条件的学生自主创业的，可在创业地按规定申请创业担保贷款，贷款额度为 10 万元。鼓励金融机构参照贷款基础利率，结合风险分担情况，合理确定贷款利率水平，对个人发放的创业担保贷款，在贷款基础利率基础上上浮 3 个百分点以内的，由财政给予贴息。

（3）免收有关行政事业性收费：毕业 2 年以内的学生从事个体经营（除国家限制的行业外）的，自其在工商部门首次注册登记之日起 3 年内，免收管理类、登记类和证照类等有关行政事业性收费。

（4）享受培训补贴：对学生创办的小微企业新招用毕业年度毕业生，签订 1 年以上劳动合同并缴纳社会保险费的，给予 1 年社会保险补贴。对学生在毕业学年（即从毕业前一年 7 月 1 日起的 12 个月）内参加创业培训的，根据其获得创业培训合格证书或就业、创业情况，按规定给予培训补贴。

（5）免费创业服务：有创业意愿的学生，可免费获得公共就业和人才服务机构提供的创业指导服务，包括政策咨询、信息服务、项目开发、风险评估、就业指导、融资服务、跟踪扶持等“一条龙”创业服务。

（6）取消高校毕业生落户限制：高校毕业生可在创业地办理落户手续（直辖市按有关规定执行）。

（7）创业学生的学分、学时、学籍等方面的配套措施：自主创业学生可享受各校建立的自主创业学生创新创业学分累计与转换制度；还可享受学生开展创新实验、发表论文、获得专利和自主创业等情况折算为学分；有自主创业意愿的学生，可享受学校实施的弹性学制，放宽学生修业年限，允许调整学业进程、保留学籍休学创新创业。优先支持参与创业的学生转入相关专业学习。

（8）职业院校毕业生创业指导服务与扶持：创业学生可享受各地政府和学校在信息、资金、技术、市场等方面的持续帮扶、全程指导、一站式服务。

课堂活动

毕业后创业做老板，是很多职业院校毕业生的梦想和追求。大家议一议，你想创业做什么？要创业，你会面临哪些困难和问题？目前，你为以后的创业在做哪些准备？

实践活动

我的未来不是梦

我的未来不是梦，梦是我们的兴趣，实现这个梦就需要相应的能力。没有能力完成自己感兴趣的事情是比较痛苦的，顺利地完成一些事情有助于良好性格的养成以及远大理想的树立。按照要求完成以下练习。

（1）为了更好地发挥技能，在心中想象一个特别向往的职业。

（2）仔细思考这一职业所需要的能力有哪些。

（3）这些能力中自己已经具备的能力有哪些？还需要发展什么能力？

我梦想中的职业：		
功能性技能	已经拥有的	
	仍需发展的	
内容性技能	已经拥有的	
	仍需发展的	
适应性技能	已经拥有的	
	仍需发展的	

没有人是万能的。对于那些目前还不具备的技能我们应该认真思考如何掌握该技能。对于已经拥有的技能我们应该琢磨哪些可以做得更好，哪些可以发展成自己的优势。

项目七 熟悉就业程序——维护就业权益

项目概述

大学生毕业离开学校，需要办理很多手续，程序十分复杂。学生顺利办理各种离校手续，文明、愉快离校是良好职业生涯的开始。

法律意识在大学生择业过程中极为重要，它既能让大学生在择业过程中保护自身的合法权益不受侵害，又能约束他们在择业过程中不损害用人单位的利益。为了提高就业率，向各用人单位推荐学生时，各高校都加强了毕业生就业指导工作。然而，大多数就业指导仅涉及毕业生的就业观念、就业程序、就业技巧与技能的培养，缺乏具体的相关法律知识的传授。本项目旨在帮助毕业生了解就业合同方面的相关知识，运用相关法律减少风险，以维护自身的合法权益。

学习目标

1. 了解毕业前需要核实的资料。
2. 熟悉就业协议和劳动合同的签订。
3. 熟悉离校报到的基本程序。
4. 掌握就业权益相关的法律保护，避免求职侵权行为。

案例导读

小张是某校电子专业的应届毕业生，学习成绩和综合素质在班级当中属于中上游水平，由于他找工作总持观望态度，“这山望着那山高”，总是期望能找到更理想的工作，因此错失了几次很好的就业机会。眼看着自己的同学都落实了就业单位，小张非常着急，他迫切希望尽快找到一家适合自己的单位。

一家生产电器元件的中外合资企业经过两轮面试及两周的试用以后，正式通知小张签订就业协议，并对他说："就业协议书拿来拿去签比较麻烦，你先让学校签证、盖好章，我们可以当场签约。"小张同意了，于是在领取就业协议时要求就业办的老师在空白协议上事先进行签证。老师提醒小张，如果学校事先签证可能会对他产生不利的影响，但是他没有听取老师的劝告。当天，小张拿着协议到公司签约，人事部主管在与他就协议的服务期限、工资、违约金等事项进行细致协商并在协议上详细注明后，要求小张签字，并以公司总经理出差、单位公章不在公司为由要他第二天来拿就业协议。小张签约心切，爽快地答应了。

第二天小张一拿到协议就愣住了，原本没有约定条款的就业协议现在多了两条附加条款："1. 本协议所约定的收入为税前收入并包括四金；2. 毕业生自签约之日起开始上班，至正式报到期间为实习期，实习期工资为每月 1 500 元。"他想争辩，却发现根本没有任何理由。

这个案例中涉及毕业时间、就业协议书、劳动合同等概念，还涉及小张毕业就业的流程和岗位待遇的认定问题。对于关系到自己切身利益的重大事项，签约之前一定要协商清楚，否则就会出现一些不必要的争议。案例中这家企业的做法是短视的，并不利于企业的长远发展。社会上的企业良莠不齐，毕业生在签约时应当谨慎一些。

任务一　毕业生就业程序

一、毕业前需要准备的资料

（一）毕业证、学位证要复印

毕业证、学位证需复印两份备用。毕业生应保管好原件，原件丢失不能补办，只能开证明。师范生还需保管好教师资格证，并复印两份备用。

（二）就业协议书的签订

1. 就业协议的作用

就业协议是明确毕业生、用人单位、学校三方在毕业生就业工作中权利和义务的书面表现形式，是毕业生和用人单位关于将来就业意向的初步约定，是编制毕业生就业方案和将来双方订立劳动合同的依据，具有一定的法律效力。

就业协议书的内容：

（1）毕业生介绍自身情况。

（2）表达愿意到用人单位工作。

（3）单位同意接收。

（4）学校同意推荐毕业生并列入就业方案。

2. 就业协议的主要条款

《全国普通高等学校毕业生就业协议书》是面向全国招生、面向全国就业的学校毕业生与用人单位签订就业合同使用的协议书，由教育部制定样式，作为示范性文本。就业协议书一般包括以下主要条款：

（1）毕业生应按照国家规定就业，向用人单位如实介绍自己的情况，了解用人单位的使用意图，表明自己的就业意见，在规定的时间内到用人单位报到，如遇特殊情况不能按时报到，需征得用人单位的同意。

（2）用人单位要如实介绍本单位的情况，明确对毕业生的要求及使用意图，做好各项接收工作。

（3）学校要如实向用人单位介绍毕业生的情况，做好推荐工作，用人单位同意录用后，经学校审核列入建议就业方案，报主管部门批准，学校负责办理离校手续。

（4）各方应严格履行协议，任何一方若违反协议，应承担违约责任。

（5）如有其他约定，应在备注栏中明确，并视为就业协议的一部分。

（6）就业协议一式四份，毕业生、学校、用人单位和上级主管部门各执一份。

3. 签订就业协议的基本程序

签订就业协议的基本程序如图 7－1 所示。

4. 签订就业协议应注意的问题

（1）如实完整填写就业协议书。

（2）注意就业协议中的补充条款。

（3）明确户口档案转移要求。

（4）慎重签约。

1）签协议前，毕业生一定要全方位地了解用人单位的相关情况。例如，企业的发展趋势、企业招聘的岗位性质、企业的员工培养制度、待遇状况、福利项目等内容。重点了解单位的人事状况，了解用人单位是否具有应届毕业生的接收资格。有些毕业生社会经验不足，在选择用人单位时往往被一些招聘单位所罗列的诱人的条件所迷惑，一时头脑发热，也不管这些信息是否真实，甚至连用人单位附加的诸多苛刻条件也满口答应，等到发现事实真相，已为时晚矣。

2）毕业生在签约时要按照正常程序进行。毕业生到学校领取就业协议书后，要认真、如实地填写基本情况及应聘意见，并签名；用人单位、主管部门及人事调配部门签订意见，弄清档案详细转递地址；院系签署意见，交给学校就业主管部门；学校就业主管部门代表学校签署意见后，协议书生效并到省就业主管部门签约。有的毕业生为省事，要求学校先签署意见，这样做使学校无法发挥监督、公正的作用，最可能受害的将是毕业生本人。

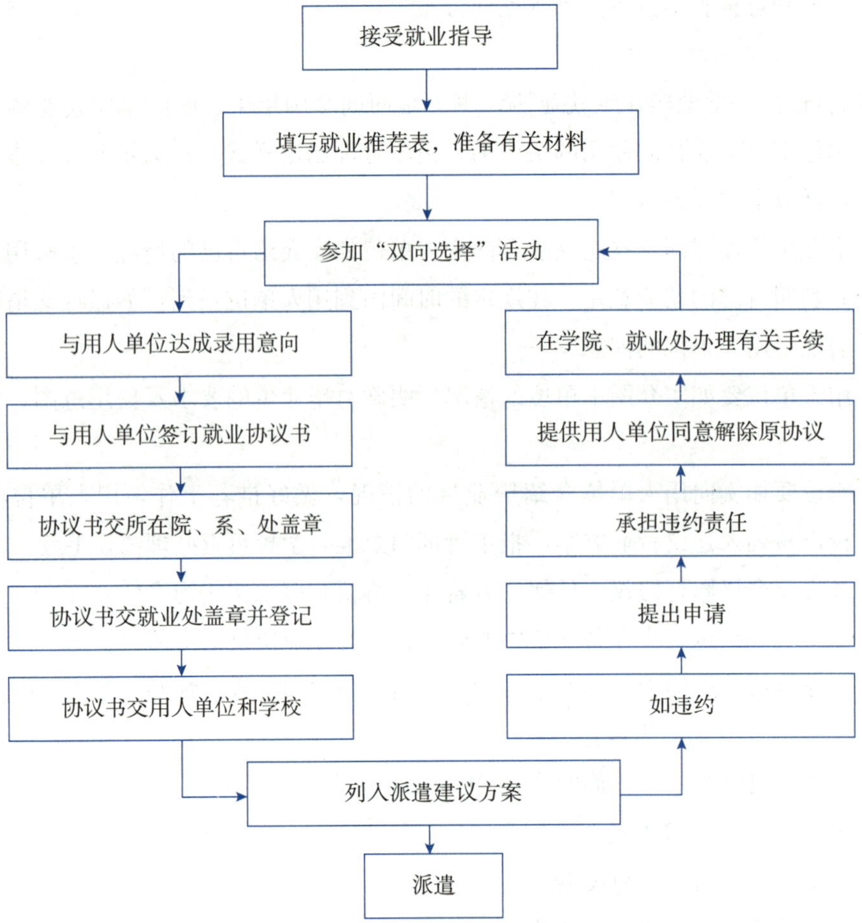

图 7-1　签订就业协议的基本程序

3）签署协议书时，一定要认真、真实地填写协议书内容。如果报考了研究生或准备出国，应事先向用人单位说明，隐瞒这些情况会受到违约处理。

4）毕业生在签约时也要学会保护自身权益。协议具有双向约定的作用，如果有双方需要相互承诺的部分，一定要在协议书或补充协议上加以说明。就业协议中可以规定违约金的数额。

5）毕业生在签约时，一定要注意条款的合理性。我国劳动法律法规明确规定，用人单位不得以任何理由向毕业生收取报名费、培训费、押金、保证金等，更不能以此作为是否录用的决定条件。

6）毕业生、用人单位双方不得单方面拖延签约周期。毕业生遇到问题而犹豫不决时，最好及时咨询高校就业部门的负责老师，征求相关的意见和指导。

7）协议书经三方签字、盖章后生效。协议签订后，三方都应严格履行，若有一方提出变更，须征得另两方的同意，由违约方承担责任。如果毕业生万不得已要单方面毁约，就必须在规定的时间内征得原签约单位的同意，经学校毕业生就业主管部门批准，并按照有关规定缴纳一定的违约金，方可改派。

8）协议书一式四份，毕业生、用人单位、上级部门及学校各执一份，复印无效。为保障协议的严肃性，协议书还要对应编号。有的毕业生在与用人单位签订协议后，又去联系其他单位，曲解了双向选择的真正含义，这种做法是错误的，是不负责任的、没有信誉的表现。协议书是劳动合同的一种形式，随意违约会受到法律制裁，包括一定的经济制裁。

微课：毕业生签订三方协议后违约后果及处理办法

5. 就业协议的解除

就业协议的解除即就业违约。从实际情况来看，就业违约多为毕业生违约，且毕业生违约最终会给自己造成不良后果。

经毕业生、用人单位签署的就业协议书，由学校审查同意即具有法律效力，三方应严格履行协议内容，任何一方不得擅自解除，否则违约方应向守约方支付协议条款所规定的违约金。毕业生只能与一个用人单位签订就业协议书，严格履行协议。

毕业生违约，除本人应承担违约责任并支付违约金外，往往还会造成其他不良后果，主要表现在以下几个方面：

第一，给用人单位的人才引进工作带来影响。用人单位的招聘工作需花费成本，单位往往为录用一名毕业生会做大量的工作，有时甚至对毕业生将要从事的具体工作也有所安排。同时毕业生就业时间相对比较集中，一旦毕业生因某种原因违约，势必使用人单位的录用工作付之东流，单位若另选择其他毕业生，在时间上也不允许，从而给用人单位的工作造成影响。

第二，影响学校和用人单位的长期合作关系。用人单位往往会认为毕业生的违约行为是因学校的管理不严所致，从而影响学校的声誉。用人单位会因毕业生违约现象，而对学校的推荐工作表示怀疑。从历年情况来看，一旦毕业生违约，该用人单位几年之内不愿到学校来挑选毕业生。面对激烈的就业竞争局面，用人单位的需求就是毕业生择业成功的前提，如此下去，必定影响到今后学校的毕业生就业工作。

第三，影响同届同专业其他毕业生就业。用人单位到校挑选毕业生，一旦与某毕业生签订就业协议，就不可能再录用其他毕业生。若日后该毕业生违约，那些当初希望到该用人单位工作的其他毕业生由于录用时间等原因，也无法补缺，造成就业信息的浪费，影响其他毕业生就业。因此，毕业生在就业过程中应慎重选择用人单位，严格履行就业协议。

课堂活动

小马是某校电子科学与技术专业毕业的学生。2024 年 5 月，小马与 A 电子科技公司（以下简称“A 公司”）签订了就业协议。但就在他即将报到上班的前一周，又有另外一家公司给小马打来了录用电话，而且小马发现A公司的工作岗位也不太适合自己，于是向A公司提出了解除就业协议的申请。A公司虽然答应了他的要求，却以小马违约为由，要求其根据就业协议的约定，缴纳8 000元的违约金。小马觉得很不合理，认为自己现在还未正式上班，没有签订劳动合同，不能算真正违约，为何要缴纳8 000元违约金。

分组讨论：小马的说法对吗？为什么？

（三）劳动合同的签订

1. 劳动合同的概念

劳动合同，是指劳动者与用工单位之间确立劳动关系，明确双方权利和义务的协议。订立和变更劳动合同，应当遵循平等自愿、协商一致的原则，不得违反法律、行政法规的规定。劳动合同依法订立即具有法律约束力，当事人必须履行劳动合同规定的义务。

2. 劳动合同的基本内容

劳动合同的内容有两个部分：一部分是必备条款的内容，另一部分是协商约定的内容。

微课：劳动合同和劳务合同的区别

（1）必备条款。

根据《中华人民共和国劳动法》第十九条的规定，劳动合同应当以书面形式订立，并具备以下条款：

1）劳动合同期限。合同期限分为三种：一是固定期限，是指用人单位与劳动者约定合同终止时间，如1年期限、5年期限等；二是无固定期限，是指用人单位与劳动者约定无确定终止时间；三是以完成一定的工作为期限，是指用人单位与劳动者约定以某项工作的完成为合同期限。用人单位与劳动者在协商选择合同期限时，应根据双方的实际情况和需要来约定。

2）工作内容。用人单位与劳动者双方约定的工作数量、质量以及劳动者的工作岗位等。

3）劳动保护和劳动条件。用人单位与劳动者双方约定的工作时间和休息休假的规定，各项劳动安全与卫生措施，对女职工的劳动保护措施与制度，以及用人单位为不同岗位劳动者提供的特殊劳动工作条件等。

4）劳动报酬。劳动者的标准工资、加班加点工资、奖金、补贴等的数额及支付时间、支付方式等。

5）劳动纪律。用人单位制定的规章制度。

6）劳动合同终止的条件。该条款一般是在无固定期限的劳动合同中约定，但其他期限种类的合同也可以约定。应当注意的是，双方当事人不得将法律规定的可以解除合同的条件约定为终止合同的条件。

7）违反劳动合同的责任。该条款规定了签约双方的任何一方违反了合同中的规定，致使劳动合同无法继续履行，违约方应当承担的违约责任，包括赔偿损失的方式和违约金的数额等。

《中华人民共和国劳动合同法》（以下简称《劳动合同法》）第十七条规定，劳动合同应当具备以下条款：用人单位的名称、住所和法定代表人或者主要负责人；劳动者的姓名、住址和居民身份证或者其他有效身份证件号码；劳动合同期限；工作内容和工作地点；工作时间和休息休假；劳动报酬；社会保险；劳动保护、劳动条件和职业危害防护；法律、法规规定应当纳入劳动合同的其他事项。

（2）协商约定条款。

《劳动合同法》规定，用人单位与劳动者订立劳动合同时除上述必备条款外，还可以协商约定其他的内容，即协商约定条款。这部分条款的内容，是当国家法律规定不明确，或者国家尚无法律规定的情况下，用人单位与劳动者根据双方的实际情况协商约定的一些随机性的条款。如可以约定试用期、培训、保守秘密、补充保险、福利待遇等条款。

随着劳动合同制的实施，人们的法律意识、合同观念会越来越强，劳动合同中约定条款的内容会越来越多。这是改变劳动合同千篇一律的状况，提高合同质量的一个重要体现。

3. 劳动合同签订的原则

微课：协商约定条款的主要内容

（1）合法原则。

劳动合同必须依法以书面形式订立。做到主体合法、内容合法、形式合法、程序合法。只有合法的劳动合同才能产生相应的法律效力。任何一方面不合法的劳动合同，都是无效合同，不受法律承认和保护。

（2）协商一致原则。

在合法的前提下，劳动合同的订立必须是劳动者与用人单位双方协商一致的结果，是双方“合意”的表现，不能是单方意思表示的结果，也不能强迫、命令、胁迫对方订立劳动合同。现实中签订劳动合同往往由用人单位提供格式合同文本，劳动者只需要签字。格式合同文本对用人单位的权利规定得比较多且清楚，对劳动者的权利规定得少且模糊。因此，在使用格式合同时，劳动者要认真研究合同条文，对自己不利的要据理力争。

（3）地位平等原则。

在劳动合同的订立过程中，当事人双方的法律地位是平等的。劳动者与用人单位不因为各自性质的不同而处于不平等地位，任何一方不得对他方进行胁迫或强制命令，严禁用人单位对劳动者横加限制或强迫命令的情况。只有真正做到地位平等，才能使所订立的劳动合同具有公正性。

（4）等价有偿原则。

劳动合同明确双方在劳动关系中的地位和作用。劳动合同是一种双向有偿合同，劳动者承担和完成用人单位分配的劳动任务，用人单位付给劳动者一定的报酬，并负责劳动者的保险金额。

（5）诚实信用原则。

签订劳动合同时用人单位及劳动者都应遵守诚实信用原则，如在订立劳动合同时，双方都不得有欺诈行为。用人单位应当如实告知劳动者工作内容、工作条件、工作地点、职业危害、安全生产状况、劳动报酬，以及劳动者要求了解的其他情况；劳动者也应当如实回答用人单位想了解的劳动者与劳动合同直接相关的基本情况。现实中，存在用人单位不告知劳动者职业危害，或者提供的工作条件与约定的不一样的情况；也存在劳动者提供假文凭的情况；还存在劳动者与用人单位订立了劳动合同后，因新机会的出现而悔约，不到用人单位工作的情况，这些都违反了诚实信用原则。

4. 签订劳动合同的注意事项

毕业生与用人单位订立劳动合同是一件非常严肃认真的事情，不能有丝毫马虎，一份完善的劳动合同不仅可以保障工作顺利、安全地开展，更能够在发生纠纷时及时、妥善地解决问题，把损失减少到最低。

（1）劳动合同签订的时间。

劳动者与用人单位已建立劳动关系，用人单位应自用工之日起一个月内与劳动者订立书面劳动合同。用人单位自用工之日起超过一个月但不满一年未与劳动者订立书面劳动合同的，应当向劳动者每月支付二倍的工资。自用工之日起满一年不与劳动者签订书面劳动合同的，视为用人单位与劳动者已订立无固定期限劳动合同。

（2）劳动合同的期限。

劳动合同的期限有三种：有固定期限的劳动合同、无固定期限的劳动合同和以完成一定的工作任务为期限的劳动合同。所以用人单位与劳动者在签订劳动合同时要根据双方的需求来协商确定劳动合同的期限。同时，如果有约定试用期，试用期是包含在劳动合同期限内的，若劳动合同仅约定试用期的，试用期不成立，该期限为劳动合同期限。并且以完成一定的工作任务为期限的劳动合同或者劳动合同期限不满三个月的，依照《劳动合同法》规定该情形不得约定试用期。

（3）劳动合同的内容。

劳动合同的内容要全面，包括劳动合同中的必备条款和协商约定条款，尤其是必备条款的内容不要有疏漏。合同字句要准确、清楚、完整、明白易懂，不能用缩写或含糊不清的文字表达。每项条款的表述应明确，以没有歧义为标准，否则就有可能在劳动执行过程中产生误解或曲解，甚至带来不必要的争议，给订立双方造成损失，也为合同争议的处理带来困难。

（4）审慎对待自己的签字。

在签订劳动合同时，毕业生应注意认真审查合同的条款，明显对自己不利的条款应及时向用人单位提出，并且不能匆忙签字，更不能因为基于自己的弱势地位而委屈地在合同上签字。因为从法律角度来看，劳动者在劳动合同上签字，是表示自己对该合同的认可，并愿意遵守和履行合同。如果拿不出用人单位在签订合同时采用了胁迫或欺诈的证据，就只能被认定为是自己真实意愿所为，不能认定该合同无效。

（5）试用期内也要签劳动合同。

这一点往往被毕业生忽略。有些用人单位为了逃避责任，在试用期内，往往不与毕业生签订劳动合同。一旦试用期满，就找各种理由将毕业生辞退。因此毕业生在试用期内一定要与用人单位订立书面合同。一旦发生劳动纠纷、争议，就有了法律依据。

（6）对非全日制用工要特别注意。

1）非全日制劳动者在同一用人单位一般平均每日工作时间不超过四小时。每周工作时间累计不超过二十四小时。

2）非全日制用工不得约定试用期。

3）非全日制用工小时计酬标准不得低于用人单位所在地人民政府规定的最低小时工资标准。

4）非全日制用工劳动报酬结算支付周期最长不得超过十五日。

5）用人单位必须为劳动者缴纳工伤保险，否则发生工伤事故则要承担相关责任。

5. 就业协议与劳动合同的有什么区别

（1）相同之处。

就业协议是高校毕业生与用人单位确立劳动关系的法律依据。就确立劳动关系这一点来说，就业协议与劳动合同是相通的，可以这样认为，就业协议的实质就是劳动合同的一种特殊表现形式。用人单位对大学毕业生这类劳动者，与面向社会公开招聘的劳动者，在培养、使用、待遇等方面可能有所不同，但从确立劳动关系这一点来说，就业协议与劳动合同是一致的。

（2）不同之处。

劳动合同是劳动者与用人单位确立劳动关系，明确双方权利和义务关系的协议。《劳动法》第十六条规定，建立劳动关系应当订立劳动合同。就业协议是高校毕业生与用人单位确立劳动关系，明确双方在毕业生就业工作中权利和义务的协议。教育部颁布的《普通高等学校毕业生就业工作暂行规定》第二十四条要求：“经供需见面和双向选择后，毕业生、用人单位和高等学校应当签订毕业生就业协议书，作为制定就业计划和派遣的依据。”

1）适用的法律、法规不同。劳动合同适用《劳动法》及劳动人事部门颁布的有关劳动人事方面的规章；就业协议适用教育部颁发的《普通高等学校毕业生就业工作暂行规定》和有关政策。

2）适用主体不同。劳动合同是劳动者与用人单位之间确立劳动关系的协议，只要双方当事人协商一致，符合国家的法律、行政法规，无欺诈、胁迫等行为，经双方签字盖章，合同即生效。目前的就业协议除毕业生与用人单位双方签字、盖章外，尚需学校和签证机关（人事部门）介入。

简单地说，两者的程度不同，劳动合同的法律力度较大，不管是权利还是义务，一旦签订，就必须遵守，一旦有违约现象，必须付出应负的责任。而就业协议带有三方协商的成分，一旦有一方违约，后果相较劳动合同要轻一些。

拓展阅读

无效劳动合同的区分

《劳动法》规定，无效的劳动合同有两种：一种是违反法律、行政法规的劳动合同；另一种是采取欺诈、威胁等手段订立的劳动合同。欺诈是指一方当事人故意告知对方当事人虚假的情况，或者故意隐瞒真实的情况，诱使对方当事人做出错误意见表示的行为；威胁是指以给公民及其亲友的生命健康、荣誉、名誉、财产等造成危害为要挟，迫使对方做出违背真实意愿表示的行为。无效的劳动合同，从订立的时候起就没有法律约束力。确认劳动合同部分无效的，如果不影响其余部分的效力，其余部分仍然有效。劳动合同是否无效，应由劳动争议仲裁委员会或者人民法院确认。

6. 了解人事代理和劳务派遣

（1）人事代理。

人事代理是毕业生择业过程中，由用人单位或毕业生本人委托各级人才流动服务机构对其人事关系实行社会化管理的一种人事管理方式。人事代理可以高效、公正、负责地为各类毕业生解决在择业、就业中遇到的人事方面的有关问题，并提供以档案管理为基础的社会化人事管理与服务。

1）哪些毕业生需要办理人事代理。

a. 凡通过双向选择，择业期间内已同外资企业、股份制企业、私营企业等非国有单位（没有直接档案接收权的单位）和实行聘用制的国有企、事业单位签订就业协议书的毕业生，或在以上单位工作，但尚未签订《就业协议书》的毕业生。

b. 择业期内暂未落实就业单位、自费出国留学、自主创业、自主择业等各类毕业生。

2）人事代理的服务项目和益处。

a. 实现落户口和档案转递。

毕业生办理人事代理手续以后，妥善解决了档案及户口托管问题，不再为户口和档案问题烦恼，实现了用人单位对聘用毕业生人事关系管理和使用的分离，有利于单位实现用人自主权。对毕业生个人而言，有利于促进人才流动，实现自主择业。

b. 保障自身各项权益。

一旦毕业生正式进入国有单位，可享受转正定级、干部身份的保留、工龄的计算、档案工资调整、职称资格评定等待遇。对毕业生的资历认定、提高待遇和核定工资等具有重要意义，不会出现断档情况。

c. 方便改签和办理人事调动手续。

在择业期内，委托代理机构为改签的毕业生办理户口迁移和档案提取手续；超过择业期后涉及工作调动的，委托代理机构凭毕业生所持正式手续，协助为其办理户口迁移和档案提取手续。

d. 出具相关证明。

涉及考研升学、结婚生育、参加养老保险、党组织关系的毕业生，依据有关规定，委托代理机构可为其出具以档案材料为依据的相关人事证明等，并协助为其办理相关手续。

3）人事代理重要问题解答。

a. 人事代理毕业生见习一年期满后，转正定级如何办理？

答：委托人事代理的应届毕业生见习一年期满后，存档人员按国家规定可申请办理转正定级。转正定级虽然对在非国有单位工作的毕业生意义不大，但是转正定级后意味着干部身份的正式确定，如果变动工作调入国有单位，转正定级将作为享受有关待遇的主要依据。

b. 人事代理毕业生可以初定职称吗？

答：可以。国家规定，全日制普通院校毕业生见习一年期满后，经考核合格，即可在转正定级之后，申请办理初定专业技术职务手续（个别职称系列除外）。人事代理毕业生可于见习期满的当年 10 月，向人才交流中心申请办理相应职称（职务）初定手续。如果毕业生在择业期内不办理人事代理，将影响其有关资历的认定、待遇的提高和就业的机会。

c. 人事代理毕业生可以调整档案工资吗？

答：根据国家规定，国家机关、事业单位调整工资时，凡是在人才交流中心管理人事档案并保留干部身份的人员，本人符合国家规定的升级条件，可按照国家规定的调资政策核定其增资额，记入本人档案。行政机关、事业单位招录人员核定工资，是以档案工资为依据的。

d. 人事代理毕业生党组织关系怎么办？

答：人事代理毕业生中的中共党员，其组织关系可以转到所在工作单位或社区，也可以随档案转到人才交流中心，并编入所属党支部参加党员活动。毕业生在校期间入党后未转正的，可在转正期满前1个月向所在党组织提出转正申请。

e. 人事代理毕业生的工龄如何计算？

答：毕业生凭《就业报到证》到人才交流中心报到之日起开始计算工龄。工龄是毕业生进入国有单位享受工资晋升、职务升迁、退休、保险等待遇的依据之一。

f. 人事代理毕业生怎样参加社会保险？

答：接收单位统一参加社会保险的，可通过单位办理新增投保手续；接收单位未办社会保险或暂无接收单位的，本人可持身份证、人事代理相关手续到人才交流中心，由其代为办理开户和代收代缴手续，按社会保险机构核定的标准缴费。

g. 人事代理毕业生可以考研吗？

答：可以。在研究生招生报名阶段，人才交流中心可以为其出具同意报考及档案所在地证明；录取阶段，凭招生学校调档函可以在人才交流中心办理录取的政审（政审通不过的不能录取），凭录取通知书在人才交流中心可办理人事关系、工资关系、党员组织关系的转移手续。

（2）劳务派遣。

微课：劳务派遣

1）什么是劳务派遣。

劳务派遣，又称“劳动派遣”“劳工派遣”“劳动力租赁”，指派遣单位根据接受单位（即实际用人单位）的要求，与接受单位签订派遣协议，将与之建立劳动合同关系的劳动者派往接受单位，受派劳动者在接受单位的指挥和管理下提供劳动，派遣单位从接受单位获取劳务费，并向劳动者支付劳动报酬的一种特殊劳动关系。

劳务派遣合同是指派遣单位与接受单位订立的由一方提供劳务而由另一方支付劳务费的合同。

一般是国有企业或事业单位在没有编制但又需要用人的时候会雇用劳务派遣人员。劳务派遣人员属于劳务派出公司的人力资源，暂时还不属于用人单位员工，等到用人单位有编制后可以转为用人单位员工。劳务派遣人员所享受的待遇和社会保险与用人单位的正式员工是一样的。

2）签订劳务派遣合同时需要注意什么。

《劳动合同法》对劳务派遣中的合同签订提出了全新的要求。一份完备的派遣合同会大大降低企业在派遣过程中的法律风险，用工企业在签订派遣合同时最关键的是注意派遣合同是否权责明晰，主要包括六个方面：

a. 明确规定派遣公司签订劳动合同的义务，防止派遣公司不签、迟签劳动合同。

b. 明确规定派遣公司有缴纳社会保险的法定义务并承担没有依法缴纳的法律责任，防止派遣公司不缴、漏缴社保。

c. 派遣公司如果拖欠克扣工资会导致员工难以安心工作，用工企业在派遣合同中应明确规定派遣公司发放工资的日期，并规定未经用工企业同意，派遣公司不得以任何名目直接扣除员工工资。

d. 双方可以约定派遣员工在哪些情形下可以退回劳务公司及员工退回方式。

e. 双方可以约定工伤事故、劳动纠纷如何处理、费用如何分摊。

f. 双方应当明确约定违约责任，用工企业在派遣合同中应明确规定派遣公司违约应承担所有损失并且用工企业有权解约。

微课：劳务派遣主体的权利与义务

（四）档案

毕业生档案包含各学历层次期间的学籍档案。

1. 档案里都有什么？

档案里有高校毕业生登记表、学习成绩表、在校奖惩材料、入团入党志愿书、体检表、毕业生报到通知书等。

2. 档案有什么作用？

考研、考公务员、转正定级、评定职称、入团入党、计算工龄、办理各种人事手续等时均需档案。

毕业生不仅在毕业前要核实档案转递信息，在毕业后也要及时跟踪档案转递状态，确保不被遗失。待档案到达单位或人才中心后，要及时办理报到和存档手续。具体如何办理，依据各地单位或人才中心规定执行。

3. 毕业了，档案放哪里？

（1）直接就业。

1）去机关、事业单位、国有企业就业。高校毕业生到具有档案管理权限的机关、事业单位、国有企业就业的，由单位直接接收、管理档案。

2）到私企、外企就业。到无档案管理权限的单位（私营企业、外资企业等）就业的毕业生，可由各地公共就业和人才服务机构负责提供档案管理等人事代理服务。

提醒：2015 年 1 月 1 日起，取消收取人事关系及档案保管费、查阅费、证明费、档案转递费等名目的费用。

3）去基层就业。原则上统转至就业单位所在地县级政府人社部门。

提醒：千万别弃档！没有档案，会影响以后的转正定级、考研、考公务员过政审、评职称、考资格证、办理养老保险等的一系列手续。

（2）考研。

录取后，学校会发调档函，根据调档函的要求办理调档手续。

（3）留学。

一般存放在留学服务中心或人事代理机构，关于海外学历有专门的认证机构。

（4）暂未就业。

可将档案转至生源地或经学校同意暂时留在学校，按照政策，学校只代为保管 2 年。超过 2 年未落实工作单位，学校会将档案发回原户籍所在地公共就业和人才服务机构保管。

提醒：档案不允许个人保存。

4. 核对好人事档案

人事关系档案，在校时称为学籍档案，毕业后称为人事档案。

一般情况下，自己没有办法直接查看档案，但是毕业时有很多档案中的材料会由自己经手办理，要及时核对好人事档案中所需的材料表格等。因为离校后发现问题再补齐材料的手续会非常烦琐。

拓展阅读

签三方协议要留心的五个细节

（1）要看填写的用人单位名称是否与单位的有效印鉴名称一致，如不一致，协议无效；填写自己的专业名称时，要与学校教务处的专业名称一致，不能简写。

（2）外企、合资企业、私企一般采用试用期，根据合同期的长度，可以是 1～3 个月不等，通常试用期为 3 个月，不得超过 6 个月。国家机关、高校、研究所一般采用见习期，通常为 1 年。

（3）不少单位为了留住人才，以高额违约金约束毕业生。毕业生在协商中要力争将违约金降到最低，通常违约金不得超过 5 000 元。但是，《劳动法》第二十三条中规定，“对负有保密义务的劳动者，用人单位可以在劳动合同或者保密协议中与劳动者约定竞业限制条款，并约定在解除或者终止劳动合同后，在竞业限制期限内按月给予劳动者经济补偿。劳动者违反竞业限制约定的，应当按照约定向用人单位支付违约金。”《劳动法》第二十二条和第二十三条规定的情形外，用人单位不得与劳动者约定由劳动者承担违约金。所以毕业生要力争取消违约金这一条规定。

（4）现行的毕业生就业协议属“格式合同”，但“备注”部分允许三方另行约定各自的权利义务。为了防止用人单位承诺一套、做一套，毕业生可将签约前达成的休假、住房、保险等福利待遇在备注栏中说明，如发生纠纷，可以此维护自己的合法权利。

（5）学生在签订协议时，要严格按照规定的步骤进行。等用人单位填写完毕、盖章后再到学校就业指导中心签证盖章。切忌自己填写完毕后就直接到学校毕业生就业指导中心要求盖章，以防单位在填写时，工资待遇等与过去承诺的大相径庭。三方协议是国家统计大学生就业率的一个根据，也是国家派遣证发放的一个证明。只有毕业生签署了三方协议并拿回学校，学校才会在毕业后将派遣证发给毕业生。毕业生拿着派遣证到工作单位报到，就此开始计算工龄，并拥有干部身份。三方协议在毕业生到单位报到、用人单位正式接收后自行终止。因而三方协议书只是毕业生、用人单位、学校三方之间签订的就业意向，不是劳动关系的法律文件，对劳动关系没有约束力。有的企业在和学生签订三方协议后，要求学生毕业前到公司实习，企业在学生毕业后根据其实习表现及签订劳动合同的原则，协商签订劳动合同，也可能出现不签订的情况。因此，对于毕业生来说，签订了三方协议并不意味着进入了就业的“保险箱”，还需要接受用人单位实习期、试用期的进一步考察。

二、毕业生离校、就业报到的规定与流程

（一）毕业生离校程序

毕业生在离校之前应按照学校有关规定办理离校手续，主要包括以下几个方面：

（1）缴清所欠学杂费，办理归还贷款手续。

（2）还清所借图书、体育器材、实验用品等公共财物。

（3）领取毕业证、学位证或结业证、技能等级证等证书。

（4）领取就业报到证。

（5）办理党、团组织关系转移的介绍信。

（6）办理校方规定的其他手续。

（7）清理毕业生之间所借的私人财物，避免毕业生之间不必要的误解。

毕业生在办理有关手续时要注意核对毕业证、报到证上的姓名是否与户口关系完全一致，单位名称是否正确，如发现差错要及时更正。办理手续后，所有资料要妥善保管，避免丢失。

（二）毕业生就业报到程序

到用人单位报到，是毕业生走向新的工作岗位的第一步。这一步迈得是否顺利，直接关系到单位对毕业生的最初印象，也关系到毕业生能否以一种良好的心态顺利上岗，绝对不能轻视。因此，毕业生应注意以下几点。

（1）准备好报到所需的全部材料，包括毕业证、学位证、报到证、户籍关系、身份证、党团组织关系等。

（2）按时报到。报到后，用人单位往往要集中一段时间对新员工进行岗前培训。因

此，拿到报到证后，一定要先与单位取得联系，问清楚报到时间、地点及有关事项。如有特殊情况不能按时报到，应提前向用人单位人事部门请假，说明原因，告知自己到单位的时间，并对自己因不能按时报到向单位致歉。

（3）不要挑剔工作，不要提过高要求。对于组织分配的工作，不应挑三拣四。即使所分配的工作有难度或兴趣不浓，也应该先接受下来，力争干好。对于工作、生活条件，也不宜提出过高要求或计较一时的个人得失，一切要从职业发展的角度去思考和承担。

（4）树立主人翁意识。要把单位当成自己的家，不能有临时做客思想。

（三）毕业生户籍关系、档案的转迁

1. 毕业生户籍关系的办理

（1）入学时户口已迁入学校的毕业生。

毕业生入学时已将本人户口迁入学校的，凭毕业证和就业报到证到学校保卫处治安科统一办理户口迁移证。到用人单位报到时，毕业生持就业报到证、户口迁移证到用人单位办理户口迁入手续。人事代理的毕业生到人才中心办理报到及户口迁入手续。

（2）入学时户口未迁入学校的毕业生。

毕业生入学时，户口关系未迁入学校，仍然在原籍的，凭毕业证、就业报到证、就业协议书到生源地户籍管理部门办理户口迁移证。到用人单位报到时，毕业生持就业报到证、户口迁移证到用人单位办理户口迁入手续。人事代理的毕业生到人才中心办理报到及户口迁入手续。

2. 毕业生档案转递办理

学校依据就业报到证将毕业生档案及时转寄到毕业生的报到单位。根据档案管理规定以及各级档案管理部门的要求，原则上毕业生档案只能由学校统一转寄，毕业生本人不能携带档案。

三、毕业生常见问题及处理

（一）毕业生人事档案代理

毕业生在办理档案代理时，应注意办理单位是否为国家主管部门正式批准成立的代理机构，防止非法中介或非正常渠道办理人事代理手续，给自己造成不必要的麻烦，甚至上当受骗。

毕业生应在择业期内（毕业后两年）及时落实档案及户口。若在毕业几个月或一年后才办理人事代理，国家认可的“参加工作时间”就会滞后，工龄就会受到影响，进而影响此后的转正定级和职称晋升等。

毕业生在择业期内没有及时落实户口、人事关系，在超过择业期后，将会给落实户

口、档案迁转、相关证明出具等工作造成不必要的困难。

毕业生同用人单位签订就业协议书或劳动合同，要注意招聘单位的真实性和招聘信息的可靠性，以免给自身带来不必要的损失，给后期人事档案代理带来不必要的麻烦。

（二）就业报到证改签程序

毕业生改派须在两年择业期（自毕业当年 7 月 1 日算起）内办理，逾期不再办理有关调整改派手续。

超过择业期的毕业生的手续调整按在职人员有关规定办理人事调动，或直接到相关人才交流中心办理。

凡学校推荐就业且已签订就业协议的毕业生，必须按时到用人单位报到，不允许出现违约现象，不予办理调整改派手续。

择业期内个人联系就业的毕业生调整改派流程图，如图 7－2 所示。

毕业生将原就业单位退函、就业报到证、与新单位签订的就业协议或者本人回生源地就业的申请交到毕业学校就业主管部门

↓

毕业学校就业主管部门在大中专毕业生就业信息系统修改毕业生个人信息库

↓

到省毕业生就业主管部门办理手续

图 7－2 择业期内个人联系就业的毕业生调整改派流程图

改派毕业生的户籍关系处理：未在原接收单位所在地落户的，由毕业生持改派后的就业报到证、原户口迁移证到原户籍所在地办理户口改迁；已在原接收单位所在地落户的，由毕业生持改派后的就业报到证到当地派出所办理户口迁出手续。

（三）就业报到证丢失补办程序

就业报到证丢失补办程序，如图 7－3 所示。

个人提交补办申请到毕业生就业主管部门

↓

毕业院校就业主管部门准备毕业生补办申请表、学校就业主管部门证明、毕业证、录取新生名册复印件、用人单位证明、学籍证明

↓

毕业院校就业主管部门携带以上资料到省毕业生就业主管部门办理手续

图 7－3 就业报到证丢失补办程序

（四）毕业证、户籍关系、档案等丢失补办程序

1. 毕业证丢失补办程序

补证人按要求到原就读学校索取并备齐以下各项材料：

（1）录取审批表复印件（加盖学校学籍印章）。

（2）省级报刊遗失声明（或破损证书原件）。

（3）本人证书遗失情况报告。

（4）申请人工作单位人事部门证明。

（5）黑白二寸照片 2 张。

持以上材料到学校学籍管理部门填写“学历证明书补办申请表”。学校核实毕业生身份信息，确认无误后，毕业证明书补办由学校教务部门学籍管理工作人员统一办理。

2. 户籍关系丢失补办程序

（1）持本人身份证到迁出地派出所复印迁移证存根并加盖派出所户口专用章。

（2）持本人身份证和迁移证存根到迁往地所辖派出所开具本人的未落户证明，证明上需明确显示本人的姓名、出生日期、身份证号码及本辖区现有无该人户口。

（3）持本人身份证及未落户证明到迁出地派出所补办新的户口迁移证。

3. 档案丢失补办程序

对于学生毕业后档案出现意外情况的，学校可根据学生在校期间的记录补办，补办时需要向就业管理部门提交报到单位出示的证明材料，本人填写“学生档案遗失补办审批表”，经院（系）就业负责领导签署意见，学校就业管理部门审批后，到学校相关管理部门补办档案材料。

任务二　维护就业权益

就业权益是指求职者在求职择业过程中应享有的权益，包括劳动报酬权、休息休假权、劳动保护权等。大学生作为一个特殊群体，在就业过程中除享有普通劳动者所享有的一般权利外，还享有许多其他权利。

一、毕业生的就业权利

（一）就业信息知情权

就业信息知情权是指大学毕业生拥有及时全面地获取应该公开的各种就业信息的权利。它包括三个方面的含义：信息公开，即任何团体、组织和个人都不得隐瞒、截留用人

信息，要全部向毕业生公布；信息及时，即应当将就业信息及时地向毕业生公布，否则就业信息就会过时，失去了利用价值；信息全面，即向毕业生公布的就业信息应当是全面完整的，局部的、残缺不全的信息将影响毕业生对用人单位的全面了解和准确判断，从而影响其对职业的选择。

（二）接受就业指导权

就业指导工作对毕业生来说意义重大，它会直接影响毕业生的职业生涯规划、就业意识、就业方向及求职择业的技巧。学校在毕业生就业指导中占据重要位置。为做好毕业生就业指导工作，学校应对毕业生进行全方位的就业指导与服务，向毕业生宣传国家关于毕业生就业的方针、政策，帮助他们做好职业规划；对毕业生进行择业技巧的指导，引导他们准确定位、合理择业。除了学校，毕业生还可以从就业指导机构获得帮助。

（三）被推荐权

向用人单位推荐毕业生是学校就业指导工作的一项重要职责，学校的推荐对用人单位选择毕业生起着重要作用。毕业生享有被学校及时、公正、如实推荐到用人单位的权利。学校推荐毕业生时应做到：如实推荐，对毕业生的在校表现不夸大、不贬低，实事求是；择优推荐，在公开、公正的基础上择优推荐毕业生，使人尽其才，并激发广大学生学习工作的积极性；公正推荐，根据个人的表现及能力，公平、公开、公正地推荐每一位毕业生，使大家都能够享受到被推荐的权利。

（四）平等就业权

毕业生在就业过程中享有平等的就业权利，有平等的机会去竞争工作岗位。毕业生应当平等地接受学校推荐，平等地参加用人单位的公开招聘，同时还有权要求用人单位在录用毕业生时能够做到公平公正、一视同仁。

国家保障妇女享有与男子平等的劳动权利。用人单位招用人员，除国家规定的不适合妇女的工种或者岗位外，不得以性别为由拒绝录用女性大学毕业生或者提高对女性大学毕业生的录用标准。用人单位录用女性大学毕业生，不得在劳动合同中规定限制女性大学毕业生结婚、生育的内容。

各民族劳动者享有平等的劳动权利。用人单位招用毕业生，应当依法对少数民族大学毕业生给予适当照顾。

国家保障残疾人的劳动权利。各级人民政府应当对残疾大学毕业生就业统筹规划，为残疾大学毕业生创造就业条件。用人单位招用毕业生时，不得歧视残疾大学毕业生。

微课：女职工劳动保护

用人单位招用大学毕业生，不得以是传染病病原携带者为由拒绝录用。但是，经医学鉴定传染病病原携带者在治愈前或者排除传染嫌疑前，不得从事法律、行政法规和国务院卫生行政部门规定禁止从事的易使传染病扩散的工作。

案例分享

女大学生郭某在招聘网站上看到某培训学校招聘文案岗位人员，她认为自己的学历及实习经验符合招聘要求，便在网上提交了简历。在等待多天没有得到任何回复后，郭某又浏览了相关招聘页面，才发现上面写着“限男性”。郭某表示不解，多次向对方咨询，但对方坚持只要男性，并表示这个岗位不适合女性。“企业拒绝女性求职者的理由太多了，我不能再忍气吞声。”于是，郭某向法院提起了诉讼。

根据《劳动法》《就业促进法》等相关法律规定，劳动者享有平等就业的权利，劳动者就业不因性别等情况而受歧视，国家保障妇女享有与男子平等的劳动权利，用人单位招用人员，除国家规定的不适合妇女的工种或者岗位外，不得以性别为由拒绝录用妇女或者提高对妇女的录用条件。该培训学校的做法侵犯了郭某的平等就业权，郭某可以通过法律途径维护自己的合法权益。

（五）就业选择自主权

根据国家规定，毕业生在国家就业方针、政策的指导下“双向选择，自主择业”，即毕业生可按照自己的意愿就业，有权决定自己是否就业、何时就业、在何地就业、从事何种职业，学校、其他单位和个人均不得干涉。任何强加给毕业生的就业行为都是侵犯毕业生就业自主权的行为。

（六）择业知情权

毕业生在与用人单位签订就业协议书及劳动合同前，有权了解用人单位的主体资格、劳动岗位、劳动条件、劳动报酬及规章制度等情况，用人单位应当如实说明和介绍，不能回避或故意隐瞒某些职业危害，也不能夸大单位规模和能提供给毕业生的待遇。

案例分享

应届毕业生小莫应聘到一家软件公司上班，双方口头约定月薪 6 000 元。拿到劳动合同的时候，小莫发现合同上并没有写明岗位和工资，但为了尽快落实工作他还是在这份空白劳动合同上签了字。可几个月来，他每月工资只有 3 000 元。小莫找到人事部门屡次协调未果，最终公司让他离职。小莫要求公司支付当初承诺的工资并支付经济补偿金，此时公司拿出了与小莫签订的劳动合同，与当初不同的是，这份合同“被填空”了，劳动报酬处已写上“3 000 元”。

像小莫这样遭遇劳动合同“被填空”的人并不少见。用人单位与劳动者签订劳动合同，但在合同文本中保留一些空白处，可根据单位的意愿随意填写，这都为劳动者日后维权埋下了隐患。如果小莫想要证明用人单位在劳动合同上弄虚作假，就得找到相应的证据，但在现实中很难取证。因此，毕业生在签订劳动合同时，一定要查看合同文本内容是否完整，是否加盖了单位公章，起止日期是否明确等。了解岗位信息是求职者的应有权利，如果发现是空白劳动合同，要勇敢地向用人单位提出自己的疑问，不要贸然签字，以免被用人单位钻空子。

（七）违约求偿权

用人单位、毕业生、学校的三方协议一经签订后，任何一方不得擅自毁约和违约。如果用人单位无故解除协议，或不按照协议内容履行，毕业生有权要求用人单位承担违约责任，包括支付违约金。有些用人单位出于单位改制、经营情况不好等原因，主动向毕业生提出解除协议，甚至个别单位在招聘时提供了虚假信息，在毕业生到单位就业后不能履行对毕业生的承诺，对于这些情况，毕业生有权向用人单位提出赔偿要求。

（八）户口档案保存权

毕业生自毕业之日起，在择业期内如果没有联系到合适的工作单位，没有和用人单位签订就业协议书，也没有因回生源地自主择业、出国等情况而办理人事代理手续，有权将档案和户口保存在学校，学校应当对毕业生的学籍档案和户口关系进行妥善保管，不能向毕业生收取费用。两年择业期满后，学校就不再承担此义务。

二、毕业生就业的法律保障

毕业生要熟悉和掌握国家有关法律、法规，强化自己的维权意识。一旦在求职应聘、签订就业协议和劳动合同的过程中受到侵害，能够积极运用法律武器维护自己的合法权益。

（一）《劳动法》

1.《劳动法》的适用范围

《劳动法》于 1994 年 7 月 5 日经第八届全国人民代表大会常务委员会第八次会议通过，自 1995 年 1 月 1 日起施行，2009 年 8 月 27 日第一次修正，2018 年 12 月 29 日第二次修正。国家制定和实施劳动法的宗旨是，保护劳动者的合法权益，调整劳动关系，建立和维护适应社会主义市场经济的劳动制度，促进经济发展和社会进步。

《劳动法》的适用范围包括，在中华人民共和国境内的企业、个体经济组织和与之形成劳动关系的劳动者，以及国家机关、事业组织、社会团体和与之建立劳动合同关系的劳动者。

2. 劳动者的权利和义务

《劳动法》明确规定了劳动者享有的权利及应当履行的义务。劳动者享有平等就业和选择职业的权利、取得劳动报酬的权利、休息休假的权利、获得劳动安全卫生保护的权利、接受职业技能培训的权利、享受社会保险和福利的权利、提请劳动争议处理的权利以及法律规定的其他权利。劳动者应当承担的主要义务包括，完成劳动任务，提高职业技能，执行劳动安全卫生规程，遵守劳动纪律和职业道德。用人单位应当依法建立和完善规章制度，保障劳动者享有劳动权利和履行劳动义务。

课堂活动

“天下没有免费的午餐”，但一些地方却出现了高校毕业生分文不取、无偿工作的免费劳动力，即“零工资”就业形式。针对这个特殊的社会现象，不同人士有不同的看法。赞成者认为，劳动者主动申请无偿工作是不违法的，“零工资”就业是劳动力市场发展的结果。反对者认为，这会引起就业市场混乱，劳动者权利丧失，不法企业会乘虚而入，压榨和剥夺劳动者的成果，企业管理也会存在不少难题，关键是在法律上根本无“法”可依。

分组讨论：运用所学的有关知识谈谈你对“零工资”就业现象的认识。

（二）《劳动合同法》

1.《劳动合同法》的适用范围

《劳动合同法》于2007年6月29日经第十届全国人民代表大会常务委员会第二十八次会议通过，自2008年1月1日起施行，2012年12月28日修正。

《劳动合同法》适用于中华人民共和国境内的企业、个体经济组织、民办非企业单位等组织与劳动者建立劳动关系，订立、履行、变更、解除或者终止劳动合同，以及国家机关、事业单位、社会团体和与其建立劳动关系的劳动者，订立、履行、变更、解除或者终止劳动合同。

2. 劳动合同的种类

微课：劳动合同的种类

劳动合同分为固定期限劳动合同、无固定期限劳动合同和以完成一定工作任务为期限的劳动合同。固定期限劳动合同，是指用人单位与劳动者约定合同终止时间的劳动合同。无固定期限劳动合同，是指用人单位与劳动者约定无确定终止时间的劳动合同。以完成一定工作任务为期限的劳动合同，是指用人单位与劳动者约定以某项工作的完成为合同期限的劳动合同。用人单位与劳动者协商一致，可以订立固定期限劳动合同，也可以订立无固定期限劳动合同或者订立以完成一定工作任务为期限的劳动合同，但是劳动合同法规定必须订立无固定期限劳动合同的除外。

3. 劳动合同的签订

用人单位与劳动者建立劳动关系，应当订立书面劳动合同。已建立劳动关系，未同时订立书面劳动合同的，应当自用工之日起一个月内订立书面劳动合同。用人单位与劳动者在用工前订立劳动合同的，劳动关系自用工之日起建立。

劳动合同应当具备以下条款：劳动合同期限，工作内容，劳动保护和劳动条件，劳动报酬，劳动纪律，劳动合同终止的条件，违反劳动合同的责任，当事人协商约定的其他内容。

4. 劳动合同的生效

劳动合同由用人单位与劳动者协商一致，并经用人单位与劳动者在劳动合同文本上签字或者盖章生效。劳动合同文本由用人单位和劳动者各执一份。

5. 劳动者的试用期

微课：劳动合同的解除与终止

劳动合同期限三个月以上不满一年的，试用期不得超过一个月；劳动合同期限一年以上不满三年的，试用期不得超过二个月；三年以上固定期限和无固定期限的劳动合同，试用期不得超过六个月。同一用人单位与同一劳动者只能约定一次试用期。以完成一定工作任务为期限的劳动合同或者劳动合同期限不满三个月的，不得约定试用期。试用期包含在劳动合同期限内。劳动合同仅约定试用期的，试用期不成立，约定的期限为劳动合同期限。劳动者在试用期的工资不得低于本单位相同岗位最低档工资或者劳动合同约定工资的百分之八十，并不得低于用人单位所在地的最低工资标准。

案例分享

小李是2023届毕业生，他于2023年6月应聘到一家电子集团公司工作，但直至11月，上班已经5个多月的他始终没能与单位签订正式劳动合同。单位每月发给小李实习工资，理由是小李仍在试用期。《劳动合同法》第七条规定：用人单位自用工之日起即与劳动者建立劳动关系。第二十条规定：劳动者在试用期的工资不得低于本单位相同岗位最低档工资或者劳动合同约定工资的百分之八十，并不得低于用人单位所在地的最低工资标准。第八十二条规定：用人单位自用工之日起超过一个月不满一年未与劳动者订立书面劳动合同的，应当向劳动者每月支付二倍的工资。这就意味着即便用人单位未与小李签订劳动合同，但实际上双方已建立了劳动关系，可以适用《劳动法》和《劳动合同法》的相关规定。

三、大学生就业的维权途径

根据《劳动法》《劳动合同法》《劳动争议调解仲裁法》等相关法律规定，大学生在合法权益受到侵害或与用人单位发生劳动争议时，可以采取以下列途径寻求救济，维护自己的权益。

（一）协商和解

对于用人单位一般的违规行为或者争议不大的问题，大学生可以与用人单位协商，也可以请工会或者第三方共同与用人单位协商，达成和解协议。协商和解有利于劳动关系的稳定和谐。

（二）劳动争议调解

争议双方不愿协商、协商不成或者达成和解协议后不履行的，可以到企业劳动争议调解委员会、依法设立的基层人民调解组织或者在乡镇、街道设立的具有劳动争议调解职能的有关组织申请调解。经调解达成协议的，应当制作调解协议书。调解协议书由双方当事人签名或盖章，经调解员签名并加盖调解组织印章后生效。调解协议书对双方当事人具有约束力，当事人应当履行。自劳动争议调解组织收到调解申请之日起十五日内未达成调解协议的，当事人可以依法申请仲裁。

（三）投诉举报

《劳动法》规定，任何组织或者个人对违反劳动法的行为都有权举报，县级以上人民政府劳动行政部门应当及时核实，处理违法事实。大学生就用人单位违反《劳动合同法》的行为向人力资源和社会保障部门进行举报，人力资源和社会保障部门应当依法受理并立案查处。一经查实，人力资源和社会保障部门可以责令用人单位依法对大学生给予赔偿。

（四）劳动争议仲裁

发生劳动争议，劳动争议当事人可以向劳动合同履行地或者用人单位所在地的劳动争议仲裁委员会申请仲裁，劳动争议申请仲裁的时效期间为一年，仲裁时效期间从当事人知道或者应当知道其权利被侵害之日起计算。

仲裁裁决劳动争议案件，应当自劳动争议仲裁委员会受理仲裁申请之日起四十五日内结束，案情复杂需要延期的，经劳动争议仲裁委员会主任批准，可以延期并书面通知当事人，但是延长期限不得超过十五日。逾期未作出仲裁裁决的，当事人可以就该劳动争议事项向人民法院提起诉讼。

（五）诉讼

劳动争议当事人对仲裁裁决不服的，可以自收到仲裁裁决书之日起十五日内向人民法院提起诉讼。一方当事人在法定期限内不起诉又不履行仲裁裁决的，另一方当事人可以申请人民法院强制执行。需要注意的是，未经劳动争议仲裁委员会仲裁的劳动争议案件，法院不予受理。对支付拖欠劳动报酬、工伤医疗费、经济补偿或者赔偿金事项达成调解协议，用人单位在协议约定期限内不履行的，大学生可以持调解协议书依法向人民法院申请支付令，人民法院应当依法发出支付令。用人单位拖欠或未足额支付劳动报酬的，大学生可以直接依法向当地人民法院申请支付令，人民法院应当依法发出支付令。

如果毕业生在实际就业中遇到劳动保障方面的问题，可以及时拨打全国统一的劳动保障公益服务专用电话12333，咨询劳动保障政策，更好地维护自身的合法权益。

案例分享

毕业后，王某与某企业签订了为期两年的劳动合同。合同期间，企业为了上新项目派王某到深圳培训半年，并且双方约定，培训期间劳动合同继续有效，培训时间计入劳动合同履行期间。合同期满后，王某向企业提出解除劳动关系，但企业不同意为王某办理解除劳动关系的手续，要求他必须续订劳动合同，否则赔偿8 000元培训费，为此双方发生纠纷。王某向当地劳动仲裁部门提出仲裁申请，经过调解，企业同意与王某解除劳动关系，并自动放弃收取培训费的要求。

这是一起因强迫续订劳动合同而产生的劳动纠纷。本案中，王某与该企业的劳动合同期满，双方按照合同规定的条款履行了各自的权利和义务。合同终止后，双方的劳动关系也随之解除。如果想继续维持双方的劳动关系，那就必须在平等自愿、协商一致的基础上续订劳动合同，如果一方不同意，则不能续订劳动合同。遇到这种情况，大学生要勇于拿起法律的武器保护自身的合法权益。

任务三　预防就业陷阱

一、就业陷阱概述

所谓就业陷阱，就是某些招聘单位、机构或个人，利用大学生在就业市场上的弱势地位，以提供就业机会为诱饵，采用违法悖德手段，与大学生达成权利与义务不对等的各类就业意向（协议），侵害大学生合法权益的行为。很多人的周围出现过求职被骗的情况，五花八门的就业陷阱无处不在。刚刚离开校园、走上社会的高校毕业生，由于社会经验不足、自我保护意识差，加上求职心理迫切、就业竞争激烈，很容易被各种假象所蒙骗。因此，毕业生在求职时需要谨防各种就业陷阱。

就业陷阱具有欺骗性、诱惑性、隐蔽性、违法性等主要特征。

二、常见的就业陷阱

（一）虚假招聘

某些用人单位为了打响企业的知名度或者其他一些目的，大张旗鼓地做广告、发招聘信息，声称要招聘“高级主管”“业务经理”，待遇优厚等，吸引大量求职者前来应聘，再以各种理由拒绝求职者。还有一些面临倒闭的企业为了躲避债权人的追债而大量做广告、发招聘信息，给人一种不断发展壮大的错觉，来掩盖实际上的财务危机。

（二）粉饰岗位

某些用人单位确实需要人力，但是如果把职位照实说出，无法引起求职毕业生的关注。于是，它们将职位粉饰一番，招聘文案上说得天花乱坠，毕业生入职后才发现不过是金玉其外。“行政经理”的工作是打杂，“市场总监”的工作是拉业务，“财务分析”的工作是保险推销等。

（三）骗取钱财

某些非法机构或犯罪分子在某一地方临时租用一间办公室，然后到处张贴或发放虚假招聘信息。待有求职者前来面试时，再以收取报名费、押金、服装费、培训费、办证费等手段，非法收取求职者的钱财，然后告知几天后来正式上班。然而，当求职者前来报到时发现该公司已是人去楼空。还有一些非法职介，利用毕业生求职心切的心理，以介绍工作为由向求职者收取高昂的中介费，结果却是交了钱也上不了班。

案例分享

武汉某学校的应届毕业生小刘通过中介机构推荐上岗，交了 50 元中介费和 30 元建档费。他拿着中介机构给他的地址找到某商贸大楼五层的一间挂有“××公司对外联络处”牌子的房间。

一位女士接待了他，简单面试后，表示他已被录取。接下来，这位女士对小刘说，为了慎重起见，公司统一组织大家体检，体检后签订劳动合同，所以每人需交纳体检费 430 元。现在人员还没有招满，她要小刘一星期后到这里集合。小刘高兴地交纳了体检费。一星期后，小刘再到集合地点时发现门上牌子已换。一打听，人已走，房间租给了别人。

小刘深入了解后得知，省外那家公司近期根本没有在武汉招聘人员的计划，也没有在武汉设立对外联络处。小刘找中介机构说理并要求退费，中介机构却一口咬定信息是这家公司提供的，拒绝退费。

我国法律规定，用人单位不得向应聘者收取任何费用，求职者应谨记这一点。遇到这种情况应第一时间查证招聘单位的信息。同时，在选择中介机构时，应注意查看其证件是否齐全，是否具有相应资质。

（四）骗取方案

一些实力比较差的公司没有足够的财力聘请专业设计人员设计产品，而以招聘企划或设计人员为名，要求求职者必须依照公司的要求做一份方案或设计图，然后再推说人员已经招满或作品不合乎要求等。这样就采用欺骗性的手段获得了众多求职者的作品，而不需要花费高额的设计费用。高校毕业生在求职时一定要谨防这类公司窃取自己的劳动果实。

（五）瞒天过海

这种求职陷阱通常有以下两种情况：一是用人单位近期将有大项目启动或有新产品试制等，急需大批人才，而这些人才在项目完成或市场成熟后又完全失去作用。有的企业便先大量招聘人员，设置试用期，保证人员的充分利用，然后找各种理由裁员，以此减少开支；二是一些非法犯罪团伙利用高校毕业生求职心切的心理，打出“名企”招聘的招牌吸引大学生加入，等到求职者发现上当受骗时，想要“逃出”已经非常困难了，如传销等。

（六）文字陷阱

“劳动”合同与“劳务”合同，一字之差却有天壤之别。有的用人单位利用初涉职场的毕业生经验不足、粗心大意、维权意识差等特点，与他们签订劳务合同。毕业生不知不觉就陷入“劳务工”的圈套之中。劳动合同是劳动者与用人单位之间确立劳动关系、明确双方权利义务的协议。一旦签订，双方就形成了受劳动法保护的劳动法律关系。劳务合同是当事人双方就一方提供活劳动服务（即劳务）给另一方而形成的债权债务协议，是一种民事法律关系。劳务合同广泛存在于雇佣、承揽、出版、运送、委托、行纪、居间、寄存、仓储等领域。劳动合同的主体一方必须是用人单位，另一方是劳动者个人。用人单位和劳动者之间不仅存在经济关系，还存在人身关系，即行政隶属关系。劳动者除提供劳动之外，还要接受用人单位的管理。劳务合同的主体双方当事人可以同时都是法人、组织、公民，也可以是公民与法人和其他社会组织。劳务合同的主体双方之间只存在经济关系，彼此无从属性，劳动者提供劳动服务，用人单位或者个人支付劳务报酬，各自独立、地位平等。

同样，正式工和劳务派遣工也是两个完全不同的概念。劳务派遣，即劳动力租赁，由派遣机构与劳动者订立劳动合同并支付报酬，把劳动者派向其他用工单位，再由用工单位向派遣机构支付一笔服务费用。劳务派遣工指的就是被派遣的劳动者。近几年，“雇人不用人，用人不雇人”的用工模式风靡全国，这种模式中所说的“人”，就是指“劳务派遣工”，他们与劳务中介公司订立劳动合同，中介公司再与用工单位订立劳务派遣协议，也就是说，中介公司负责把工人“雇佣”给用人单位“使用”，用人的不建立劳动关系，建立劳动关系的不实际用人。求职者在通过一轮又一轮的笔试、面试后，如果签订就业协议时发现协议里的甲方并非实际用人单位，而是某人力资源公司，那么，求职者就成了该人人力资源公司派遣到用人单位的劳务派遣工。

三、就业陷阱的防范

（一）保持平衡的心态，提高警惕

求职者在求职的过程中应当保持平衡的心态，不急躁、不轻浮、不虚荣，对待遇优厚但招聘要求却很低的用人单位要特别加以防范，应充分了解其背景和运营情况，在不了解实情的情况下，万不可盲目地应聘。理性选择求职平台，可到当地公共就业和人才服务机构求职，如人力资源市场、职介中心、人才中心；也可到各级人力资源和社会保障部门推荐认定的诚信人力资源服务机构求职。

（二）多了解、多打听、多思考

在求职的过程中，应充分利用网络资源、媒体资源及其他一切可利用的资源，多方面、多层次地了解用人单位的运营现状、规模、性质、信誉度等情况，防止用人单位利用招聘信息制造骗局。接到招聘邀约后，及时上网核实相关信息，特别是要到市场监管部门的官方网站查询该用人单位注册或者备案情况，若查不到相关信息就说明该单位可能不存在。找到意向工作信息后，和有一定社会阅历的亲友沟通情况，冷静听取他们的意见或相关领域工作经验。可以咨询并参考不同年龄、不同地区的人的意见和建议。

（三）谨慎应聘

当发现用人单位有异常举动时，如安排的招聘地点非常隐蔽或只在夜间招聘等，都要加倍小心，绝对不可贸然前去；应聘前后应与亲人、同学、朋友保持联系；应聘中，发现用人单位一开始就要收取押金、培训费等费用时，应当提高警惕，拖延时间暂缓缴费；还应向用人单位的正式员工详细咨询关于公司的管理制度、用人制度等信息，以确保就业安全。

（四）拒绝高薪诱惑

天上不会掉馅饼，天下也没有免费的午餐。高薪虽然诱人，但求职者首先要清楚自己的条件和特长，判断自己是否能为用人单位创造良好的效益，是否能匹配“高薪”。若答案是否定的，则要在心里多打个问号：他们为什么会录用我？多一分谨慎便少一分受骗的可能。

（五）拒交各种名义的费用

任何招聘单位，以任何名义向求职者收取押金、风险金、报名费、培训费等行为，都属非法行为。招聘单位培训本单位的职工，也不允许收取培训费。大学毕业生凡遇到此类情况，要坚决拒交，并向招聘单位所在区、县劳动保障监察大队举报，以确保自己的合法权益不受损害。

（六）注意自身信息安全

一些居心叵测的用人单位还利用求职者提供的个人信息进行一些违法活动。因此，大学生在求职的过程中，应当特别留心自身的信息安全。一般情况下，应聘时不要填写过于详细的信息资料，如家庭详细地址、家人联系电话等，上交证件时也要尽量避免交出原件。

（七）及时寻求法律保护

求职者一旦发现上当受骗，要及时向用人单位所在地投诉和报案。若投诉对象为合法机构，求职者可以找人力资源和社会保障部门；若投诉对象是无证无照经营的中介公司，求职者可以同时投诉到市场监管部门、人力资源和社会保障部门；若受骗情况特别严重、被骗金额较大，或在求职过程中人身安全受到威胁，应立即向公安机关报警。

拓展阅读

境外就业时如何预防求职陷阱

随着经济的全球化，大学生毕业后到境外就业的情况越来越普遍，他们的合法权益受到侵害的事情时有发生。那么，大学生境外就业应该如何防止陷入求职陷阱呢？在此，向境外就业的毕业生提出两点建议：

（1）谨防非法中介机构的陷阱。无论是在国内面对办理出国事宜的中介机构，还是在国外面对外国中介机构，都应该仔细地查看这些机构的资质证明。目前非法境外就业中介存在的问题有：一是以出境旅游和商务签证代替务工签证，出境就业者没有工作许可证，相当于“打黑工”；二是无照经营的境外就业中介；三是无视任何限制收取高额中介费；四是非法中介机构无视广告法和有关劳动保障法规，乱发假广告，吹嘘境外就业能获取高额报酬；五是非法境外就业中介机构为谋取经济利益乱招聘。

（2）必须了解有关规定：2002 年 7 月 1 日国家正式实施的《境外就业中介管理规定》，要求出境就业的中国公民必须与境外雇主直接签订劳动合同，对境外就业中介机构的申办条件、程序、年审、注销、备用金等制度做了明确的规定，从而使中国境外就业人员的劳动权益得到了当地劳动法律和劳工部门的双重保障。另外，《出国劳务必读》中强调，要核实劳务人员的出国信息来源、劳务出国的合法渠道、出国劳务应付的费用、劳务合同的主要内容及其他注意事项等。这些对境外就业者应该注意的问题和如何维护合法权益都做了相应的详细介绍，境外就业前必须认真阅读。

实践活动

签订劳动合同

活动目的：

能够正确签订劳动合同，提高对劳动合同陷阱的识别能力。

活动要求：

（1）分组。将全班学生分成若干小组，每组6～8人，设组长1名。

（2）各小组到图书馆或网上查找1～2份劳动合同，通过学习熟悉劳动合同的内容。

（3）各小组走访一家企业或当地的人力资源和社会保障局，向相关工作人员了解劳动合同签订的流程，如果条件允许可旁观劳动合同签订的全过程。

（4）每小组起草两份劳动合同，要求其中一份为完全正规的劳动合同，另一份为存在1～2处陷阱的不正规劳动合同。

（5）各小组将所起草的劳动合同相互交换，然后由各组内部按照之前了解的签订流程进行劳动合同的签订，看一看是否能够发现劳动合同中的陷阱。

（6）签订完成后，进行小组讨论。说一说在签订劳动合同时应注意哪些问题，才能规避劳动合同陷阱。

项目八 助力职业发展——职场适应

项目概述

大学生完成了学业，选择了适当的职业岗位，开始走向社会，这无疑是人生道路上的一个重大转折。从学生角色到职业角色的转换，必然伴随着角色冲突、角色学习和角色协调等一系列过程。因此，大学生在开始自己的职业生涯之前，应该学习一些相关的知识，对自我、对即将从事的职业进行深入细致的了解和调查分析，找出自身的不足，提高心理承受力，加强角色认知，做好上岗前的各项准备，顺利地实现角色转换。只有不断培养自己的职业素养和职业能力，才能在未来的职业生涯中立于不败之地。

学习目标

1. 了解学生角色与职业角色的区别，以及职业成功的标准。
2. 熟悉职业道德的基本要求。
3. 能够促进自我能力提升，胜任岗位需要。
4. 养成良好的工作习惯，提高职业素养。

案例导读

刚从某高等职业院校文秘专业毕业的小陈应聘到某园林绿化公司上班。报到第一天，办公室主任向他介绍了公司的有关情况，交代了工作职责和注意事项。小陈上班三天后，主任就出差了，办公室只剩下他和一位会计。

每天摆在小陈面前的工作有接待来客、撰写文稿、协调关系、打扫卫生、接听电话……他忙得头昏脑涨，感觉很不适应。对此，小陈该怎么办？

每年都有数百万的高校毕业生跨出校门走向社会，其中许多人都会遇到和小陈同样的问题——面对新的工作、生活环境，感到无所适从，很不适应。初涉职场的高校毕业生需要尽快了解工作岗位职责和用人单位的企业文化，适应职业环境，摆正心态，踏实工作，平稳度过职业的不适应期，顺利实现角色转换。

任务一 完成角色转换

角色认知是指一个人对于自己所处的特定社会与组织中的地位的知觉。我们在生活中扮演着不同的角色，例如，在家庭中扮演着子女的角色，需要听从父母的教诲；在学校中扮演着学生的角色，要遵守学校规定；毕业后，在公司或单位中扮演着员工的角色。对于很多刚毕业的大学生来说，做了十几年的学生，习惯听从父母和老师的指导，不需要承担太多的责任和负担，然而工作后却发现，生活中杂事众多，不仅要处理工作上的事务，更要面临人际关系复杂、薪酬待遇不理想、生活范围变窄等多种变化。在这样的情况下，很多毕业生会产生一定的失落和迷茫，他们通过频繁跳槽不断寻找满意的工作，结果却是职业越发受限。

一、从大学生到职业人的角色转换

（一）确定角色，强化责任意识

针对社会对大学生的评价和大学生进入社会后的自我感觉进行的调查显示：在工作方面，67％的企业认为毕业生不够踏实、缺乏实干精神；而71％的毕业生认为自己是能够吃苦耐劳的。在团队合作方面，52％的企业认为毕业生团队合作能力较差，以自我为中心的情况严重；而76％的学生认为自己具备与团队共进退的特质。在薪资方面，61％的企业认为毕业生的薪金要求较高，不切合实际，用这些钱可以聘用到经验更为丰富的人；而79％的学生认为，他们的薪金要求是合理的，与他们的学历、能力相吻合。

调查的结果在一定程度上反映了毕业生从学校生活过渡到社会生活的不适应和种种矛盾。例如，大多数学生对崭新的职场生涯抱有良好期待的主观愿望，却发现客观实际出现各种不如意的地方。此外，学生在学校中接受的多为书本知识而缺少实际经验，这与进入职场后立刻需要各方面的动手操作能力之间也会形成矛盾。正是这些矛盾导致了毕业生在角色转换时易出现各种问题。

1. 依赖和恋旧心理

很多毕业生在角色转换过程中依恋学生角色，难以从学生状态中完全摆脱出来。十多年的学生角色容易使个体在学习、生活和思维方式上都养成一种相对固定的模式。在职业生涯开始之初，许多人常常会自觉或者不自觉地置身于学生角色之中，以学生角色的社会义务和社会规范来要求自己、对待工作，以学生角色的习惯方式来待人接物，来观察和分析事物。

2. 自负或自傲心理

一些毕业生对自我的认知存在偏差，认为自己接受了多年高等教育，有学历、有文凭，各方面条件良好，因而过于自信。这种心态很容易使毕业生进入职场后出现纸上谈兵、眼高手低的尴尬局面。他们觉得自己的条件优于周围的工作人员，往往不屑与他人合作，更不会虚心接受别人的指导和意见，甚至对领导和前辈也表现出轻视。

3. 浮躁心理

有些刚参加工作的毕业生往往不清楚自己在工作中真正想要什么、能做什么。2004年，原国家劳动和社会保障部劳动科学研究所曾经与北森测评网、新浪网联合对当代大学生第一份工作现状进行调查。这项调查的结果显示，在找到第一份工作后，有50%的大学生选择在一年内更换工作。而两年内大学生的流失率接近75%，比例之高令人震惊。这一数据恰恰反映了毕业生在角色转换初期的浮躁，对工作的兴趣总是不能持久，并且习惯把这一问题推脱为他人的责任，而认识不到自己的问题所在。

4. 自卑或畏缩心理

很多毕业生在初进职场时，因为不知如何适应新的工作环境，会表现得怯懦、自卑。无论是做工作还是待人处事，总是担心自己的表现不够完美而被指责。他们过度封闭自己，不与人往来，或是盲目地听从他人的指使，不敢表达自己的想法，独立性很差。

这些心理问题都反映了毕业生没能顺利地从学生角色转换为社会职业人的角色，这必然会对他们的职业适应能力和后期的职业发展造成各种不良影响。因此，在两种角色的过渡阶段，毕业生一定要谨慎对待，同时采取必要的方法帮助自己平稳转换角色。

微课：如何尽快进入职业角色?

即将进入职场的毕业生最希望了解的莫过于怎样才能尽快更好地进入职业角色中。只有顺利地从学生角色转换到职业角色，才能真正胜任工作，开始自己的职业生涯旅途。

案例分享

小梅毕业后，进入一家知名外企工作，因薪酬高、工作压力大，在刚开始的几个月，她一直无法适应。一天，老板突然交代了一项文字任务，要求小梅必须在第二天下午下班之前完成。小梅已经连续加班三个晚上了，休息得很少，身体有些虚弱，但是她不知道如何拒绝，只有晚上继续熬夜工作。由于太累，小梅在加班时不小心睡着了，没有完成任务。第二天上班时，小梅向老板解释并道歉，老板只是强调：“不用道歉，不论什么原因，你没有完成任务，就是你的原因。”小梅非常窘迫，只好保证尽快完成任务。一年后，小梅再回顾这件事情，明白了一个道理，老板没有义务原谅你的过失，不管遇到什么困难，都应该想办法克服，不断总结经验教训，才能在工作上迅速成长。

（二）充分准备，确立岗位意识

1. 毕业前的准备

在这一阶段要学会认识自我，清楚自己真正的需要、能力范围及职业兴趣，在此基础上寻找合适的工作，为即将面临的入职做好充分的身心准备。上述提到的角色转换中的许多问题，正是由于没有清楚的心理定位，缺乏良好的心态而造成。因此，学生在大学最后一年，就应为职业适应和角色转换做好准备，具体包括以下三个方面。

第一，加深自我认识，包括认识自己的生理状况，例如自己的体型特征、心理特征，尤其是兴趣、能力、气质、性格等，还要认识自己的人脉关系、自己在集体中的位置与作用等。

第二，进行自我定位。在对自身有了明确的认知之后，确立职业发展方向和目标，这可以使毕业生在选择职业的过程中更加客观和全面，可避免好高骛远，或是高不成低不就的现象出现，最终选择适合自身发展的职业。

第三，要学会恰当和及时地调适自我。当面对各种困难时，毕业生非常需要进行恰当的自我调适。没有一个人的职业选择是一帆风顺的，在这期间总会遇到各种难题。无论是苦于找不到合适的工作，还是在多份优秀的工作机会中踌躇徘徊，或是经历了社会上各种不公平的待遇，都要及时调整自己的心态。当择业不顺时，不要悲观甚至绝望，要努力看向事情的另一面，积极对待；当难以抉择时，不要一味地拿不定主意而浪费宝贵的时间和机会，要当断则断；当看到社会的不公时，更不要死钻牛角尖、愤世嫉俗，要学会心胸开朗。

2. 把握试用期

一般来说，毕业生在开始工作的最初阶段都会有一个见习或试用的时间，这个时间或长或短。虽然相对于今后长久的职业生涯来说，试用期所占有的分量并不大，但这一阶段在很大程度上决定了未来的职业生涯能否顺利。

试用期事实上就是一个学习和熟悉的阶段，甚至比学生时代要学习更多的内容，这其中最紧迫的就是职业学习。学生在大学期间学习的课程更多偏重基础知识和普通技能，进入职场后要及时学习职业相关知识，最关键的就是学习本职业务的应用知识，尤其是如何将书本上的知识与实际结合起来。

除了专业知识，学习基本的职场礼仪和公务能力也是非常必要的。职场礼仪包括的方面非常广泛，例如站、坐、行、身体姿态以及语言等。毕业生要尽快学会一些基本的礼貌用语与行为举止，在单位中要懂得尊重和谦让，懂得恰当的职业着装。另外，还要学习如何说话、应酬与写作这些基本的公务能力。例如，如何写工作报告，发电子公文，使用传真机和打印机，等等。

案例分享

新人刚培训完就离职

23岁的小袁所学专业是工程造价，2024年6月毕业后到一家建筑类事务所工作。她发现自己在单位只是个“打杂的”，端茶、倒水、擦桌子、拖地，要不就是帮同事打印资料。她觉得自己受到了轻视，学不到什么东西，于是入职仅45天就向老板递交了辞职报告。

像小袁这样的“闪辞族”为数不少，其中多数在半年之内就会“逃掉”。一项网络调查显示，在“闪辞族”中，73%的网友是从普通企业辞职的，而进入国企和政府机关的新人则相对稳定。“你在之前的那家公司工作了多久?”面对调查中的一个问题，52%的网友回答“6个月以内”，26%的网友回答“6个月到1年”，而“1年以上”的仅占22%。

“凡事预则立，不预则废”，任何一份工作，任何一个环境都需要适应的时间。毕业生可以提前准备，了解岗位基础技能，从心理上和技术上提前进入员工状态，这有助于工作后缩短适应职场的时间。

（三）融入工作，增强自主意识

每份事业都要从一份基础的岗位工作做起。在基础的岗位上从零开始是每个人都需要有的心态，很多刚毕业的大学生最容易出现的问题就是好高骛远。想要融入新的环境，和不同的人搭档学习，就必须先从爱岗敬业做起。爱岗敬业是毕业生了解社会、适应社会的第一步。如果你一到新单位就抱着“跳槽”，或自认为“进了单位的门，谁也不会把我怎么样”的思想，就很难成就一番事业。有些毕业生缺乏爱岗敬业的精神，一到单位就自以为是、轻视实践、眼高手低、工作不踏实，殊不知他们缺乏的正是实践经验。大学毕业后，只有到基层、到实践中去，不断积累经验，才能把知识、技能转化为能力。

目前，企业亟须适应生产、建设、服务第一线的操作人员、技术人员和管理人员。立足于到第一线求职就业，不仅较容易解决就业问题，而且可以发挥高职院校学生动手能力强的优势。从埋头苦干开始，既能树立吃苦耐劳的新形象，又能获得实践锻炼的机会，对学生今后的长期发展也将是有利的。许多企业都喜欢聘用高职学生，认为高职学生吃苦耐劳、虚心学习、动手能力强。

在职业竞争日益激烈的今天，用人单位不仅需要受聘人员在某些专业方面接受过良好的职业训练，能够承担职业岗位的工作，而且希望员工能够在日常的工作中有所创新，对现有的工艺流程、管理机制等方面提出建设性的见解及改革措施，以便使企业日新月异、不断发展。因此，当你得到一个就业岗位后，无论从事的是什么工作，都应该充满热情，全身心投入工作，并富于创造性地把工作做好。创造不分大小，其源泉在于对事物和工作的积极态度。追求最优最好，从而激发出想象力和创造性，产生不懈的工作动力，创造更高的工作效率、获得更大的工作成就，这就需要爱岗敬业、积极负责、满腔热情地对待自己的工作。

拥有岗位意识的人，懂得主动适应环境，以岗位为基础，改善自身；没有岗位意识的人，缺乏主动性，仅满足于机械地完成分内工作，难以完成开拓性、创造性的工作。

案例分享

信封的用处

小张大学毕业应聘到一家工程类的公司，公司为每个新进人员分派了同样的任务——拆来自全世界各地的信件，并进行整理。刚开始，大家还觉得工作简单，但是不能拒绝公司的安排，心里有些小抱怨。两周之后，大家开始觉得工作太无聊，甚至有人提出了辞职。小张也不太明白，很多信的内容都没有意义，不知道为什么还要拆封整理，因此工作积极性下降了不少。一个月之后，公司突然宣布，其中一位新员工获得晋升，大家都不明白为什么。总经理拿出每个人本月的工作总结进行对比，原来这位新员工在拆信封时，不仅能做到归类管理，更能把有效的信息及时汇总给领导，把简单的事情做到了极致。这件事带给小张深深的触动，公司的岗位不养闲人，如果不能为这个岗位创造价值，做好基本的岗位工作，又怎么谈实现人生理想呢。

二、初入职场的注意事项和训练策略

（一）自觉调整心理状态，转换角色

心理研究证明，当人们进入一个陌生的环境或者加入一个陌生的群体时，往往会很自然地产生一些困惑和焦虑心理，这是人自我保护的本能反应。但是如果一个人在一个群体中长期处于这种心理状态之下，就会影响到角色的转变和自我的发展。因此，大学毕业生要想缩短自己进入职场的适应期，尽快地进入角色，必须学会自觉调整心理状态，学会面对现实；建立角色转换的意识，主动调整生活节奏。

1. 转换责任意识

角色的转换直接引起社会责任的变化。从社会责任来看，大学生处在一个相对封闭的校园环境中，一般不直接对社会承担责任。他们将努力汲取知识，使得德、智、体、美、劳全面发展看成是未来承担社会责任的基础。职业人是以特殊的身份去履行自己的职责，依靠自己的本领或技能为单位服务。职业人在职业活动中的社会责任是直接的、明确的，

要遵从对应岗位的职责和职业道德，这一点和学生角色有很大的不同。例如，医生角色的主要职责是治病救人，如果因疏漏导致医疗事故，人们就会从职业道德的角度加以指责，并追究其法律责任，而不可能与学生考试成绩不及格同样对待。可见社会对职业人的责任心有着更高的要求。大学毕业生只要一走上工作岗位，社会就将以一个职业人的评价标准来对其做出要求。

2. 调整期望值，珍惜首次就业机会

青年时期是一个充满激情和想象的时期，青年人成就欲望强烈，有着远大的理想和抱负，对未来生活充满了美好的憧憬和向往。但大学生要清醒地认识到，理想与现实之间是存在一定差距的。因此，毕业生踏上工作岗位后，要根据现实环境及时调整自己的期望值，尽量把期望值定得低一点，这样有利于减少心理落差，有利于尽快适应新环境。另外，毕业生要珍惜首次就业的机会，要做到既来之则安之，干一行、爱一行、精一行。事实证明，很多有作为的人对自己首次选择的职业，都是由不喜欢逐渐发展到喜欢，由不爱逐渐发展到爱的，直至取得事业的成功。

3. 放下架子，虚心学习

社会生活中的任何个体，只有经过对复杂的社会环境、社会文化和社会规范的观察、认知、模仿、认同、内化等一系列的学习和实践过程，才能达到对社会能动的适应。因此，适应社会的过程，是一个循序渐进、呈螺旋式上升的过程，需要不断地学习和实践。当今社会，科技发展突飞猛进，知识淘汰率不断提高。有关研究表明，大学毕业后 4 年，1/5 的知识将被淘汰。事实也充分证明，一个人在学校里所学的知识毕竟是有限的，大部分知识和能力必须在工作实践中学习和锻炼。因此，毕业生到了陌生的工作岗位上，一定要从头学起，虚心向在工作岗位上工作多年、具有丰富的专业知识和实践经验的技术人员、领导、同事学习，尽快熟悉并掌握相关业务知识，在学习和实践中不断地调整和改变自己的观念、态度、习惯、行为，不断地进行自我完善，以适应社会的快速变化和要求。

4. 全面认识新环境

作为一个职业岗位的新手，要想尽快适应工作的要求，完成角色的转换，必须充分地了解和熟悉工作环境，了解和熟悉工作对象的特点和规律，从而对新的工作有比较全面的认识和把握。在初到工作单位的一段时期，职场新人应主动收集和自己工作有关的一切信息，比如本职业的传统与现状以及发展前景等。只有对自己的工作环境有了较充分的了解后，才能在适应角色上领先一步。

5. 建立起和谐的人际关系

美国哈佛大学就业指导小组对几千名被解雇的男女雇员进行了综合调查，发现在这些被解雇的雇员中，人际关系不好的比不称职的人高出两倍多；每年调动人员中因人际关系不好而无法施展其所长的占 90%以上。美国某知名杂志所属的名人研究会对美国 500 位年薪 50

万美元以上的企业高级管理人员和300名政界人士所做的调查显示：93%的人认为人际关系畅通是事业成功的最关键因素。可见，人际关系与一个人的事业成败是息息相关的。

大学生到新的工作岗位后，要重视发展良好的人际关系。一要恪守人际交往的规则，做到平等待人，热心助人，诚实守信，律己宽人；二要克服人际交往中的一些心理障碍，克服嫉妒心理、自卑心理、多疑心理等不健康的交往心理，以积极的态度与人交往，在交往中尊重别人、相信别人；三要掌握人际交往的技巧，要保持自然，学会倾听；四要遵守社会交往的礼仪，礼仪是人们在人际交往中的基本要素，它体现了一个人的修养品味，是人格魅力的重要方面。大学生在交往中要掌握一些常用的礼节，比如握手的礼节、打电话的礼节、交谈的礼节等，从而提高自己的交往水平。

6. 培养坚强意志，勇于吃苦

微课：交往礼仪

许多毕业生满怀理想、一腔热血，准备到社会上大展宏图。但一接触实际，尤其是接触到社会的一些消极面，如复杂的人际关系、独断的领导、陈旧的设备、落后的管理方式等，往往就会从理想的峰巅一下子跌入谷底，内心产生严重的失落感。在矛盾和困惑面前，往往一蹶不振、消极退缩。角色转换的过程是一个艰苦的、充满曲折的过程，在这个过程中，每个人都会遇到困难和挫折，大学生只有具备坚强的意志，才能不断地克服在角色转换过程中遇到的种种困难，才能做到永不放弃。毕业生应增强社会责任感，工作中要任劳任怨，勇于吃苦，不计较个人得失，只有这样，才能得到单位的认可，被社会所接受，从而实现向社会角色的顺利转换。

（二）缓解职场压力

1. 正确认识挫折

人们从事工作、学习、研究、创造活动，都是在一定的自然环境、社会环境、人文环境和组织环境中进行的。保持这些活动的顺利开展，是人们的共同愿望，但维持职业生涯永远一帆风顺而不出现挫折，只是脱离实际的幻想。因此，毕业生应当对挫折有充分的心理准备，以达观、坦然的态度对待挫折，这样，在遇到挫折时就不至于过分激动和苦恼，而是保持冷静的态度，比较理智地分析造成挫折的原因，制定相应的对策。

2. 采取针对性措施

（1）个人的水平问题。

要重新“充电”接受培训，以使自己扭转颓势。学习内容的选择方面，可根据实际需要和客观条件，参加一些培训班。如果这样做困难较大、难以兼顾，也可以考虑放弃现在的岗位，脱产学习，集中精力完成学业，再图发展。

（2）不熟悉工作的问题。

当一个人不熟悉工作时，需要在职业岗位上多加锻炼，从实践中学习，多听、多看、多问其他人是怎么做的，从中汲取宝贵的职业技能经验和生涯发展的经验。

（3）组织环境不好的问题。

如单位存在严重的不公平、领导对自己有成见并对自己的发展有障碍时，就需要考虑换一个更能发挥自己特长或者自己更加喜欢的工作环境。

（4）职业选择失误的问题。

如果一个人在职业生涯的一开始时就选择失误，在工作实践中发现这个职业根本不可能做好，就应该马上“跳出”，重新选择职业，以找到适合自己的岗位，让自己轻松、愉快、高效地工作。再次选择职业的时候，应当根据个人的条件、组织与自己的相容性和社会能够给予自己的机会，做出相应决策。

3. 纾解受挫的压力

纾解受挫的压力的方法为：暂时脱离受挫折的情境，避免“触景生情”，减弱受挫折后的不快心情；转移心理关注方向。

4. 适当进行宣泄

宣泄指通过某种渠道，采取一定的方法，使自己把受挫折后的压抑情感表达出来，以减轻受挫折的心理压力，逐步回到正常的精神状态。例如，向亲人和知心朋友倾诉自己的不快和愤懑，在空旷之处大喊几声。这些虽然不是解决问题的根本办法，但却是缓解痛苦情绪的方法。

5. 提高挫折商

通过陶冶情操、宽阔胸怀、加强修养、培养意志等方式，提高挫折商水平。人的职业生涯际遇和挫折商水平之间也有着一定的互动关系。毕业生要努力通过各种办法提高挫折商，在职业生涯遭遇挫折时能越挫越勇，以更好的状态投入新的挑战。

拓展阅读

职场新人需处理好的四种关系

1. 与上司：注重细节

上司风格迥异，有的是谆谆教导型，有的是大刀阔斧型；有的上司喜欢发号施令，有的则愿意倾听员工的意见；有的上司喜欢文字型的汇报，有的上司喜欢图表型的汇报。因此，与上司的交流和沟通要注重细节。比如在给上司提交方案时，要考虑上司的阅读习惯，是喜欢纯文字的还是图文并茂的，是喜欢长篇大论的还是言简意赅的。不管上司是怎样一种风格，你都要按上司的方法和要求去完成工作。

2. 与老员工：学会放低自己

在企业工作四年及以上的员工，称为老员工。这批人在企业工作的时间较长，对企业的认知较深，拥有自己的资源和经验积累。新员工在与老员工相处时也容易步入误区。很多新人担心老员工会用苛刻的甚至挑剔的眼光来看自己，或者故意不支持、不帮助自己成长。新员工可以采取一些方式去有效地化解这种焦虑，比如，新员工在自己工作任务完成的前提下，积极主动地帮同事做一些力所能及的事情。新老员工同属于一个团队，老员工希望新员工为团队带来更多的新鲜血液、提供更好的支持。所以，如果新员工所做的工作能够更好地帮助大家完成团队目标和任务，必然能得到老员工的认可，这也是获得认可的最好的方式。

3. 与兄弟部门：勤交流、多展示

许多公司喜欢将不同部门的员工集合起来培训、交流，是希望通过这种方式让大家对企业有一个宏观的认识，以方便大家在各自部门顺畅工作。与兄弟部门的沟通，特别是与自己“上游”和“下游”部门的沟通必不可少。此类沟通更倾向于商务交际，职场新人需要做的是把握住每一次交流的机会。比如，作为一名销售人员，需要经常到财务处报销，这时会接触出纳、会计以及其他人，此时应注意，不要犯贴错报销凭证等错误，而应给人留下细致认真的好印象。另外，在进行新员工培训时，你也有很多机会与其他部门的新同事相交相识。你可以抓住机会展示自己，应做到团结互助、友爱待人，从而获得其他部门的新员工的认可和青睐，也方便日后工作的顺利开展。

4. 与客户：服务意识摆第一

新员工刚上岗时，企业一般不会将重要的工作和重要的客户交付给新员工。如果职场新人有机会与客户接触，应牢记自己的一言一行代表着公司的形象。首先，如果新员工对公司不太熟悉，那么当客户提出相关问题时，不能乱说，最好婉转地予以回答，在请示领导后再提供咨询意见和解决方案。其次，新员工要抓紧时间学习和了解所在公司的客户管理流程，熟悉实际操作的环节。最后，要时刻注意培养自己的服务意识，提高工作积极性。多向老员工请教和学习，平时多观察和思考，勤于积累，多做工作服务笔记，做一个用心的人。即使遇到“刁蛮”的客户，新员工也要心平气和，将自己置身于公司、组织、团队的立场中去处理和解决问题。

任务二　修炼职业素养

一、加强职业道德修养

（一）职业道德的含义

职业道德有广义和狭义之分。广义的职业道德是指从事一定职业的人在职业生活中应当遵循的具有职业特征的道德要求和行为准则。狭义的职业道德是指在一定职业活动中应遵循的、体现一定职业特征的、调整一定职业关系的职业行为准则和规范。职业道德的含义包括以下八个方面。

(1) 职业道德是一种职业规范，受到社会普遍认可。

(2) 职业道德是长期以来自然形成的。

(3) 职业道德没有确定形式，通常表现为观念、习惯、信念等。

(4) 职业道德依靠文化、内心信念和习惯，通过员工的自律实现。

(5) 职业道德大多没有实质的约束力和强制力。

(6) 职业道德的主要内容是对员工义务的要求。

(7) 职业道德标准多元化，代表了不同企业可能具有不同的价值观。

(8) 职业道德承载着企业文化，影响深远。

(二) 职业道德的特征

1. 适用范围的有限性

每种职业都担负着一种特定的职业责任和职业义务。由于各种职业的职业责任和义务不同，从而形成各自特定的职业道德的具体规范。

2. 发展的历史继承性

由于职业具有不断发展和世代延续的特征，不仅其技术世代延续，其管理员工的方法、与服务对象打交道的方法，也有一定的历史继承性。如“有教无类”“学而不厌，诲人不倦”，始终是教师的职业道德。

3. 表达形式的多样性

由于各种职业道德的要求都较为具体、细致，因此其表达形式多种多样。

4. 兼有强烈的纪律性

纪律也是一种行为规范，是介于法律和道德之间的一种特殊的规范。它既要求人们能自觉遵守，又带有一定的强制性。就前者而言，它具有道德色彩；就后者而言，它带有一定的法律的色彩。因此，职业道德有时又以制度、章程、条例的形式表达，让从业人员认识到职业道德具有纪律的规范性。

课堂活动

以下说法分别体现了职业道德的哪些特点？

(1) “百问不厌，有问必答”是对营业员的职业要求，而对于保守国家机密的公务员而言，这样的职业要求则可能导致泄密。

(2) 伴随着新职业的出现会形成新的职业道德。

(3) 没有不存在职业道德的职业。

(4)“保护学生安全”作为教师职业道德规范，要求教师不能置学生的安全于不顾。

（三）职业道德的功能

1. 传承职业文化

职业道德用准则与规范的形式，向人们展示看得见、摸得着的思想行为标准，这是实现人的全面发展的重要手段，也是提高劳动生产率的有效工具，更是塑造职业文明的必由之路。

2. 引导职业风气

在职业活动中，职业风气是职业文明的重要表现形式。职业道德建设可以提高人们的社会道德水平，促进良好的社会风尚和职业风气的形成，有利于完善人格，促进人的全面发展。

3. 调节职业关系

职业道德具有有利于调整职业利益关系、维护社会生产和生活秩序的作用。很多具体、复杂的职业关系，法律可能没有明文规定，只有在职业道德的层面进行调节和疏导，才能满足职业生活的需要。

4. 规范职业活动

职业道德对职业活动具有导向、规范、整合和激励等具体作用，引导职业活动沿着健康、有序、和谐的方向发展。

（四）职业道德的内容

中共中央印发的《公民道德建设实施纲要》规定了所有从业人员在职业活动中应该遵循的职业道德的五项基本规范，即“爱岗敬业、诚实守信、办事公道、服务群众、奉献社会”。

1. 爱岗敬业

爱岗敬业是社会主义职业道德最基本、最起码、最普通的要求。爱岗敬业作为最基本的职业道德规范，是对人们工作态度的一种普遍要求。爱岗就是热爱自己的工作岗位，热爱本职工作，敬业就是要用一种恭敬严肃的态度对待自己的工作。

2. 诚实守信

诚实守信是做人的基本准则，也是社会道德和职业道德的一个基本规范。诚实就是表里如一，说老实话，办老实事，做老实人。守信就是信守诺言，讲信誉，重信用，忠实履行自己承担的义务。诚实守信是各行各业的行为准则，也是做人做事的基本准则，是基本的道德规范之一。

微课：诚实守信

3. 办事公道

办事公道是指对于人和事的一种态度，它要求人们待人处事要公正、公平。

4. 服务群众

服务群众就是为人民群众服务。社会全体从业者通过互相服务，促进社会发展、实现共同幸福。服务群众是一种现实的生活方式，也是职业道德要求的基本内容。服务群众是社会主义职业道德的核心，它是贯穿于社会共同的职业道德之中的基本精神。

5. 奉献社会

奉献社会就是积极自觉地为社会做贡献，它是社会主义职业道德的本质特征。奉献社会自始至终体现在爱岗敬业、诚实守信、办事公道和服务群众的各种要求之中。奉献社会并不意味着放弃个人的正当利益、放弃个人的幸福。恰恰相反，一个自觉奉献社会的人，才是真正找到了个人幸福的支撑点的人。可见，奉献和个人利益是辩证统一的。

（五）职业道德与行业道德

每个行业都有自己的职业道德要求，例如，医务人员的职业道德要求防病治病、救死扶伤；教师的职业道德要求诲人不倦、教书育人；财会人员的职业道德要求实事求是、廉洁自律；商业服务员的职业道德要求热情细致、服务周到；记者的职业道德要求尊重事实、客观公正；导游的职业道德要求热情服务、一视同仁、不卑不亢。

各行各业由于工作性质、社会责任、服务对象、服务内容、服务方式等方面存在差异，都有自己特殊的职业道德要求。行业道德规范把普遍使用的职业道德基本规范与特定的具体要求结合起来，变成了具体行为准则，便于理解和执行，更便于规范从业人员的职业行为。

行业道德规范可以有效地调节行业内部关系，维护行业秩序，避免同行之间的不正当竞争，可以更好地维护行业整体形象，促进行业整体发展。

案例分享

小李是某金属冶炼厂的技术骨干。因为该厂准备改变发展方向，小李觉得该厂不再适合自己，所以准备换一份工作。

经过选择，小李来到了一家企业面试，面试官是该企业负责技术的副总经理，他对小李的能力很满意，但他向小李提出了一个问题："很高兴你能够加入我们企业，你的各方面都很出色。我听说你原来的单位正在研究一种提炼金属的新技术，你也参与了这项技术的研发，巧的是我们也在研究这项新技术，你能够把原单位的研究进展和取得的成果告诉我们吗？"

小李回答说："我不能答应你的要求，因为我有责任忠诚于我任职过的企业。尽管我已经离开了，但任何时候我都会这么做，因为信守承诺比获得一份工作重要得多。"

小李身边的人都为他的回答感到惋惜，因为这家企业的影响力和实力比他原来所在单位要大得多，在这里工作是很多人梦寐以求的。就在小李准备去另一家公司应聘的时候，那位副总经理给小李发来了一封邮件，在邮件中他这么说道："李先生，您被录取了，并且是做我的助手。录取原因不仅是因为你的能力，更是因为你的忠诚！"

二、职业能力的培养

（一）职业能力构成要素

职业能力是人们从事其职业的多种能力，职业能力由职业特定能力、行业通用能力和职业核心能力组成。其中，岗位特殊能力和行业通用能力属于专业能力。专业能力是指大学生接受专业知识教育和专业技能训练后，运用专业知识和技能解决实际问题的能力，它是大学生走向社会的生存之本，未来的就业之基。职业核心能力则是指从事任何职业都需要的一种综合职业素质，泛指专业能力以外的能力，是一种通用能力。概括地说，职业能力主要包括以下三个层次。

1. 职业特定能力

职业特定能力是每一种职业自身特有的能力，虽然只适用于这个职业的工作岗位，适应面很窄，但是有一个职业就有一个特定的能力。《中华人民共和国职业分类大典（2022年版）》细分有1 639个职业。随着生产的发展、技术的进步，不断有旧的职业消失、新的职业产生，所以职业特定能力的总量很大。目前，国家职业标准的制定，以及相应的职业资格认证考核活动均以此为限进行。

2. 行业通用能力

行业通用能力是以社会各大类行业为基础，从一般职业活动中抽象出来可通用的基本能力，它的适应面比较宽，可适用于这个行业内的各个职业或工种，而按行业或专业性质不同来分类，通用能力的总量显然比特定能力小。行业通用能力是在一组特征和属性相同或者相近的职业群中体现出来的共性的技能和知识要求，从实际的操作需要来看，可以定义为从职业教育和培训科目中提出的指导原则。

3. 职业核心能力

职业核心能力是从所有职业活动中抽象出来的一种最基本的能力，普适性是它最主要的特点，可适用于所有行业的所有职业。虽然世界各国对职业核心能力有不同的表述，但相比其他能力而言，它的种类是最少的。从职业能力的技术层面来分析，每个职业在工作现场直接表现出来的是特定能力，因而它是显性的；在技术和专业上支持这个特定能力的是通用能力，在职业活动中我们一般看不到它的表现；而核心能力则是上述能力形成和应用的条件，所以，核心能力应当处在最底层，承载着其他能力。相比而言，它是隐性的。

从职业能力模块的角度来分析，在职业能力结构中三个层次的职业能力模块不是自成体系，而是内含在每个职业活动之中的。也就是说，每个职业能力模块的组成，其主要成分是自身的特定能力模块，其次是可与其他职业通用的基本能力模块，再就是与所有职业基本要求相一致的核心能力模块。

（二）职业核心能力

职业核心能力在人的能力体系架构中居于基础和核心地位，具有普适性、内隐性、可迁移性和持久性等特征。职业核心能力是指任何职业或行业工作都需要的，具有普遍适用性和可转移性的，且在职业活动中起支配和主导作用的能力。它在人的能力体系中处于核心地位，是从所有职业活动中抽象出来的专业能力以外的能力，即与专业的职业技能和知识无直接联系而与完成专业任务密切相关的方法能力和社会能力。高等职业教育所培养的学生应具备的职业核心能力主要包括以下六种。

1. 自主学习能力

学习能力主要是指对专业技术学习的把握能力、学习方法的应用能力和体现在学习过程中的学习态度。自主学习能力是最基本也是最重要的职业核心能力。它是指学生根据工作岗位和个人发展的需要，自我确定学习目标，制订学习计划，灵活运用各种有效的学习方法，并善于调整学习目标和计划，不断提高自我综合素质的能力。培养自主学习的能力不仅是人们在学校教育阶段顺利完成学业的必要条件和基本目标，而且是职业教育和培训的基本目的，更是人们在工作场所进一步接受教育和获得终身发展的重要条件。

2. 沟通表达能力

沟通表达能力是指运用语言阐明自己的观点、意见或抒发思想、感情的能力。它包括口头表达能力、文字表达能力、数字表达能力、图示表达能力等几种形式。对于大学毕业生来说，表达能力的重要性是不言而喻的。毕业生不仅在参加工作走向社会后会立即且强烈地意识到这一点，还会在求职择业的时候对此有深切的感受。比如求职自荐信的撰写、个人材料的准备、回答招聘人员的问题、接受用人单位的面试等，这其中的任一环节都需要较强的表达能力。

3. 团队合作能力

团队合作能力是与其他人进行交往、共事的能力和显示团体取向的行为能力。它通常表现为与人合作能力、人际关系能力。与人合作能力是根据工作活动的需要，协商合作目标、相互配合工作并调整合作方式，不断改善合作关系的能力，要求不仅有较强的适应、协调能力和角色转换意识，而且有健康的心理素质。人际关系能力是指组织、协调职业活动中个人与生产、个人与他人、个人与群组之间关系的能力，包括劳动者的协作意识、团队精神和群组行为，还包括对更换职业的适应速度。大学生要积极培养人际关系能力，善于处理人际关系，乐于同他人合作，具备团队精神，能够主动地承担责任，周密地考虑问题，自觉地完成自己的工作。同时，还要把自己拥有的知识和技能和合作者交流，从而使团队的整体水平明显提高。

4. 组织管理能力

组织管理能力是指个体做出决定，充分发挥作用，承担职责的能力。它包括理解业务的过程和组织机构的能力、理解组织的财政情况的能力、理解组织的行政管理的能力。尽管不是每个大学生毕业后都会从事组织管理工作，但是每个人在将来的工作中都会不同程度地需要组织管理才能。现代社会表明，组织管理能力不仅要求领导干部、管理人员应当具备，其他专业人员都应具备。有些理工科的大学生认为培养组织管理能力是文科生的事，与己无关，这种认识是错误的。随着时代的发展，纯“书生型”的人才已不能适应社会的需要。不论是哪个专业的毕业生，都必须既有精深的专业知识，又有一定的组织管理能力，这不仅是顺利就业的需要，也是时代的客观要求。

5. 创新能力

创新能力是在多种能力发展的基础上，利用已知信息，创造新颖独特且具有社会价值的新理论、新思维、新产品的能力。它是一种综合性的、高层次的思维能力和行动能力。从社会角度来讲，经济的发展、科技的进步离不开发明创造。对个人来说，成功依赖于发明创造。用人单位更需要具有创新能力的大学生。创新能力包含多方面的内容，如强烈的好奇心，细微的观察能力，深刻的洞察能力，大胆设想、勇于探索的精神以及提出问题、研究问题、解决问题的能力等。大学生要自觉地培养这些能力，为走上工作岗位后进行创造性的工作打下扎实的基础。

6. 解决问题能力

解决问题能力是指确定问题，提出解决问题的方案并付诸实施，而后检查其实际效果的能力。面对工作和生活中遇到的各种问题和困难，要求学生能够冷静、沉着地思考和分析，提出解决问题的办法或方案，然后付诸实施，正确地处理实施中的问题。

（三）培养职业能力的方法

职业能力的提升和训练是高职院校大学生职业发展的基础，为了激发学生学习的积极性、主动性，提升学生专业技能与实操能力，高职院校大学生要以课堂为基础、课外为补充、实践为根本、就业为亮点，多渠道、多层次、全方面提升自身的职业能力。将实践锻炼与专业学习相融合，培养自主学习能力、创新能力和可持续发展能力，培养道德修养高、专业能力强、具有创新能力、科学知识丰富的高素质技术技能型人才，不断提高职业能力，进而提升就业核心竞争力，力争在校期间完成职业能力与岗位需求的对接，缩短向社会角色转变适应期，提高就业的适应性和成功率。

1. 建立目标，明确执行，提升决策能力

为了提高决策能力，可以采用“最佳决策五步骤”帮助大学生在就业之前系统地、循序渐进地制定成功的决策，具体内容如下。

步骤一，明确需求、建立目标。

在制定任何决策之前，应该先想想需求是什么？目标是什么？在做了决策之后，可以得到的最好结果是什么？唯有找出促成决策后最原始的需求，才能拥有清楚的决策方向。

步骤二，判断是否寻求他人帮助决策。

制定决策可以自己独立完成，也可向朋友、老师或同学寻求帮助，得到更多样的选择及想法。一般可以依照下列五项标准，判断让他人参与决策的必要性：

（1）你自己是否有充足的信心制定决策？

（2）他人是否有足够的能力与必备的知识参与决策的制定？

（3）他人是否有意愿参与决策过程？

（4）让他人参与是否会增加决策的接受程度？

（5）速度是否很重要？

步骤三，比较各项选择方案。

一般情况下，个人容易受限于过去的经验，以至于无法思考更多的选择。因此，当决策不宜判断时，我们应该再回头思考基本需求，以刺激自己更多的想法，进而拟定最佳的决策。

什么是基本需求？如何刺激出更多的想法，以拟定最佳决策？举例来说，深夜，你突然饥饿难耐，想到还有晚餐时剩下的三明治可以作为夜宵。打开冰箱一看，三明治竟然不见了，只剩下苹果派，此时的你该如何做决策？

如果回到基本需求，你的需求是“肚子饿”而非“三明治”。因此，在面对基本需求时，可行的解决方案不应只有“三明治”，还应有其他食物。所以，“苹果派”就成了新的解决方案。此时，你就可以考虑“苹果派”是否为最佳决策？如果回到需求面来看，“苹果派”不失为一个好的决策，你当然可以采取行动：大快朵颐。

步骤四，评估负面情境。

就算是符合需求的最佳决策，也会因为一些因素而产生非预期的麻烦。因此，大学生必须随时思考负面情境发生的可能性，以备不时之需。特别是在制订好计划后，过程不按预期方案进行，该如何应变？决策执行过程会有哪些不利的影响因素？是否有其他的可行备案？因此，最好事先针对可能出现的负面情境，设想应对措施。

步骤五，选择最佳决策方案。

在审慎进行前面的四个步骤，并且自身已能清楚掌握需求、目标、必须做的事、想要

做的事，并确定评估负面情境后，此时通常已不难选出最佳的决策。不过，我们仍须提醒自己要避免犹豫不决，或认为所想的方案都不符合理想中的最佳方案，这样的结果往往是一个决策也做不出。

2. 健全知识，勇于开拓，培养创新能力

为了培养创新能力，首先要有全面的知识结构作为创造能力的基础。海纳百川，有容乃大。当今各种学科纵横交错，相互渗透，边缘学科、交叉学科层出不穷，如果你只具有单一学科的知识和封闭的知识结构，是无法适应当今学科发展的要求的，也难以成为创新人才。我们只有具备全面的知识才能更好地胜任未来的工作。全面的知识结构不仅使创新者易于接受新的知识，还可以发挥知识相关性的作用，从而使灵感的火花不时地迸现。其次，要充分实践，积极投身于社会中，提高自己的创新能力。社会实践是学生成长的大课堂，社会实践不仅培养了学生的实践能力，还让学生有机会接触社会、了解社会、服务社会，体验创业的艰辛。创新的源泉是人的创造力，创造力的形成离不开良好的思维能力，也离不开勇于探索、善于应用的社会实践能力。从个人本身的因素来看，具有创造力的人有以下几项特质：

（1）强烈的好奇心与求知欲。

创造性强的人一般不满足于个人已有的认知结构，对客观事物的矛盾与变化有着强烈的好奇心和探求欲望，对已知论点或论据会从新的角度进行分析。如具有高度创造性的科学家和艺术家，都有丰富而独特的联想，创作观念非常灵活。否则，科学家就无法设计新的实验设计，音乐家就不能谱写新的乐章，作家就不能描绘新的人物形象。联想的独特性和新颖性是在冲破传统习惯的约束，抓住重要线索时产生的。豪斯顿（J. Houston）的创造力测验，选择了得分不同的两组大学生：富于创造力组和平常组。实验内容为词汇卡片，每张卡片上印有两个词：一个是名词，另一个是形容词或动词，让他们指出喜欢哪个词。结果表明，富于创造力组喜欢形容词或动词，平常组喜欢名词。豪斯顿推论，如果具有创造力者倾向于对新颖的追求，那么新颖性就可以成为改变行为的动力而起强化作用。

（2）个性的独立性。

具有创造性的人不受旧的习惯思维的束缚，不受传统的文化知识和环境限制，敢于尝试采用新的方法，提出新的问题来加以研究。在现实面前，能主动地想办法革新，遇到困难与挫折也不轻易改变自己的观点，能坚持己见。当发现自己选择的方法有错误或观点有不正确之处时，思维转换迅速，改正得也快。在研究问题时，目标明确，能以问题为中心进行思考，不以自我情绪为转移，能批判性地分析问题的各个方面，做出自己的评价与判断。个性的独立性在思维上的表现为，不随便赞同一种观点，也不随便否定一种观点，这是个性的不顺从性，但经过分析判断又能肯定一种观点，坚持正确的方面，表现了个性对真理的顺从性。因而，具有独立性的人兼有首创性。

（3）知识的有效性。

创造是知识的重新组合，这种有层次的、相互联系的组合系统就是知识的结构化。在解决问题时，它在思维中具有解释与预测情境的功能。知识的有效性表现在三个不同的方面：第一，是在新情境中直接再现已有经验或知识的一部分；第二，改造已有的经验用于解决新的问题；第三，合并许多特殊的经验构成一个抽象的观念。在解决问题时，一个抽象的原则比特殊知识的具体陈述更有效。例如，用一个或几个物理定律来解决一个新的问题。

（4）不怕犯错误。

在创造过程中，一个在思想上和行动上都有独立性和革新精神的人是不怕犯错误的。创造的开始阶段需要以包容、沉着的态度，广泛地选择解决问题的办法，不能过多地顾虑犯错误的可能性。从错误中吸取教训是创造者或发明家取得成功的必经阶段。从前一阶段的选择解决办法过渡到第二阶段采用适当的办法或方案，就要从容忍错误转变为严防错误的发生，严格地审查，检验方法的正确性，并采取准确无误的措施。

（5）树立科学的价值观。

研究人员分为三种：一种人从事科学工作是因为科学工作给他们提供了施展特殊才能的机会，他们之所以喜好科学正如运动员喜好表现自己的技能一样；另一种人把科学看成是谋生的工具，如非机遇也可能成为成功的生意人；最后一种人是真正献身者，这种人为数不多，但对科学知识所做的贡献却极大。具有创造力的科学家、发明家都从创造中感到对物质世界的奥秘认识的喜悦与欢乐，把为人类造福看作是自己毕生的最大愿望。

3. 参与校内实践活动、社会兼职，提高操作能力

职业能力的培养，要求学生具有一定的主观能动性。大学生必须积极主动地去寻找实践机会，寻求各种可能的途径来增强自己的实际操作能力。

（1）积极参与校内实践活动。

高校丰富的校内实践活动为大学生的能力培养提供了良好的平台。通过参与校内实践活动，学生可以锻炼自己的沟通能力。沟通能力包括良好的口头交流技巧和倾听技巧。在参加社团工作的过程中，学生时常会面临与领导及其他成员沟通的问题；组织学生活动的过程，更是锻炼学生沟通技巧及倾听其他成员意见的过程。因此，参与校内实践活动，能够锻炼良好的沟通技巧。

校内实践活动是一个有组织、有保障的活动过程，在这个过程中，参与者会遇到各种问题。他们必须去解决这些琐碎的、甚至超越了本身能力的问题，这就锻炼了学生解决问题的能力。在参与活动或者解决问题的过程中，学生应该创造性地思考，这样才能有效及时地解决问题，保证活动正常顺利地进行。创造性地思考无论在个体解决问题的过程中，

还是在组织解决问题的过程中，都具有重要的作用。因此学生要时常参与校内活动，以增强自己解决问题的能力和创造性思考的能力。

（2）积极寻找社会工作机会。

实践能力不是苦读书本就能“读”出来的，也不是凭空产生的，大学生要走出教室，走出学校，深入社会中，接触工作，才能有增强实践能力的机会。

寻找社会兼职工作，向群体学习。在社会生活中，人们在工作中需要不断地与他人沟通互动。良好的人际沟通技巧可以使我们的工作事半功倍，可以帮助我们轻松地化解工作中的困扰与难题。一个人只有处于工作中，才能体会团队工作的精髓，才能获得团队工作的技巧。职场中，团队的合作能力影响着一个人的职场生涯。只有在团队中找准自己的位置，做好自己的工作，与同事和谐相处，才能获得工作的乐趣，获得更多技能。大学生在社会兼职工作中，能接触不同阶层的客户、不同经历的同事，学会人际沟通的技巧，取他人所长，为未来的实际工作打下良好的基础。

4. 扩充知识，积极实践，提高沟通表达能力

培养表达能力，关键在于提高表达的准确性、鲜明性和生动性。准确，是对人们表达能力最基本的和最首要的要求。没有准确的表达，信息就不能如实地传递出来，也就失去了表达应有的作用。但同时，表达需要被人接受，只有鲜明的、生动的表达，才能更好地排除人们接收信息时的各种障碍，有利于表达目的实现。因此大学生在表达时要尽可能地向准确、鲜明、生动的方向努力。

要想提高表达能力，第一，要扩大自己的知识面，增加自身的知识含量。如发言之前做好准备，充分熟悉要讲的内容。第二，要多讲，在各种场合下主动地讲，如在课堂上踊跃发言，开班会时积极发表观点，积极主动地参加学校举办的辩论会、讨论会等集体活动。通过实践，能使我们面对各种陌生的大场面时不怯场。

5. 理解他人，认识自己，提高人际交往能力

人与人之间的交往重在沟通。沟通能力的提高，涉及两个方面：一方面是提高理解别人的能力，另一方面是增加别人理解自己的可能性。那么究竟怎样才能提高自己的沟通能力呢？心理学家经过研究，列出了提高沟通能力的一般步骤。

（1）开列沟通情景和沟通对象清单。

这一步非常简单。闭上眼睛想一想，你都在哪些情境中与人沟通，比如学校、家庭、工作单位、聚会场合以及日常的各种与人打交道的情境。再想一想，你都需要与哪些人沟通，比如朋友、父母、同学、配偶、亲戚、领导、邻居、陌生人等。开列清单的目的是使自己清楚沟通范围和沟通对象，以便全面地提高自己的沟通能力。

（2）评价自己的沟通状况。

在这一步中，问自己如下问题：对在哪些情境下的沟通感到愉快？对在哪些情境下的

沟通感到有心理压力？最愿意与谁沟通？最不喜欢与谁沟通？是否经常与多数人保持愉快的沟通？是否常感到自己想要表达的意思没有说清楚？是否常误解别人，事后才发觉是自己错了？是否与朋友保持经常性联系？是否懒得给人写信或打电话？……

客观、认真地回答以上问题，有助于了解自己在哪些情境中与哪些人的沟通状况较为理想，在哪些情境中与哪些人的沟通需要着力改善。

（3）评价自己的沟通方式。

在这一步中，主要问自己如下问题：通常情况下，自己是主动与别人沟通还是被动沟通？在与别人沟通时，自己的注意力是否集中？在表达自己的意图时，信息是否充分？

主动沟通者与被动沟通者的沟通状况往往有明显差异。研究表明，主动沟通者更容易与别人建立并维持广泛的人际关系，更可能在人际交往中获得成功。

沟通时保持高度的注意力，有助于了解对方的心理状态，并能够较好地根据反馈来调节自己的沟通过程。没有人喜欢自己的谈话对象总是左顾右盼、心不在焉。

在表达自己的意图时，一定要注意使自己被人充分理解。沟通时的言语、动作等信息如果不充分，则不能明确地表达自己的意思；如果信息过多，出现冗余，也会引起信息接收方的不舒服。

（4）制订、执行沟通计划。

通过前几个步骤，我们一定能够发现自己在哪些方面存在不足，从而确定应在哪些方面重点改进。比如，沟通范围狭窄，则需要扩大沟通范围；忽略了与友人的联系，则需写信、打电话；沟通主动性不够，则需要积极主动地与人沟通等。把这些制订成一个循序渐进的沟通计划，然后将计划付诸行动，体现在具体的生活小事中。比如，认为自己的沟通范围狭窄，主动性不够，你可以规定自己每周与两个素不相识的人打招呼，具体如问路、说说天气等。不必害羞，没有人会取笑你的主动。相反，对方可能还会欣赏你的勇气。

在制订和执行计划时，要注意小步子原则，即不要对自己提太高的要求，以免难以实现，反而挫伤积极性。小要求实现并巩固之后，再对自己提出更高的要求。

（5）对计划进行监督。

这一步至关重要。一旦监督不力，之前的一切努力可能就会功亏一篑。最好是自己对自己进行监督，比如用日记、图表记载自己的完成情况，并评价与分析。计划的执行需要信心，要坚信自己能够成功。记住：一个人能够做的，比他已经做的和相信自己能够做的要多得多。

6. 抓住机遇，学习他人，提高组织管理能力

（1）抓住机遇。

在学校中有各种各样的学生干部，大到学生会主席，小到宿舍长，还有许多的学生社团干部等，当领导的机会应该不算少。有的同学可能对有些社团中的职位或宿舍长之类的

“小官”不屑一顾，这是不对的。应该看到任何一个职位都可能提高你的组织管理能力，如有同学推举或老师指定就应当仁不让，有些职位如无人承担，如自己有兴趣，应该毛遂自荐，这份经历对你来说将十分重要。

（2）学习他人。

学生干部并不是人人都有机会担任的，如未选上，就要注意向别人学习。学校生活中，要以积极的态度配合他人并注意汲取他人的长处。有机会时，可以积极主动地倡议组织一些活动，如组织一场足球赛、一次舞会，或在寝室之间组织友谊竞赛活动等。如此，你的组织管理能力同样能得到相应的提高。

课堂活动

为了找到心目中的理想工作，做一个合格的职业人，实现职业目标和人生价值，在大学期间，我准备从以下方面锻炼自己：

（1）____

（2）____

三、做高素质的职业人

（一）培养责任意识

责任意识，是指一个人在生活或工作中对待他人、家庭、组织和社会是否负责，以及负责的程度，是不同社会角色的权利、责任、义务在人脑中的主观映像。它包含两方面的内容：一个人既要对自己的行为后果承担责任，又要对他人和社会负责。

一个具有良好的责任意识的员工，至少应做到以下几个方面。

1. 认真做好本职工作

一个职业人责任感的主要表现就是要做好本职工作。为了所在单位的发展，也为了自己的职业前程，我们必须踏踏实实地做好本职工作。事实上，那些在事业中卓有成效的人，无论从事的是平凡普通的工作，还是所谓的“高大上”的工作，无不用高度的责任心和严格的标准来对待自己的工作，与其说是努力和天分造就了他们的成功，倒不如说是强烈的责任心促成了他们的成功。

2. 时刻维护组织的利益和形象

时刻维护组织的利益和形象，是一个员工最基本的责任。用人单位主要是各种社会组织，如企事业单位、国家机关等。良好形象和声誉是组织宝贵的无形资产，这笔无形资产使得它比同类其他组织具有更高的声誉、更强的竞争力和更辉煌的发展前景。组织的发展可以产生经济利益和社会效益，为社会做了贡献，也为员工的经济待遇和职业发展奠定了基础。因此，每个员工都应该确立组织利益高于个人利益的观念。

3. 严格遵守组织的规章制度

俗话说：没有规矩，不成方圆。任何组织的科学管理都离不开规章制度。规章制度是组织能够有效运行的最基本法则，它使员工明白自己应该担负的责任和义务，对员工的言行起导向作用。因此，作为一个有责任感的员工，恪守组织的规章制度是基本责任。

4. 正视工作中的失误，勇于承担责任

“人非圣贤，孰能无过”，尤其是初入职场的年轻人，更是难免会有工作失误。从一个人对待失误的态度就可以清楚地看出他的责任感。一个缺乏责任感的人，总爱把工作成绩归于自己，而把工作失误推给别人或客观条件。这种做法必然损害组织利益，也有损自身形象。在任何组织中，上司或同事都不会认同这种人。相反，一个有责任感、能够正视自己的失误并及时改正、设法补救的人，很容易得到上司的信赖和同事的认可。

（二）强化敬业意识

一个人是否具备敬业精神，是衡量员工能否胜任一份工作的首要标准，因为它不仅关系到企业的生存与发展，也关系到员工的切身利益。

1. 以主人翁的精神对待职业活动

企业兴亡，员工有责。企业的命运和每个员工的工作质量、工作态度息息相关，因此，每个人都必须认清自己的位置，以主人翁的精神来对待职业活动，树立“企兴我荣，企衰我耻”的意识。主人翁精神是敬业意识的重要因素，这种精神可以从两个方面体现出来：一方面是要把自己当成组织的主人；另一方面是要把组织的事当成自己的事。如果我们每时每刻在职场上、在每件事情上都能保持这种精神，那么我们就能慢慢地将此养成一种习惯，拥有敬业意识。

案例分享

沈阳铁路局吉林工务段铁路巡道工刘学臣，20 多年兢兢业业做好本职工作，每天只身徒步巡走 15 千米铁道线，弯腰巡检 1 000 多次，26 年用脚丈量铁路 11 万多千米。他发现的轻伤、重伤钢轨上百根，伤损鱼尾板近千块，防治各类事故 40 多起，并将一次可能车毁人亡的危险及时化解，保证了铁路大动脉的安全畅通。

也许有人会问是什么力量在支撑着他如此敬业。答案很简单，就是他对自己工作发自内心的热爱，因为“爱岗”所以“敬业”。工作对于他而言，已经超越了谋生的层次，而升华为实现自我价值的途径。

可见，一个从业者一旦有了主人翁的意识，就能够把个人价值的实现与职业价值联系在一起，对所从事的职业产生强烈的责任感，进而产生积极而高效地投入工作的动力。

2. 谨防和克服工作中出现不敬业的陋习

职场中，有人养成了良好的敬业习惯，也有人缺乏对岗位的认同和敬畏之心，进而做出了一系列不敬业的行为。根据相关的调查研究，员工不敬业的表现主要有：三心二意、敷衍了事；不求有功、但求无过；明哲保身、逃避责任；怨天尤人、不思进取等。实践证明，养成不敬业的陋习的人，长此以往，很可能会陷入一个恶性怪圈：思想狭隘守旧、工作绩效不佳、难于晋级加薪及不敬业程度进一步加深。此外，由于不敬业者浪费资源、贻误工作、影响绩效，也必然给组织带来损害，这些人自然也会成为组织裁员的对象。

3. 在工作中努力实践敬业的三境界

敬业的第一境界是乐业。要培养对自己职业的兴趣，要乐于从事自己的职业，即热爱这个职业，这是敬业最重要的一个前提。只有这样，工作再苦再累都会乐在其中。

敬业的第二境界是勤业。勤业并不是机械地重复自己每天的工作，而是要有意识地锻炼自己，不断总结经验教训，以提高工作效率、创造更大价值。

敬业的第三境界是精业。它要求员工精益求精做好工作，胜不骄、败不馁，戒骄戒躁，练就一流的业务能力，力争成为行业领域的行家里手、业务骨干。同时，随着社会的发展和科技的进步，精业还要求员工动态地维持其一流的业务水平，即不断学习新知识和新技术，与时俱进，使自己的业务能力更上一层楼，真正做到精于此业。

（三）加强诚信意识

诚信是一个人的立身之本，也是一个职业人不可缺少的职业素养。

1. 忠诚于企业

作为员工，只有忠诚于企业，才能通过企业为自己提供的职业发展平台实现自己的职业理想和人生价值。员工要关心企业发展，自觉维护企业信誉，在企业中安心工作，自觉将企业的兴衰和自我的发展联系在一起，用自己的能力和才华为企业的发展贡献力量。

2. 取信于同事

在职场中，良好的人际关系是我们顺利开展工作的保障。抛弃虚伪、以诚相待、以信为荣的人际关系，才是最和谐、最美好的。没有和团队的精诚合作，孤军奋战，在现代职场中会让我们举步维艰，很难成功。在企业中，无论是与人相处，还是开展工作，都要实事求是、坚持原则、信守承诺，与同事平等竞争，不弄虚作假，不营私舞弊。

3. 正确看待利益

在对待利益的问题上，我们要善于处理自我利益与他人利益、眼前利益与长远利益的关系，要坚持诚信的品质，不受眼前利益的诱惑，坚持自己的原则。如果我们把个人利益看得高于一切，就会迷失自我，变成一个自私自利、目光短浅的人；如果我们将个人利益与企业、社会的利益统一起来，不仅能取得个人事业的成功，也能为企业的发展和社会的进步做出更大的贡献。

微课：诚信危机

（四）树立竞争意识

竞争无时不在、无处不有。只有树立竞争意识，时刻拥有进取心，追求更高的目标，不断提升自己的价值和竞争能力，才能不被日益进步的社会和不断更新的工作所淘汰。

1. 培养危机意识

当今社会的就业形势是“能者上，平者让，庸者下”，竞聘上岗，优胜劣汰，在职人员稍有懈怠，随时都有失业的可能。职场员工如果缺乏这种忧患意识和危机感，不珍惜所拥有的一切，对工作敷衍了事、安于现状、不思进取，那么不但不可能加薪升职和有更好的发展，而且可能连工作都无法保住。步入职场的大学生应常怀危机意识，有计划地提升自己的职业能力。

2. 提高职业素养

竞争不是单纯的争强好胜，它既要求个人有旺盛的竞争意识，又要有良好的职业能力。激烈的职场竞争主要是职业能力的竞争。因此，大学生在校期间就要确定职业目标，学好专业理论知识和技能，强化职业能力。此外，还要重视职业道德、职业意识、心理素质、沟通能力和团队精神等的提升。

3. 正确处理竞争与合作的关系

竞争与合作是相伴而行的。竞争离不开合作，竞争获得的胜利，通常是某一群体内部或多个群体之间通力合作的结果；合作也离不开竞争，竞争促进合作的广度和深度，合作又反过来增强竞争的实力。竞争中的合作和合作中的竞争，推动着人类社会不断发展和进步。因此，步入职场的大学生一定要协调好竞争与合作的关系，既要有竞争意识，又要有团队合作精神。

（五）学习劳模精神

“劳动模范”简称劳模，是指在社会主义建设事业中成绩卓著的劳动者，经职工民主评选、有关部门审核和政府审批后被授予的荣誉称号。在我们党团结带领人民进行革命、建设、改革的各个历史时期，广大劳动模范以高度的主人翁责任感、卓越的劳动创造、忘我的拼搏奉献，谱写出一曲曲可歌可泣的动人赞歌，为全国各族人民树立了光辉的学习榜样。每一个时代的劳模都有其特点，但无论时代如何变迁，永远不变的是劳模精神的本质。

“爱岗敬业、争创一流，艰苦奋斗、勇于创新，淡泊名利、甘于奉献”的劳模精神，是工人阶级伟大品格的具体体现，生动诠释了社会主义核心价值观，丰富了民族精神和时代精神的内涵，是激励全国各族人民团结奋斗、勇往直前的强大精神力量。

大学生要以劳模为榜样，向劳模学习，在工作中践行劳模精神。

第一，勤问好学，带着“问题”去学。学习劳模是如何在本职岗位上做好本职工作的。要带着自己的思考，带着自己的问题去学，有学习才有进步，有问题才有进步。

第二，取长补短，带着“镜子”去学。劳模就是一面镜子，通过这面镜子，找到差距、发现不足，并认真地分析自己与他人存在差距的原因，不断努力缩小差距，逐步向劳模靠拢看齐。此外，还应常照照“劳模”这面镜子，做到持之以恒向劳模学习，不断克服“小胜即满”的肤浅认识。

第三，尊师重教，带着感情去学。劳模的闪光点就在于他们把工作当事业，把付出当追求，在平凡的岗位上发光发热，值得尊敬。学习劳模精神，首先就要尊敬、尊重劳模，带着一种深厚的感情去学习，带着真诚的心去学习，学习劳模如何在平凡的岗位上做出不平凡的业绩。

（六）培育工匠精神

工匠精神是劳模精神当代品格的核心要素。从本质上讲，工匠精神是一种基于技能导向的职业精神，它源于劳动者对劳动对象品质的极致追求，它具有精益求精、专注执着、严谨慎独、创新创造、爱岗敬业，以及情感浸透、自我融入的基本内涵，既表现了极致之美的品质追求，又体现了敬业之美的精神原色，更展现了创造之美的价值升华。工匠精神的核心是对品质的追求，工匠精神的目标是打造本行业的精品。

当前，我国经济发展正处于转型升级的关键时期，培育和弘扬工匠精神对于提升我国产品质量，建设质量强国和制造强国具有特殊重要的意义。

微课：新时代召唤工匠精神

对于个人而言，工匠精神体现了对自己所从事的职业的尊重、热爱和坚守，也体现了对消费者、对社会高度负责的态度。大学生要以各行业各领域的技能大师为榜样，向他们学习，培育自身的工匠精神。首先，应强化责任意识和职业操守。无论是在原材料选取、产品设计环节，还是在生产加工、售后服务环节，都应保持认真负责的态度，坚持高标准、严要求，努力生产出社会需要的产品。其次，应树立职业理想。“三百六十行，行行出状元。”每个人无论身处何种岗位，都应该有追求卓越的理念，应树立成为“中国工匠”的职业理想。在工作中应有终身学习的态度和刻苦钻研的精神，不断提升自身的专业技能，在打造更多享誉世界的“中国品牌”中成就自己的精彩人生。

拓展阅读

初入职场，有哪些事情一定不能做？

1. 要么闷声不吭，要么滥问问题

初入职场的新人容易走入极端：要么一言不发，出问题了就自己闷头解决，要么就是一天到晚问题不断。前者会让同事觉得你不上进，后者会让同事觉得你很烦人。那么如何拿捏这个尺度呢？首先求助搜索引擎，大部分技能类、常识类的问题都可以通过搜索来解决。如果不能解决，再去问同事。刚入职一定会遇到很多流程上面的困惑，问问身边的同事就能很快解决。

2. 毫不掩饰自己的负面情绪

新入职的毕业生可能会因一点小事便焦虑、愤怒……将负面情绪写在脸上。其实，不让主观因素影响自己的工作情绪也是一种能力。喜欢带着负面情绪工作的人，往往都是同事避而远之的对象。所以不管你的心情好不好，遇到了什么委屈的事，既然来到公司上班，那就把注意力专注在工作上，尽量避免把这些负能量传递给他人。在平时也要保持乐观向上的心态，营造一个良好的工作环境。

3. 在同一个问题上连续犯错

在同一个问题上连续犯错，要么是因为你的态度不认真，要么就是你的学习能力不强。无论是哪一种，给人的印象总归都是不好的。前者会让人觉得你的工作态度敷衍，后者会让人觉得你难以承担重任。所以，要尽量避免犯这种低级错误。可以培养记录的习惯，准备一个便携的笔记本或是在自己的电脑上建立一个文档，及时记录下自己的错误及正确做法，并定期总结一下。

4. 没有时间观念

在职场中，没有时间观念是大忌。尤其在职场团队协作过程中，每个人都有自己的位置，每个人的时间都是宝贵的。工作是环环相扣的，因为你的工作延期可能导致整个项目延期。即便只是开会迟到了，同样可能会影响到其他同事。因此，初入职场的新人一定要培养好自己的时间观念，最好能早于规定的时间到达或者提交任务，为他人预留一点准备时间。

实践活动

培养责任心

游戏一

同学们间隔一臂距离站成数排（视班级情况而定，不过于分散为宜），主持人喊口令，同学们按口令做动作。喊“一”时向右转，喊“二”时向左转，喊“三”时向后转，喊

“四”时下蹲再起立，喊“五”时不动。做错的人要走出队列，站在大家面前先鞠一躬，并举起右手高声说：“对不起，我错了。”

游戏二

全班每个学生自备一个生鸡蛋、一个护腕；教师按全班学生人数准备统一的带有封口的塑料袋、胶条、毛线绳。

（1）教师在活动开始前，先向学生宣讲活动规则和注意事项。

1）每个学生将自己视为“家长”，将鸡蛋视为自己的“孩子”，必须按要求将放进塑料袋中的鸡蛋携带在身边，保证鸡蛋完好无损。

2）不管鸡蛋是否破损，都不得自行将塑料袋解下来。违规者被视为“失职家长”。学生可互相监督，老师最后也要检查封口。学生如果有左手发力者可以将鸡蛋系在右手上。

3）学生照常进行一天的学习生活。不要选取有体育课、劳动课或实验课的日子进行（可根据实际情况，掌握携带时间）。有条件的班级可延长活动的时间。

4）鸡蛋有裂纹或破损者为“失职家长”。鸡蛋完好无损者可评为“好家长”。注意收集好破损的鸡蛋，没有破损的鸡蛋由学生自行带回。

（2）在第一堂课开始前，教师将写好姓名的塑料袋分发给每个学生。

（3）每个学生在自备的生鸡蛋上写上自己的姓名，放进塑料袋后，每两个学生互相帮助，拿毛线绳将塑料袋用死扣系在左手手腕上（为防伤手，可戴护腕，将绳系在护腕上）。

（4）教师用胶条将扣口封住。

（5）学生开始进行一天的学习生活。

（6）一天的学习生活结束后，教师将学生集合在一起，记录好每个学生塑料袋中鸡蛋的状态后，让学生互相帮助解开塑料袋。

（7）教师根据活动结果评出“好家长”。

（8）组织学生谈体会。

参考文献

［1］赵秋，黄妮妮，姚瑶. 大学生就业指导. 北京：北京师范大学出版社，2020.

［2］杨广文，许淳，郭玉莲. 大学生职业发展与就业指导. 北京：中国人民大学出版社，2019.

［3］王献玲. 职业生涯教育学. 郑州：郑州大学出版社，2019.

［4］张元奎，石丽艳，李萍. 大学生就业与职业生涯指导实务. 北京：中央民族大学出版社，2019.

［5］丁木金. 新编大学生就业与创业指导. 上海：上海交通大学出版社，2018.

［6］鲁玉桃. 点亮未来：大学生职业生涯规划与就业指导. 镇江：江苏大学出版社，2019.

［7］陈宇，付鹏. 就业与创业指导. 北京：高等教育出版社，2020.

［8］王占军. 大学生职业生涯规划咨询案例精编. 上海：华东师范大学出版社，2017.